AI 시대의 생존 전략, 미디어 패러다임을 바꿔라!

디지털 미디어 인사이트 2024

일러두기

Generative AI를 생성 인공지능, 혹은 생성형 인공지능으로 섞어서 쓰고 있는 게 현실이다. 결국 Generative를 어떻게 번역할 것인가의 문제다.

캠브리지 영어사전에 의하면 'Generative'에 대해, 'able to produce or create something' 즉, '지시를 받으면 텍스트, 이미지 등을 생성할 수 있는'의 뜻으로 풀이한다.

이를 '생성'으로 혹은 '생성형'으로 번역하는 차이는 크지 않겠고, 둘 다 혼용해도 무리는 없어 보인다. 그런데 국립국어원에 따르면, 접미사 '형'의 쓰임 여부에 차이가 있고 '~형'의 쓰임 여부는 표현 의도를 고려하여 결정하여야 한다고 지적한다. 즉, '생성 인공지능'은 '생성하는 인공지능'의 의미로 이해되지만, '생성형 인공지능'에서는 '생성하는 유형의 인공지능, 생성하는 형식의 인공지능'이라는 의미로 이해될 수 있다는 것이다.

따라서, 현재 'Generative AI'의 쓰임새를 고려할 때 굳이 접미사를 덧붙여서 모호함을 더하기 보다는 '생성 인공지능'으로 표기하는게 더 엄밀하고 적절해 보인다고 판단된다. 그래서 이 책에서는 '생성 AI'로 통일해서 표기한다.

2024년, 'AI 인터페이스'
경쟁이 격화된다

디지털 미디어 인사이트 2024

AI 시대의 생존 전략,
미디어 패러다임을 바꿔라!

김경달
강정수
황성연
한정훈
이성민
임상훈
지음

변화하는 시대를 관통하는 시각을 담아
디지털 미디어 콘텐츠의 트렌드를 짚어봅니다

미디어, SNS, 스트리밍, 콘텐츠IP, 게임 등 분야별 진단과 전망,
이를 통해 살펴보는 국내외 비즈니스와 브랜드 발전 방향

2023년 '디지털 미디어 인사이트'는 트렌드 서적으로는 다소 어려운
이름을 달고 나왔습니다. 한 해의 트렌드만 보기보다 변화하는 시대
를 관통하는 시각을 담고 싶었기 때문입니다. 각각의 챕터는 매해 디
지털 미디어 콘텐츠 트렌드를 소개하지만, 분야별 진단과 전망을 구
슬 꿰듯 합치면 미디어와 테크의 전반적인 흐름을 살펴볼 수 있게 만
들었습니다. '그땐 그랬지'의 트렌드가 아닌, '그래서 지금 이렇게 변화
해가고 있구나'를 보여주고 싶었습니다.

2024년의 모습을 살피기 위한 기획 프로젝트의 첫 실행은 살롱

이었습니다. 2023년 8월, 한강이 내려다보이는 전망 좋은 북카페에서 20명 남짓 오붓하게 모여 살롱 행사를 가졌습니다. 지난해 함께 《디지털 미디어 인사이트 2023》을 작업했던 6명의 전문가들이 알찬 발표를 준비했고 발제자로 나섰습니다. 더불어 유관 분야의 전문가들을 초대해서 함께 토론하고 의견을 보탰습니다.

Tech & Biz 분야를 다루는 전문 매체 '더코어'의 비즈니스 에디터로 활동 중인 강정수 박사는 AI 기술의 도입 과정과 향후 전망에 대한 개괄부터 소셜 미디어 트렌드까지 인사이트를 가득 담아 발표했습니다. 닐슨에서 근무 중인 황성연 박사는 인구구조 변화를 중심에 놓고 사람들의 미디어 이용 행태가 어떻게 달라져가고 있는지를 데이터 기반으로 설명했습니다. 프로젝트 기획자 역할을 맡아 프롤로그를 쓰고 있는 저, 김경달은 몇 년간 계속 살펴온 유튜브 트렌드를 간추리면서 미디어 지형도 변화를 살폈습니다.

국내에서 미디어 전문 기자로 활동하다 지금은 미국으로 건너가 활동 중인 한정훈 대표는 스트리밍 전쟁의 현장을 진단하고, 엔터 산업 전반에 AI가 접목되면서 펼쳐질 변화상을 사례 위주로 소개했습니다. 한국방송통신대 미디어영상학과의 이성민 교수는 주된 관심사인 콘텐츠 산업 현장의 주요 변화상 가운데 IP 산업에 초점을 두고 재미있는 사례를 들려줬습니다. 게임 전문 매체 '디스이즈게임'의 임상훈 대표는 모바일 다음 시대를 준비 중인 게임 시장에서 한국이 글로벌 경쟁력을 키워갈 수 있을지를 짚었습니다.

함께 살롱에 참가한 분들이 귀한 의견을 많이 더해주셔서 논의가 풍성해졌습니다. 모두 방송사와 광고 회사, 콘텐츠 제작사, 연구소, 언론사 등 미디어 현장에서 다년간 경험을 축적한 전문성 많은 분들이어서 날카로운 지적이나 여백을 보충하는 코멘트도 많았습니다.

살롱에서 발표와 토론을 거치며 모아진 이야기들을 토대로 원고 작업이 이뤄졌습니다. 이왕이면 현장에서 직접 보고 듣는 느낌을 살리면 좋겠다 싶었습니다. 그래서 원고를 정리하며 말하는 것처럼 서술했습니다. 그래픽과 이미지를 찾아 넣고자 노력했습니다. 발제자들은 리뷰 과정을 거치며 내용을 업데이트했습니다. 수시로 바뀌는 트렌드의 특성상 마지막까지 흐름을 놓치지 않으려 했고, 더불어 최대한 '인사이트'를 녹이려 애썼습니다.

이 책은 미디어, 테크, 콘텐츠의 맥을 파악할 수 있는 6개의 챕터로 구성돼 있습니다. 우선적으로 2024년의 비즈니스 전략을 세워야 하는 팀장, 관리자들에게 도움이 될 것입니다. 동시에 새로운 흐름에 늘 귀를 열어놓아야 하는 마케터나 미래의 꿈을 키워가는 대학생들에게도 시야를 넓혀주는 가이드 역할을 할 것으로 기대합니다.

올해부터는 디지털 미디어 인사이트의 프로젝트를 확장해 책 출간 이후에도 웨비나, 살롱 등 소통의 자리를 마련하려고 합니다. 필자들이 직접 각 챕터별로 정리한 내용을 압축해서 소개하고, 편하게 질의응답 및 대화를 나눠볼 예정입니다. 영상으로 기록해 '디지털 미디어 인사이트(DMI)' 웹사이트를 통해 전달될 수 있도록 준비도 할 예정입니다. 책을 보신 후에도 계속 관심을 갖고 'DMI'와 소통해 주시면 좋겠습니다.

'유튜브 트렌드'에서 출발해 '디지털 미디어 인사이트'까지 트렌드 & 인사이트를 정리하며 5년째 책을 펴내고 있습니다. 트렌드를 읽는다는 것은 참 어려운 작업임을 늘 깨닫습니다. 그나마 보람 있는 것은 흐름과 맥락을 쫓아가면서 정리한 내용들을 보고 긍정적인 피드백을 주는 독자분들이 있다는 점입니다. 앞으로는 좀 더 소통형의 프로젝트로 확장해가고자 합니다. 디지털 미디어 인사이트(DMI)와 함께 정보를 나누면서 변화의 흐름을 따라잡는데 보탬이 되길 소망합니다.

김경달

CONTENT

PART 04   　　　　　　　　　　　　　　　　　　　**AI와 스트리밍 _ 한정훈**

엔터 테크 시대의 AI 개발과 접목

생성 AI의 투자 및 발전 전망

AI로 인해 가장 빠르게 진화하는 영역, 엔터테인먼트 업계

할리우드가 원하는 AI 인재의 조건

영화 & TV와 AI, 특수 효과부터 애니메이션까지 AI로 제작

AI와 배경 이미지 / AI와 버추얼 아바타 / AI와 디지털 휴먼

스트리밍과 AI, 정교한 이용자 데이터 분석을 활용한 맞춤 추천 활성화

OTT 프로그램의 확산을 도와주는 AI 더빙의 증가

딥페이크 기술로 더욱 다양해질 스트리밍 산업

AI를 활용한 다양한 엔터 테크 서비스

AI 엔터, 인간을 대체하기 보다는 변화시킬 것

보너스 페이지 / DMI 살롱에서 함께 논의했어요

PART 06　　　　　　　　　　　　　　　　**AI와 게임 _ 임상훈**

제작부터 마케팅까지! AI로 인한 게임 생태계의 변화　　**228**

압도적인 문화 콘텐츠 수출 1위의 비결/ 엔데믹 이후 더 힘들어진 2023년 게임 산업 / 내우외환, 모바일 게임의 하락세 / 국내 게임 생태계의 새로운 희망

리니지라이크 게임의 경쟁은 어떤 흐름을 보일까?

한국 게임 시장의 특이한 현상, 리니지라이크 게임 / 파이는 줄어들었는데, 조각은 늘어난 상황 글로벌을 향한 엔씨소프트의 새로운 시도, 과연 성공할 수 있을까?

서브 컬처로 도전하는 게임사의 미래는?

〈승리의 여신: 니케〉와 〈블루 아카이브〉의 성공 / 호요버스의 진격, 〈붕괴: 스타레일〉의 성공 / 서브컬처 게임이 주류 장르가 되어가는 이유 / 국내에서도 쏟아지기 시작한 서브컬처 게임 라인업 / 더욱 치열해질 서브컬처 게임 시장

K-게임의 중국 시장 진출

두 차례 판호 발급 중단 / 리오프닝 경기 부양 드라이브 속 갑작스러운 게임 유화책 / 다시 재개된 판호, 받는 기준은? / 판호가 성공을 보장하는 시대는 끝났다

스팀, 콘솔 신 등 게임 크로스 플랫폼 보편화

〈데이브 더 다이버〉의 성공 이유 / 스팀과 콘솔 게임 개발이 늘어나는 이유 / 쉽지 않은 길 / 실패해도 가야 할 길

01

Part

KANG JEONGSOO

AI와 미디어

새로운 SNS 서비스가 촉발한
미디어 지형도의 변화

새로운 기술의 발달은 기존의 지형을 바꾼다. 생성 AI 콘텐츠는 콘텐츠 생산 비용을 낮추며, 어느새 웹을 쓰레기장으로 만들어놓았다. 저품질 콘텐츠의 늪에서 양질의 콘텐츠를 제공하는 미디어가 살아남는 방향은 무엇일까? 애플과 구글의 개인 정보 보호 정책으로 서드 파티 데이터를 더 이상 사용하지 못하는 미디어는 어떤 방식으로 위기를 극복해야 할까? 데이터 기업, 이커머스 기업으로의 확장과 멤버십을 통한 퍼스트 파티가 되기 위한 미디어들의 다양한 노력과 방향이 2024년의 변화를 이끌어나갈 것으로 보인다. 이를 조금 더 세세히 살펴보고자 한다.

DIGITAL
MEDIA
INSIGHT
2024

강정수

더코어 CSO

디지털 경제 인사이트 전문가. 연세대학교 독문과를 졸업한 후 베를린자유대학교에서 경제학 학사 및 석사를, 비텐-헤어데케대학교에서 경영학 박사를 취득했다. 연세대학교 커뮤니케이션연구소 전문 연구원과 연세대학교 경영대학 특임 교수를 거쳐, 미디어 스타트업 인큐베이팅 및 투자회사 (주)메디아티의 CEO로 활동했다. 2019년부터 2년간 대통령 비서실 디지털 소통센터장을 맡아 대통령의 디지털 커뮤니케이션을 조율했다. 현재 디지털 비즈니스 미디어 'The Core' 운영에 참여, 디지털 전략을 컨설팅하고 있다.

테크놀로지, 세상을 변화시키다

저는 이번 강연에서 생성 AI부터 테크놀로지가 변화시키는 미디어 지형도를 그려보려 합니다. 2022년부터 시작해 2024년까지 변화의 맥을 짚어보면서 미디어의 발전 방향을 살펴도록 하겠습니다.

2022년 11월 챗GPT 공개 이후 대단히 많은 변화가 일어나고 있습니다. 특히 흥미로운 사건은 2023년 5월 2일부터 미국 할리우드에서 작가들의 파업이 일어났다는 점이에요. 여기서 작가는 드라마와 예능, 뉴스 미디어, 디지털 미디어에 종사하는 작가를 모두 아우르고 있습니다. 노조(WGA)에 소속된 작가는 11,000명을 넘어서고 있습니다.

작가조합의 파업에는 크게 2가지 이슈가 있었습니다.

첫 번째 이슈는 수익 분배 문제입니다. 과거에는 본방송 외에 재

방송 때도 수익을 분배받았는데, 스트리밍으로 넘어가면서 상황이 달라졌습니다. 한 작품을 계약하면 그냥 계약한 그 금액으로 마무리되는 상황이 대부분이죠. 특정 작품이 넷플릭스 등 스트리밍 서비스에서 인기를 얻으면 그에 대한 추가 보상을 받을 수 있는 레지듀얼(Residual) 인상이 이번 파업에서 노조의 요구 조건 중 하나입니다.

두 번째 이슈는 챗GPT나 미드저니 같은 생성 AI를 쓰지 말라는 것입니다. 생성 AI를 학습시킬 때도 자신들의 작품을 사용하지 말라고 하고요. 그런데 사용자 측인 스튜디오연합에서는 첫 번째 이슈는 논의 가능하나, 두 번째 이슈는 불가능하다고 이야기했습니다. 그러다 보니 이 부분이 핵심 쟁점이 되면서 파업이 길어졌습니다.

미국작가조합(Writer's Guild of America)의 파업과 관련해 많은 언론이 보도를 하고 있고, 갈등의 원인과 이유에 대해서도 자세히 다루었습니다. 이 파업의 시사점 한 가지를 짚어보자면, 이렇게 'Human Writers Only'라는 주장처럼 인류 역사상 문화사적으로 처음 'AI에 대한 반대 시위 및 파업'이 벌어졌다는 점입니다. 이런 파업이 요즘 미국 사회를 관통했죠.

2023년 7월부터는 SAG(Screen Actor Guild), 즉 배우연합도 같이 동맹파업에 나서면서 이 파업의 범위가 대단히 커졌습니다. SAG 소속 배우 규모는 무려 16만 명이었습니다. 〈뉴욕타임스〉 등 미국 언론에서 배우들의 파업에 대해 분석한 내용을 보면, 배우들이 가장 두려워하고 있는 부분은 AI로 인해 연기자 수요가 줄어들 가능성입니다. AI가 배우들의 역할마저도 대체할 수 있다고 보았습니다.

DMI 살롱에서 강연중인 강정수 CSO

실제 디지털 휴먼은 제임스 딘까지 복원할 정도로 발전했습니다. 단순한 이미지가 아니라 제임스 딘의 목소리, 연기 스타일까지 똑같이 복원시킨 디지털 휴먼이죠. 디지털 휴먼 기술은 당장 영화에 투입할 수 있는 수준까지 발전한 상태입니다.

이렇게 작가들은 챗GPT나 미드저니의 위협에 대항하는 파업을, 배우들은 디지털 휴먼에 대한 우려를 나타내는 파업을 하다 보니 한동안 넷플릭스나 디즈니플러스, 애플TV에서 신작이 나오지 않고 있었습니다.

넷플릭스와 디즈니플러스는 미국 외의 국가에서 만든 작품들로 이 공백을 대체하고 있었습니다. 거의 다섯 달에 걸친 파업은 결국 작가들의 승리로 끝났습니다. 미국작가조합은 넷플릭스나 디즈니플러스 등 제작자 연합체를 상대로 3가지를 얻어냈습니다.

하나는 저작권료 인상입니다. 나머지는 업무 환경과 관련된 것으로, 제작현장에 작가들의 방(writing room)을 두고 작가를 상주시킬 것과 대본 작업에 AI를 사용할 때 작가 보호 조치를 도입해야 한다는 것입니다.

저는 이것이 2023년 미디어의 흐름에서 가장 큰 사건이며, 문명사적으로도 큰 의미가 있다고 생각합니다.

AI를 잘 다루는 스튜디오가 살아남는다

그런데 실질적인 위협은 AI를 사용하지 않는 스튜디오와 AI를 사용하는 스튜디오의 대립 구도에서 결국 후자가 살아남을 것이라는 점에 있습니다. 인류의 일자리는 단순히 AI가 아니라 AI를 잘 다루는 사람에 의해서 AI를 잘 못 다루는 사람들의 일자리가 대체될 것입니다. 과거에 엑셀을 잘 다루는 사람은 취직이 잘되는 반면, 그렇지 못한 사람은 취직이 힘들었던 것과 같은 현상이 벌어지는 것이죠.

이와 비슷한 맥락의 사건이 한국에서도 있었습니다. 2023년 5월 하이브에서 기술융합 프로젝트 가수 '미드낫(Midnatt)'을 공개했습니다. 미드낫의 신곡은 6개 언어로 동시에 발표되었습니다. 그런데 6개 국어 자막이 붙거나 가수가 각각의 언어를 배워서 부른 게 아니라, 가수는 한국어로 노래를 부르고 이것을 AI가 마치 가수가 직접 부른 것처럼 6개 국어로 변형시킨 거였죠. 그간 하이브에서는 테크놀로지에 많은 투자를 했고, 그 결과 이런 성취를 이루게 된 것입니다. 해외에서도 많이 주목을 했고요.

생성 AI는 음악 분야에서 접목 사례가 많습니다. 이제는 내가 어떠한 느낌의 노래를 만들고 싶으면 AI가 작사와 작곡을 직접 해내는 시대입니다. 그런데 여기에 드레이크(Drake)와 위켄드(The Weekend)의 AI 목소리를 입힌 사례도 있죠. 실제로 그들이 부른 것처럼 느껴지는 이 영상은 틱톡과 유튜브에서 입소문을 타고 널리 퍼졌습니다.

좀 더 자세히 살펴볼까요? 2023년 4월 고스트라이더977이라는 한 틱토커가 틱톡에 '허트 온 마이 슬리브(Heart on my Sleeve)'라는 음원을 올립니다. 내용은 위켄드가 전 여자 친구인 가수 겸 배우 셀레나 고메즈에 관한 가사를 드레이크와 나눠 부르는 것처럼 진행되는 곡이에요. 각종 음원 사이트에서 인기 스트리밍 영상으로 올랐습니다. 그런데 알고 보니 이 곡은 AI가 만든 거였어요. 결국 나흘 만에 삭제되었지만, 엄청난 조회 수를 기록했죠.

스포티파이에서는 2023년 5월 현재 스포티파이에 올라온 음원들 중에 이런 AI 곡이 한두 개가 아니라고 발표했습니다. 'Tens of Thousands', 즉 수만 곡이 넘는다는 것이죠. 스포티파이에서는 이런 곡들을 삭제 중이라고 했습니다.

이렇게 드라마, 영화, 예능, 음악 등 다양한 분야에서 AI가 적극 활용되는 추세인지로 많은 사람이 위기를 느끼고 있습니다.

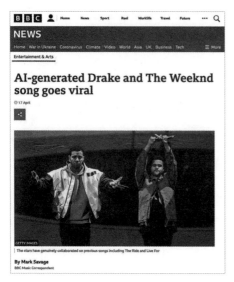

AI가 생성한 드레이크와 위켄드의 노래가 입소문을 탔다는 기사. 출처: BBC 뉴스

AI의 역할이 더욱 커진 뉴스 및 미디어 분야

구글은 공식적으로 〈뉴욕타임스〉 〈워싱턴포스트〉 〈월스트리트저널〉에 이 세 언론만을 위해 뉴스 기사를 생성하는 AI 기술을 개발해주겠다는 제안을 했고, 이 세 미디어는 여기에 응했습니다. 2023년 7월 20일 〈가디언〉을 비롯한 외신은 구글이 '제네시스'라는 AI 프로그램을 위 언론사들에 시연했다고 보도했어요. '제네시스' AI 프로그램은 이미 〈타임스〉를 비롯한 여러 매체에 글을 기고한 것으로 알려졌습니다.

그전까지의 로봇 저널리즘이 낮은 수준의 정형화된 기사만 생성했다면, 거대 언어 모델인 '제네시스' 프로그램은 각 미디어 매체에 맞는 논조로 기사를 작성하고 뉴스를 만들 수 있다는 것이 특징입니다. 구글은 '제네시스'에 대해 기자를 대체하는 수단이 아닌, 기자들의 기사 작성을 도와주는 인공지능 프로그램이라고 설명하고 있죠.

이런 상황에서 순수하게 인공지능이 만든 뉴스 사이트가 증가하고 있습니다. 〈블룸버그〉에서는 2023년 4월 현재 미국에 AI 뉴스 사이트가 49개 있다고 보도했습니다. 그런데, 8월에는 7월까지 나온 사이트가 408개에 달한다고 했어요. 그만큼 엄청나게 빠른 속도로 많은 AI 뉴스 사이트가 만들어지고 있다는 뜻이죠.

처음부터 끝까지 인간이 하나도 만들지 않은 뉴스 사이트가 이제 408개나 존재하는 셈이고, 앞으로 더 많아질 것으로 예상이됩니다. 이런 상황이 2024년 미국 대선 국면에서 적지 않은 영향을 줄 것으로 보입니다.

AI로 기사를 채운 이들 뉴스 사이트는 대부분 클릭을 유도해 수익을 얻는 구조이기 때문에 어뷰징(Abusing) 기사들이 많고, 사람의 눈에 잘 띄게끔 검색 최적화(SEO)가 되어 있죠. 그러다 보니 오히려 제대로 된 기사를 발행하는 뉴스 사이트의 기사가 뒤로 밀리고, 어뷰징 기사가 더 잘 보이며 클릭을 얻는 게 현실입니다. 이렇게 이른바 가짜뉴스로 불리는 허위 조작 정보들이 클릭되는 상황은 앞으로 더 큰 문제를 가져올 것입니다.

AI의 활용으로 인한 광고 시장의 근본적인 변화

이런 변화 속에서 산업계도 AI로 인해 큰 변곡점을 맞이하고 있어요. WPP그룹의 CEO는 〈가디언〉에 현재 일어나고 있는 변화를 "It's fundamental", 즉 "완전히 근본적인 변화가 일어났다"고 말했어요.

WPP그룹은 영국 런던에 위치한 글로벌 미디어 커뮤니케이션 기업으로, 전 세계에서 가장 큰 광고회사입니다. 우리나라로 치면 제일기획 같은 곳이에요. 그 WPP그룹이 최근 2개의 AI 회사를 매입했습니다.

디지털 마케팅, 옥외광고 등 다양한 분야의 광고를 만들 때 인공지능을 적극 활용하려는 경향도 나타나고 있습니다.

생성 AI 모멘트의 현주소

엔비디아(NVIDIA)의 젠슨 황은 최근 AI에서 '아이폰 모멘트(iPhone Moment)'가 시작되었다고 말했습니다. 여기서 아이폰 모멘트는 역사적인 개념입니다. 2007년 아이폰 출시 후 2008년 후반부터 아이폰에서 사용할 수 있는 앱 생태계가 만들어지기 시작했어요.

처음에는 니치 시장에 머물 것이라고 예상했습니다. 왜냐하면 아이폰은 핸드폰으로는 너무나 비쌌고, 모바일 인터넷을 하기엔 2G망으로 너무나 느렸죠. 제가 당시 독일에 있었는데, 지도 사용을 위해 앱을 켜고 터치하면 한동안 모눈종이만 나오는 식이었어요. 이런 상황에서 그 누구도 아이폰, 스마트폰이 대중적인 시장을 만들 수 있을 거라고 상상하지 못했습니다. 그런데 이 시대를 통과하면서 삼성이나 LG가 스마트폰 시장에 뛰어들고 중국 기업들이 함께 경쟁하기 시작하면서 이 시장이 하나의 매스 마켓(Mass Market)으로 바뀌었습니다.

여기서만 끝난 게 아니라 아이폰의 등장으로 소셜 미디어가 확대되면서 미디어의 근본적인 질서가 변화했습니다. 아울러 오프라인 시장 중심에서 온라인 몰 중심으로 커머스의 기본 질서가 바뀌고, 핀테크가 등장하면서 은행, 금융, 주식 거래 모두 스마트폰으로 넘어가게 되었죠.

2010년에서 2020년 사이 빅테크의 출연과 성장을 총칭해 '아이폰 모멘트'라고 부르게 되었죠. 이 모든 변화가 아이폰 출시 이후에 벌어진 일이기 때문이에요.

그런데 AI도 아이폰 모멘트처럼 유사한 모멘트를 창출할 것이라는 예측이 많습니다. 미래의 10년은 AI 모멘트가 일어나는 시기라고 말하죠. 생성 AI는 아직 겨우 시작 단계에 불과하지만, 매스 마켓을 만들면서 연관 산업의 질서를 바꿔나갈 것입니다.

방송, 미디어 콘텐츠 산업부터 음악, 광고까지 이런 식으로 계속 AI가 영향력을 늘려나갈 것으로 보입니다. 아이폰으로 대변되는 스 스마트폰이 처음에는 미디어 환경부터 바꿨듯이 말이에요. 또한 AI를 채택한 기업과 그렇지 않은 기업, AI를 주도하는 기업 간에 위계질서가 생기며 현재의 우리가 예측하지 못하는 변화들이 발생할 것입니다.

이 실마리를 저는 플러그인(Plug-in)에서 보고 있어요. 현재 챗GPT를 플러그인해서 기능을 확장하는 서비스가 많이 생겨나고 있어요. GPT 4.0부터는 플러그인을 결합해 사용할 수 있습니다. 네이버가 하이버클로버X를 공개하면서 네이버 쇼핑과 네이버 지도라는 플러그인을 결합시켰습니다. 생성 AI와 결합된 네이버 쇼핑, 네이버 지도가 바로 플러그인입니다. 이 플러그인은 다르게 표현하면 스마트폰의 앱입니다. 그런데 같은 해 4월 GPT 4.0은 11개의 플러그인으로 시작했습니다. 2023년 8월 31일 현재 이 플러그인의 수가 943개로 폭증했습

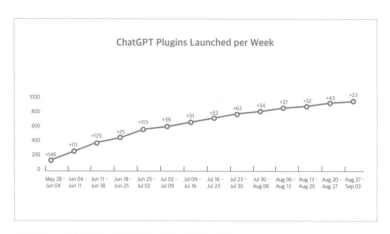

매주 평균 67개의 새로운 플러그인이 출시되는 챗GPT. 출처: whatplugin.ai

니다.

가령 익스피디아 앱에서 챗GPT를 활용해 여행 계획을 짤 수 있습니다. 예를 들어 "2박 3일 도쿄여행 일정을 짜주세요"라고 입력하면 됩니다.

이때 시간대별로 어떤 활동을 하고 싶은지, 자신의 취향을 미리 얘기해줍니다. 온천을 좋아하지 않고, 뭘 좋아하고, 뭘 싫어한다 식으로 적어주면 자신에게 맞는 2박3일 일정을 정확하게 짜줍니다. 일정이 마음에 든다면 바로 예약을 할 수 있고요.

다른 예를 들어볼까요? 클라나는 선구매 후결제(Buy Now, Pay Later) 서비스를 제공하는 것으로 유명한 핀테크 회사입니다. 한국으로 치면 네이버페이나 카카오페이 같은 서비스라고 할 수 있습니다. 스웨덴 기업이고 2021년 10억 달러를 투자받았죠. 클라나는 쇼핑 서비스가 굉장히 발달했는데, 챗GPT를 접목한 덕분이죠.

제가 고양이를 키우는데, 고양이용 치약과 칫솔에 대해 챗GPT랑 얘기한 후에 "그럼 좀 사줄래?"라고 적으면 바로 클라나 쇼핑에서 구매가 이루어집니다. 배송 정보 확인도 챗GPT로 하고요.

이런 식으로 플러그인을 활용하면, 우리나라에서도 당근마켓에 챗GPT를 플러그인으로 제공하는 것을 상상해볼 수 있습니다. 이렇게 챗GPT에 모든 앱이 플러그인을 제공한다면 산업 질서에 근본적인 변화가 일어날 것입니다.

현재 챗GPT 앱은 안드로이드용, 아이폰용으로 나와 있습니다. 여기에 친구들의 주소 목록이 들어갈 수도 있겠지요. 친구들과의 대화도, 지인과의 대화도, 직장 동료와의 대화도 챗GPT를 매개로 챗GPT 앱에서 할 수 있습니다. 그리고 거기에 여러 플러그인을 붙여 원하는 행동을 바로 할 수 있죠.

친구들과 어떤 음악을 듣고 싶다고 말하면 그걸 찾아서 들려주고, 동료들과 함께 뭐 먹으러 가자고 말하면 적당한 식당을 바로 예약해주는 세상이 열린다면 분명 이런 부분이 모멘트를 만들 수 있을 것입니다.

다음의 표는 2008년부터 2022년까지 애플 앱스토어의 앱 증가 수치를 나타낸 것입니다. 2008년에서 2012년까지는 아주 작게 성장했지만 2014년이 지나면서 폭발적인 증가세를 보이죠 2007년 아이폰을 출시하고 7~8년 정도가 지나서야 폭발적으로 변화하면서 그 이후에 스마트폰이 완전한 매스 마켓을 형성하기 시작합니다.

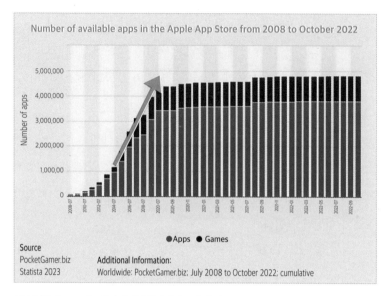

2008년부터 2022년 10월까지 애플 앱의 증가 수치. 출처: Statista

이와 같이 저는 챗GPT 같은 거대 언어 모델이 시장을 완전히 바꾸기까지는 앞으로 1~2년의 성숙기가 필요하다고 봐요. 그리고 이 시기가 지나면 챗GPT 플러그인에 거대한 변화가 발생할 겁니다.

소셜 미디어의 종말,
AI로 추천받는 대전환의 시대

2022년 미국 사회에서 가장 많이 화제에 오른 단어 5개 중에 '바이브 시프트(Vibe Shift)'가 있습니다. 바이브 시프트는 '지배적인 문화 분위기의 변화' 또는 '트렌드의 중대한 변화' '시대정신의 변화'를 의미하는 말입니다. 이전까지와는 전혀 다른 시대가 펼쳐졌다는 뜻이죠.

소셜 미디어 전문가로 통하는 뉴욕대학의 클레이 셔키(Clay Shirky) 교수는 "우리의 소통 방식이 변화하면 우리 사회도 변화할 것"이라고 말했습니다. 커뮤니케이션 방식의 변화에 따라 사회 변화도 일어날 거라는 이야기입니다.

이와 관련해 현재 유튜브 같은 소셜 미디어의 커뮤니케이션을 비롯 소통 방식이 어떻게 변화하고 있는지 살펴보면 이를 통해 우리 사회의 지형 변화가 어떻게 일어나고 있는지 알 수 있을 것입니다.

지금까지 소셜 미디어는 소셜 그래프(Social Graph)로 친구 및 지인 관계 안에서 콘텐츠를 유통하고, 거기서 미디어가 자신의 트래픽과 바이럴을 만들어냈습니다. 그런데 이런 시대는 이제 끝났습니다. 소셜 네트워크에서 브로드캐스트 네트워크로 변화하고 있어요. 이전까지는 사용자끼리 1:1로 연결이 이뤄졌다면, 이제는 1:다수의 연결 고리가 보입니다. 크리에이터와 사용자들이 연결되어 콘텐츠와 커머스를 소비하는 시대가 된 것이지요.

소셜 미디어 커뮤니케이션 변화의 또 다른 특징은 소셜 그래프가 지고 인터레스트 그래프(Interest Graph)를 통해 바이럴이 만들어지고 있다는 점입니다. 입소문과 리트윗(RT)으로 확장되던 바이럴이 이제는 인공지능 추천이 각자의 취향과 만나 이뤄지고 있는 것이죠.

최근 틱톡에서 유행하는 트렌드 중에 베드 로팅(Bed Rotting)이란 게 있어요. 이게 틱토커들 사이에서 유행하면서 인스타그램 릴스, 유튜브 쇼츠까지 확장되고 있죠.

베드 로팅은 '침대에서 썩어간다'는 뜻인데, 말 그대로 일정 시간 동안 모든 것을 침대에서 하는 거예요. 24시간 또는 48시간 동안 침대에서만 머무르면서 잠을 자고, 음식을 먹고, 핸드폰을 하고 TV를 봅니다. 심지어 생리 현상도 침대에서 처리하죠. 이런 챌린지가 유행하는 것은 번아웃(Burn-out)에 대한 일종의 치료 형태라고 할 수 있습니다. 요즘은 침대도 점점 커지고 있죠. 킹 사이즈를 넘어서 라지킹, 킹오브킹 사이즈가 나오고 슈퍼싱글 침대를 2개 붙여서 사용하는 사람도 있어요. 휴식 공간이 침대이다 보니 이런 현상이 일어나는 거예요. 이런 상황이 연결되면서 베드 로팅이라는 챌린지가 유행하는 것 같습니다.

저는 이러한 문화적 현상이 숏폼을 통해 바이럴 및 확장되는 것에 주목했습니다. 이 같은 문화적 현상이 숏폼에 등장하기 시작하면서 소셜 미디어가 근본적인 변화의 단계에 들어섰다고 말할 수 있습니다.

하룻밤 사이에 트렌드가 생기고 없어지는 시대

앞에서 우리는 바이브 시프트의 의미를 간단히 살펴보았습니다. 하룻밤 사이에 그 트렌드가 사라지거나 변화하는, 이런 흐름에 대해 좀 더 구체적으로 짚어보겠습니다.

제가 50대인데, 저같이 나이 든 사람뿐 아니라 심지어 밀레니얼 세대까지도 하루 사이에 트렌드가 바뀌는 것에 충격을 받을 만한 상황인 것 같습니다. 트렌드가 변하는 속도 때문이에요. 이것이 어떤 기분이냐면 지금까지 내가 하고, 보고, 입었던 것들이 너무나 빠르게 '쿨하지 않게' 되어버리는 것이죠. 이렇게 바이브 시프트가 일어나고 있어요.

바이브 시프트를 또 다른 말로 하면 'new era of cool', 즉 '새로운 쿨이 시작된 시대'라고 할 수 있습니다. 영어 단어 'cool'에는 '멋있다' 혹은 '트렌드를 리드하다'는 의미가 있습니다. 지금까지와는 다른 작동 방식이 작용한다는 얘깁니다. 미국 같은 사회의 경우에는 현재 틱톡에 의해 많은 게 작동한다고 할 수 있습니다.

미국의 '더컷(THE CUT)'이라는 매체에서는 'A Vibe shifts is coming - Will any of us survive it?'이라는 제목의 기사를 냈습니다. 저는 '우리가 여기서 살아남을 수 있을까'라는 부제에 주목했어요. 왜냐하면 이 글을 쓴 사람이 밀레니얼 세대에 속하는 트렌드 연구자였기 때문입니다. 그런데 이분이 이제 연구를 못 하겠다고 했어요. 트렌드가 너무 빠르게, 너무 많이 변해서요. 글을 쓰고 있는 와중에도 계속 변한다고 말합니다.

이렇게 현재 너무나 많은 문화적 현상이 발생하고 있다는 것, 그리고 이런 문화 현상을 대부분의 사람이 전혀 이해를 못 하고 있다는 것에 대해 많은 논쟁이 있었어요.

'버즈피드'에 실린 한 칼럼은 "원래 세상은 변하는 것이고, 자신이 더 이상 쿨하지 않으며 유행을 좇아가지 못한다고 너무 슬퍼하지 말라"고 이야기 했어요. 이 글의 필자는 밀레니얼 세대인데, 소셜 미

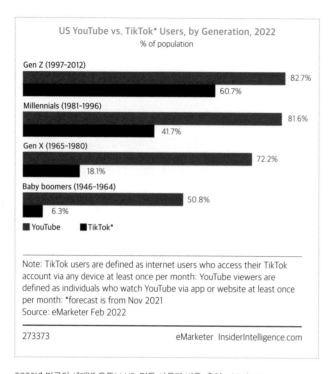

2022년 미국의 세대별 유튜브 VS. 틱톡 사용자 비율. 출처: eMarketer

디어를 처음 사용한 밀레니얼 세대는 인스타그램, 엑스(옛 트위터), 페이스북에서 다양한 소통을 하고 의견을 공유했지요. 그런데 지금은 이런 활동 자체가 낡은 취급을 받는다는 거예요.

우리가 보통 MZ세대라는 말을 쓰는데, 저는 이것이 적절하지 않은 분류라고 생각합니다. 절대 동일한 세대가 아닌데도 M세대와 Z세대를 붙여서 부르는 것은 기성세대가 나머지 세대를 그냥 퉁쳐서 부르고 싶은 거라고 생각해요. 실제 M세대와 Z세대는 전혀 달라요. M

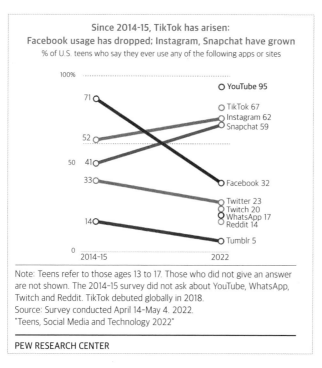

2014~15년 부터 2022년까지 미국 10대의 소셜 네트워크별 하루 평균 사용 시간
출처: PEW RESEARCH CENTER

세대는 소셜 미디어를 주로 이용하는 소셜 미디어 세대예요. 이들은
주로 데스크톱으로 소셜 미디어를 사용했어요. 물론 시간이 지나면서
모바일로 옮겨오긴 했지만요. 반면 Z세대는 처음부터 모바일을 사용
한 세대라는 점이 다릅니다. 카메라가 내장된 모바일 기기는 소비와
창작이 모두 가능했기 때문이죠.

2022년부터 "소셜 미디어는 죽었다" "인스타그램은 끝났다" 같
은 말이 회자되고 있어요. '악시오스(AXIOS)'는 'Sunset of social

media'라는 기사를 올리기도 했어요. 더 이상 소셜 미디어는 핫하고 트렌디한 미디어가 아니라는 얘기죠.

이런 기사의 톤은 한결같이 부정적이에요. 소셜 미디어의 영향력이 더 이상 지속되고 있지 않는다는 점을 고민하는데, 소셜 미디어가 힘이 빠져 좋은 시절은 다 지나갔고, 지금 뜨는 것은 좋지 않다고 말하는 것이 과연 맞는 말일까요? 새로운 것은 좋지 않다는 프레임은 근본적으로 선과 악의 구도를 깔고 평가하는 것이죠.

하지만 이러한 주장은 새로운 문화에 기존 M세대가 적응하기 힘들다는 데에서 나온 잘못된 평가라고 봅니다.

틱톡이 유튜브의 아성에 도전하고 있는 것도 새로운 세대가 만들어낸 전환이라고 볼 수 있어요. 2022년 미국의 유튜브 VS. 틱톡 세대별 사용 비율을 보면 물론 유튜브가 M세대와 Z세대 모두에서 80% 넘는 수치를 보이고 있습니다. 틱톡의 경우 Z세대는 60% 넘는 비율을 보이는 반면, M세대는 상대적으로 3분의 2 수준인 40% 정도만 틱톡을 사용하는 것으로 나타났죠.

표를 하나 더 살펴보면 틱톡이 얼마나 극적으로 성장했는지 알 수 있습니다. 2019년부터 2024년까지 영국의 소셜 네트워크별 하루 평균 사용 시간을 살펴보면 보면 2가지 성장 곡선에 눈길이 갑니다. 페이스북이 2020년을 기점으로 사용 시간이 계속 줄어드는 반면, 2019년 23분이었던 틱톡은 2021년 1위에 올라선 후 계속 사용 시간 선두를 지키고 있어요. 영국에서는 유튜브에서보다 틱톡에서 체류하는 시간이 더 많다는 결과도 나왔어요.

미국이나 영국만큼은 아니지만, 우리나라에서도 틱톡 사용자가 점점 더 늘고 있습니다. 한 틱톡코리아 관계자는 한국의 DAU(일간 활성 사용자)가 500만 명 정도 된다고 해요. 그럼에도 다른 나라에서의 사용율이 워낙 높다 보니 한국에서의 사용자는 상대적으로 얼마 안 되는 것처럼 보이기는 합니다. 틱톡이 현재 고전하고 있는 곳이 한국과 일본이라고 해요. 저는 소셜 미디어의 유행도 전환점을 맞고 있을 뿐 죽어간다고는 생각하지 않습니다. 소셜 미디어의 활동이 새롭게 변화하고 있어요. 그것을 우리가 아직 제대로 이해하지 못할 뿐인 것예요.

파편화한 소셜 미디어

현재 소셜 미디어는 새로운 성격으로 변화 중입니다. 그중 한 방향은 엔터테인먼트 앱으로 진화하는 것입니다. 유튜브 쇼츠, 인스타그램 릴스는 엔터테인먼트 앱이라고 볼 수 있습니다. 틱톡은 완전하게 100% 엔터테인먼트 앱입니다.

다른 한 방향은 네트워킹 앱으로 진화한 것입니다. 사람들은 이제 카카오톡에서 이야기를 합니다. 인스타그램 DM, 페이스북 메시지로 이야기를 하지요. 카카오톡 같은 경우는 오픈 채팅방을 통해서 같은 관심사를 가진 불특정 다수의 사람들이 네트워크를 만들고 있습니다. 마치 과거 카페에 사람들이 모이고, 통신 시대 때 하이텔의 오픈 채팅방에서 이야기를 했던 것처럼 말이죠.

이런 소셜 미디어의 분화는 2022년부터 시작되어 2023년을 관통하며 2024년에도 지속될 것으로 보입니다. 얼마 전 네이버에서 숏폼 영상인 클립을 전면에 내세우겠다고 발표했습니다. 이 역시 문화적인 변화를 반영한 것이라고 볼 수 있습니다.

인터레스트 그래프와 틱톡피케이션

소셜 미디어가 파편화하는 것과 동시에 추천 알고리듬도 바뀌었습니다. 지금까지 소셜 미디어의 추천은 소셜 그래프를 통해 이루어졌다고 말씀드렸습니다. 지인의 네트워크에서 공유가 많은 콘텐츠, 좋아요가 많은 콘텐츠, 댓글이 많은 콘텐츠가 추천을 받아 자신의 피드에 올라왔어요.

인터레스트 그래프는 자신과 AI의, 순수한 둘만의 관계 속에서 자신이 좋아할 가능성이 높은 콘텐츠를 추천합니다. 인터레스트 그래프는 틱톡을 통해 등장했고, 이로써 사람들은 자신의 취향에 맞는 콘텐츠를 자동으로 추천받을 수 있게 되었죠. 틱톡은 포유(for you) 메뉴에서 콘텐츠를 AI로 추천해 볼 수 있게 했습니다. 현재는 엑스나 스레드 등에도 적용되어 있어요. 2023년 7월 오픈한 스레드의 경우 처음 서비스할 때는 포유 추천 페이지만 있었지요. 이렇게 다른 소셜 미디어들이 틱톡을 따라하는 것을 틱톡피케이션이라고 부릅니다. 모든 콘텐츠가 틱톡화하고 숏폼화 한다는 의미입니다.

페이스북, 인스타그램, 엑스, 스레드 모두 포유 추천 페이지를 전면에 내세우고 있고, 페이스북과 인스타그램은 콘텐츠의 약 25%가 인터레스트 그래프를 통해 추천받은 것이 올라온다고 합니다. 이 모든 걸 AI가 추천하는 콘텐츠라고 볼 수 있습니다.

유튜브도 현재 쇼츠를 잘 운영하고 있어요. 2023년 9월 기준 하루 평균 조회 수가 700억 회 정도 됩니다. 요즘은 유튜브 앱을 켜면 종종 숏폼을 먼저 보여주기도 합니다.

이렇게 모든 콘텐츠가 숏폼화하고 있는데, 이를 비판적으로 보면 소셜 미디어들이 틱톡으로 단일화되고 있다고 볼 수 있습니다.

이런 상황에서 소셜 미디어 플랫폼들은 AI 경쟁에 들어갔습니다. 누가 더 훌륭한 AI 추천 기능을 갖고 있는가에 따라 추천의 질이 달라집니다. 사실 스레드의 추천 퀄리티는 좋지 않습니다. 릴스의 추천 퀄리티도 좀 떨어지죠. 이는 메타의 AI가 틱톡의 AI에 비해 떨어진다는 것으로도 볼 수 있습니다.

네이버가 클립을 전면에 내세우고 있는데, 만약 지금 숏폼 경쟁에 제대로 뛰어들어 승부를 보지 못한다면 숏폼자체 보다 추천 알고리즘을 만들어내는 AI를 틱톡만큼 발전시키지 못할 것이라는 게 더 큰 문제가 될 수 있습니다. 네이버가 현재 선택한 방향이 성공할지 여부를 예측할 수 있는 가장 중요한 준거점이 바로 이런 AI 기능일 것입니다.

결론적으로 우리의 커뮤니케이션 방식이 바뀌는 것, 콘텐츠가 숏폼 중심으로 바뀌는 것, 그리고 소셜 미디어가 엔터테인먼트 앱과 네트워킹 앱으로 분화되는 것, 이런 현상이 모여 앞으로 사회와 문화를 바꿀 것이라고 저는 생각합니다.

2011년 안데르센 호로위츠는 "Software is eating the world." 라는 말을 했습니다. 여기서 A가 B를 먹어치운다는 것은 A가 B를 점령한다는 걸 이야기하죠. 2024년은 "Technology has eaten (Social) Media"라고 말할 수 있을 것 같습니다. 기술이 레거시 미디어, 소셜 미디어를 먹어치우고 있는 상황이죠. 그만큼 기술로 인한 변화가 더욱 획기적으로 일어날 것입니다.

Enshittification, 똥처럼 변해가는 인터넷

2022년 소셜 미디어에서 최대 이슈가 바이브 시프트라면, 2023년 현재 가장 많은 논쟁을 일으킨 표현은 엔시티피케이션(Enshittification)입니다. Shit은 '똥'이라는 의미죠. 즉, 소셜 미디어 플랫폼이 똥처럼 변한다는 겁니다.

2023년 2월 코리 닥터로는 〈와이어드(WIRED)〉에 플랫폼이 엔시티피케이션화하고 있다며, 여러 플랫폼의 문화를 분석한 글을 실었어요. 코리 닥터로는 캐나다 출신 기자로 블로그 '보잉보잉'의 주 편집자이기도 합니다.

그는 오늘날 플랫폼들이 수익을 위해 사용자와 광고주를 인질로 잡고 있다며, 이로 인해 플랫폼이 엔시티피케이션되었다고 말합니다. 아마존이 그랬고, 페이스북과 구글이 그랬죠.

처음에는 사용자들이 원하는 것을 보여주고, 퍼블리셔들이 바라는 것을 전달해주었지만, 언제부터인가 알고리듬을 조절하며 돈을 내지 않으면 사용자와 퍼블리셔가 서로 만나기조차 힘들게 만들었습니다. 결국 검색 상단에 노출되는 것, 피드에 추천되는 것은 내가 보고 싶은 게 아니라 광고로 인한 쓰레기 같은 정보만 남았습니다.

반면 틱톡의 추천 알고리듬은 이전의 플랫폼들과 달랐습니다. 하지만 이 또한 이용자가 몰리면서 점점 더 많은 사람이 틱톡의 알로리듬에 종속되었죠.

틱톡에서는 인플루언서가 많이 활동하며 다양한 제품을 추천하고 있어요. 그런데 2023년 틱토커들은 인플루언서가 추천한 상품을 다시 리뷰하며 '어떻게 이런 허접한 물건을 추천할 수 있느냐'는 영상을 찍어 올렸어요. 이런 영상들이 틱톡 내에서 시리즈로 만들어져 정말 엄청나게 확산됐죠.

틱토커들은 인플루언서의 추천을 받아 구입한 옷, 음식, 조명 등등의 제품을 들고 나와서 역리뷰 영상을 찍었습니다. "너네도 진짜 이것 한 번 써봐. 정말 똥(shit)이야"라고 하며 인플루언서의 진정성을 비판했지요. 이렇게 틱톡에서 인플루언서를 비판하는 문화가 폭발적으로 증가한 것을 틱톡의 엔시티피케이션이라고 합니다.

〈가디언〉은 인터넷 전체가 지금 엔시티피케이션화하는 단계에 접어들었다고 보도했습니다. 그 안에서 광고주와 사용자가 피해를 입고 이익은 플랫폼 운영자만 보는 것이죠. 결국 인터넷의 이런 환경은 플랫폼의 이익을 극대화하다 보니 생긴 현상이라는 거예요.

반면 〈파이낸셜 타임즈〉는 플랫폼이 이렇게 변화하는 것은 전환 비용이 존재하기 때문이라고 진단했어요. 플랫폼은 초기에 사용자들을 끌어모으기 위해 손해를 감수해가며 저렴한 가격에 물건을 판매

해요. 그런 후 이 비용을 나중에 광고나 수수료 등의 수익으로 채우는 것이죠. 이런 상황을 잘 활용하면 오히려 소비자도 좋은 제품을 저렴하게 구입할 수 있다고 하죠. 그러면서 원래 경제 원리가 그런 것이니 나쁘게만 생각할 게 아니라고 주장합니다.

플랫폼은 엔시티피케이션 함정에서 벗어날 수 있을까?

새롭게 등장한 '블루스카이'의 경우 Web3에 기반한 오픈 소스 SNS 서비스로, 이용자가 자신의 데이터를 소유하면서 언제든 사용을 중단할 수 있는 서비스 모델을 지향하고 있어요. 그러면서 기존의 소셜 미디어 플랫폼들이 수익 모델로 이용자 데이터를 활용해 이에 대한 맞춤형 광고 플랫폼을 운영하는 것은 특정 서비스로의 중앙화를 유도하게 된다며 이를 지양하겠다고 했지요.

'마스토돈'의 경우도 마찬가지입니다. 2016년 설립된 마스토돈은 독일 소프트웨어 개발자 오이겐 로치코가 프로젝트 성격으로 개발한 SNS였습니다. 트위터 사용자였던 로치코는 트위터가 사용자들의 대화를 독점하는 것은 옳지 않다고 생각해 오픈 소스형 SNS를 만들었다고 합니다.

메타에서 스레드를 출시한 것도 트위터의 대항마 성격이라고 보면 됩니다. 일론 머스크가 트위터를 인수하고 이름을 엑스(X)로 바꾸면서 유료화를 언급하고 사용자 정보를 독점하는 것에 반발해 탈퇴한 사람들을 새롭게 담아내기 위해 생겨난 SNS예요. 물론 스레드는 블루스카이와 마스토돈과는 성격이 다르지만요.

하지만 새롭게 등장한 소셜 미디어 또한 성숙 단계에 접어들면 엔시티피케이션 함정에 빠질 수 있다는 논의가 계속해서 진행중 입니다.

앞서 코리 닥터로가 이야기한, 플랫폼의 엔시티피케이션 과정을 다시 한번 자세히 살펴보면서 플랫폼들의 현재 변화를 알아보려고 합니다.

첫 번째 단계, 초기의 플랫폼은 사용자에게 친절합니다. 플랫폼이 처음 생기면 사용자들을 모으기 위해 좋은 정보, 좋은 제품, 좋은 콘텐츠를 무료로 추천해줍니다. 아마존도 그랬고, 쿠팡도 그랬지요. 좋은 제품을 저렴하게 판매하면서 이용자들을 모았습니다. 좋은 혜택이 있어야 이용자들을 끌어모을 수 있기 때문이죠. 이 단계의 플랫폼은 모두 엄청난 적자를 감내해야 합니다. 이용자에게 돌아가는 이익을 플랫폼이 메워야 하거든요.

두 번째 단계, 플랫폼은 자신의 비즈니스 고객을 위해 사용자를 어뷰징합니다. 플랫폼에 광고를 게재하는 회사의 제품이나 기사를 사용자들에게 먼저 보여주는 식이죠. 이 단계에서 기업 고객들은 플랫폼의 광고 효과에 만족해합니다. 적은 금액을 들여 타깃 고객이나 타깃 독자에게 많은 반응을 이끌어낼 수 있기 때문이죠. 이런 효과를 본 기업이나 미디어는 점점 더 플랫폼에 자사 제품의 유통을 종속시키게 됩니다. 이곳에서 광고하는 것이 효율적이기 때문에 자연스럽게 집중될 수밖에 없는 것이죠.

세 번째 단계, 플랫폼은 비즈니스 고객을 어뷰징해 모든 가치를 플랫폼으로 집중시킵니다. 플랫폼의 수익을 극대화하기 위해 광고주도 어뷰징합니다. 이런 현상은 아마존이나 쿠팡, 배달의민족 같은 리테일 미디어뿐 아니라 구글이나 네이버 같은 포털에서도 나타나고 있지요.

이제는 쿠팡이나 아마존에 광고하지 않고는 특정 제품이 사용자의 눈에 띄기가 쉽지 않습니다. 쿠팡 앱을 켜고 필요한 물건을 검색하면 가장 먼저 보이는 게 광고 제품이지요. 배달의민족에서도 카테고리 검색을 하면 제일 위에 광고를 게재한 가게가 보이고요. 이런 커머스사이트의 광고를 리테일 미디어라고 합니다. 오픈 마켓을 통해 광고주들 사이의 경쟁이 과열되면서 사용자의 선택을 받기위해 광고주들은 광고를 계속 집행할 수밖에 없습니다. 그러다 보니 리테일 미디어의 매출이 폭발적으로 증가하는 거지요. 이것이 엔시티피케이션 과정의 세 번째 단계입니다.

기업뿐만 아니라 미디어 또한 소셜 미디어 플랫폼에 의해 온라인 자생력을 잃어버렸죠. 처음에는 페이스북이 미디어 기업들에 엄청난 트래픽을 가져다주었어요. 하지만 지금은 절대로 주지 않고 있죠. 얼마 전 서비스를 시작한 스레드의 경우, 처음부터 연성 뉴스만 유통시키겠다고 운영 원칙을 밝혔어요.

왜냐하면 연성 뉴스는 재미있고 사람들의 이목을 끌기 쉬운 반면 정치·경제 뉴스의 경우 편향적으로 노출시킨다거나 잘못된 정보를 내보냈다고 비난받는 경우가 많기 때문이죠. 플랫폼사들은 이런 잘못된 정보를 관리하는 데 소홀하다는 비판을 받고요. 그럴 바에는 차라리 사람들을 더 잘 모을 수 있고 욕을 먹지 않아도 되는 연성 뉴스만 유통시키겠다는 거예요.

하지만 이런 연성 뉴스는 대부분 클릭을 유도하는 어뷰징 뉴스가 대부분이죠. 결국 플랫폼에는 별로 도움이 되지 않고 자극적이기만 한, 클릭 장사만 하는 뉴스가 넘쳐나게 됩니다. 이런 정보들로 가득 차다 보면 플랫폼이 결국 똥처럼 된다는 얘기죠.

구글이나 네이버 같은 포털 플랫폼도 마찬가지입니다. 이용자들은 초기에 자신이 원하는 정보를 검색해서 좋은 내용을 살펴볼 수 있었어요. 하지만 이용자들이 계속 검색하게 만들기 위해 퍼블리셔를 늘렸고, 그러다 보니 검색 노출을 위한 어뷰징 기사가 많아지고 말았습니다. 2023년 여름 오송지하도 침수 사건이 생길 정도로 심각한 홍수 피해가 발생했었는데, 관련한 태풍 뉴스를 보다 보면 '문어가 창문에 붙었는데 거기는 어디?' 이런 식의 제목을 단 온라인 기사가 꽤 많이 등장했지요. 이렇게 말도 안 되는 천박한 저널리즘, 이런 어뷰징 기사를 만들어내는 것은 오히려 퍼블리셔나 플랫폼을 망치는 길이라고 저는 보고 있습니다.

콘텐츠 크리에이터나 미디어 퍼블리셔는 이제 더 이상 소셜 미디어를 통해 청중을 만나기 힘들어졌어요. 하지만 그럼에도 불구하고 적극적인 사용은 필요합니다. 다만, 지금처럼 콘텐츠를 마구 발행해서는 미래가 불투명할 것입니다.

AI가 제공하는 검색 결과, 트래픽은 더 줄어들 것이다

구글은 AI 시스템을 사용해 검색 결과를 요약해주는 검색 생성 경험

(Search Generation Experience, SGE)이라는 실험적인 기능을 도입했습니다. 이 기능은 사용자가 링크 목록을 클릭하거나 검색창에 다른 내용을 입력할 필요 없이 사용자가 찾고 있는 내용을 구글의 AI가 요약해서 알려준다는 개념이죠. 현재 SGE는 구글 검색연구소의 대기자 명단에 등록한 사람만 이용할 수 있습니다. 등록 후 승인을 받으면 검색창 결과 바로 아래에 AI의 요약글이 가장 먼저 뜹니다.

예를 들어 "코미디 드라마 〈테드 래소〉를 어디서 볼 수 있나요?"라는 질문을 하면 예전에는 관련 정보의 링크가 검색되었어요. 하지만 SGE를 적용한 경우에는 생성 AI의 요약 글이 먼저 나오죠. 이 화면 우측 3개의 카드에는 요약글의 출처 정보가 표시됩니다. 또한 검색어 응답 하단에는 일련의 잠재적인 후속 프롬프트가 생성되고 이를 클릭할 수 있습니다. 그 이후에 표준 구글 검색 결과가 표시됩니다.

구글이 만약 생성 AI를 도입해 이런 작업을 한다면 미디어 퍼블리셔는 검색을 통해 노출될 수 있는 위치라든지, 트래픽도 기대하기 어려워지는 거죠. 현재 구글이 이를 공식적으로 좀 더 테스트를 하고 여론조사를 거친 다음에 확정을 하겠다고 밝히고 있습니다. 잠재적으로 이렇게 하겠다는 구상을 하고 있는 단계인 거죠.

아직까지 생성 AI 검색은 검색 결과 제공 시간도 오래 걸리고, 검색의 질도 떨어지는 편입니다. 하지만 이제 시작 단계인 생성 AI 검색은 곧 일반 검색의 품질을 따라잡을 것으로 보입니다. 이는 앞으로 검색 결과 옆에 나오는 3개의 카드 이미지에 자신이 제작한 콘텐츠가 들어가지 않으면 검색 트래픽을 받기 힘들 것이라는 의미입니다.

생성 AI는 스팸성 콘텐츠를 확장시킬 것이다

〈THE VERGE〉의 기자 제임스 빈센트는 2023년 7월 27일 'AI is killing the old web'이라는 제목의 기사를 썼습니다. 생성 AI가 지금까지 존재한 올드 웹을 죽이고 있지만, 새로운 웹의 질서는 아직까지 만들어지지 않았다고 진단하고 있죠. 기사의 포인트는 올드 웹의 붕괴를 예상한다는 거예요. 이 기사에서 주목할 만한 또 다른 사실은 생성 AI가 저품질 콘텐츠의 제작 비용을 낮추고, 이러한 변화가 웹상에서 이제 막 나타나기 시작했다는 겁니다.

생성 AI는 텍스트와 이미지를 대량으로 생산하며, 곧 음악과 동영상도 그렇게 생산될 것으로 보입니다. 이런 결과물은 잠재적으로 뉴스, 정보, 엔터테인먼트에 의존하는 플랫폼을 압도할 수 있죠. 문제는 이렇게 생성된 결과물의 품질이 열악하다는 데 있어요. 생성 AI 모델은 지난 웹 시대에 구축된 데이터 지층을 기반으로 학습해 불완전하게 재창조하기 때문이죠.

아마존이 정크(Junk, 쓰레기)화하고, 틱톡은 엔시티피케이션이 진행되고 있습니다. 트위터는 봇(Bot)에게 점령당했죠. 일부 온라인 미디어는 기존 기자들을 해고시키고 AI 편집자를 찾는 구인 공고를 올리고 있는데요. 이 구인공고를 살펴보면 주당 200~250건의 기사 생성을 역할로 적어놓고 있습니다. 하루에 40~50건의 기사를 만들어내려면, 그냥 글을 뽑아내는 기계의 부속품이겠죠.

챗GPT는 모든 스팸 사이트에서 일반적으로 사용되고 있어요. 생성 AI로 인해 콘텐츠 제작 환경이 엄청나게 변화한 것이죠. 열악한 쪽

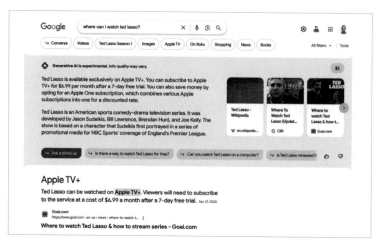

앞으로 변화될 AI 기반 검색 결과 화면. 출처: The Verge

으로, 그리고 더욱 스팸성으로요. 그러다 보니 앞으로 플랫폼들은 생성 AI가 만들어낸 정크성 콘텐츠로 넘쳐날 것입니다.

　그 영향을 크게 받은 곳이 엣시(Etsy)입니다. 우리나라의 아이디어스 같은 핸드메이드 제품을 주로 판매하는 플랫폼이에요. 공예가나 작가들이 직접 제작한 그림이나 수공예품을 판매하지요. 그런데 이제 여기에도 생성 AI를 사용해 만든 작품이 올라오기 시작했어요. 상대적으로 빠른 시간에 AI가 그려서 올리는데, 엣시에서는 이런 작품들을 정크로 보는 것이죠. 생성 AI가 만든 쓰레기라고까지 이야기하고 있어요. 엣시의 예를 대표로 들었지만, AI 챗봇은 잘못된 정보를 서로 인용하면서 확장되고, 생성 AI는 위키백과의 정보까지 오염시키고 있는 상황이에요.

　생성 AI를 소셜 미디어 활동과 연결시키는 플랫폼도 생기고 있습니다. 링크드인에서는 생성 AI를 활용해 글 쓰는 법을 기업에 제공하기 시작했어요. 구인 정보를 힘들게 일일이 다 적지 않아도 업무 설명 같은 것을 생성 AI의 도움을 받아서 쓸 수 있는 식이죠. 스냅챗과 인스타그램은 친구들이 말을 걸지 않을 때 AI 봇이 대신 말을 걸어주는 기능을 고민 중이에요. 플랫폼에서 사람이 떠나지 않도록 잡아두기 위해서죠.

생성 AI로 인해 점점 힘들어지는 진짜와 가짜 콘텐츠의 구별

생성 AI로 만든 콘텐츠는 현재 빠르게 웹상으로 퍼져나가고 있습니다. 문제는 이것들이 제작하는 콘텐츠가 제대로 된 사실을 담고있지 않음에도 이를 체크하기 쉽지 않다는 점입니다. 소셜 미디어의 피드는 봇에 의해 생성된 제품 광고로 어수선해지고 있으며, 변호사들이 실제로 존재하지 않는 판례를 무의식적으로 인용해 곤경에 처하는 경우도 종종 벌어지고 있습니다. 이런 가짜 뉴스, 어뷰징 콘텐츠를 잡아내기 위해 운영자들의 업무가 엄청나게 늘어났고요.

생성 AI는 초안을 작성할 때 엄청난 도움을 주지만, 사실과 출처를 잘못 게재하거나 조작하는 사례도 많습니다. 프로그래밍 개발자들의 질문·답변 사이트인 스택 오버플로우(Stack Overflow)에서는 가장 먼저 챗GPT의 사용을 금지했어요. 당시 운영자들은 다음과 같이 썼습니다.

"가장 큰 문제는 챗GPT가 생성하는 답변이 오답일 확률이 높은 반면, 일반적으로 그럴듯해 보이는 답변이 매우 쉽게 생성된다는 점입니다."

제대로 된 결과를 분류하는 데 너무 많은 시간이 걸리기 때문에 운영진은 이 기능을 완전히 금지하기로 결정한 거예요. 생성 AI의 이런 시스템적 문제를 알고 있지만, 속도와 범위 측면에서 분명한 이점을 제공하므로 사용자는 계속 늘어날 거예요.

'플랫포머(Platformer)'의 에디터 케이시 뉴턴(Casey Newton)은 AI is eating Itself, 그러니까 AI가 자기 자신을 먹어치우고 있다고 했어요. AI가 만든 콘텐츠인지, 진짜 사람이 만든 콘텐츠인지 구별하기 힘들어지고, 우리는 웹에서 이런 콘텐츠를 일상적으로 접하게 될 겁니다.

특히 구글이 현재의 AI 검색 환경을 계속 유지한다면, 제품 리뷰부터 레시피 블로그, 취미 관련 홈페이지, 뉴스 매체, 위키에 이르기까지 대부분의 사람이 유용하다고 생각하는 웹사이트 전체가 피해를 입을 수 있어요. 더 이상 해당 사이트에 들어가지 않고 생성 AI가 만든 문서만으로 모든 정보를 파악하려고 할 테니까요. 결국 구글은 자기 가치를 창출한 생태계를 죽이거나 돌이킬 수 없을 정도로 변화시켜 자신의 존재 자체를 위협할 수도 있다는 것이 케이시 뉴턴의 지적입니다.

또한 이런 상태에서 생성 AI가 주도권을 쥐고 웹에서 정보를 생산해내면 웹의 품질은 떨어질 수밖에 없죠. 게다가 생성 AI가 만들어낸 잘못된 정보는 사실과 거짓이 교묘하게 섞여 있기 때문에 관련 경험이 많지 않으면 알아채기 힘듭니다. 이런 잘못된 정보를 가려내는 데는 시간과 전문 지식이 필요합니다.

이미 생성 AI의 저품질 콘텐츠로 채워진 웹사이트에서는 프로그 래매틱(Programmatic) 광고를 활용해 수익을 얻고 있어요. 〈MIT 테크놀로지 리뷰〉의 기사에 따르면 140개 이상의 브랜드가 저품질 콘텐츠 농장(Farm) 사이트에 광고를 게재하고 있으며, 이런 현상이 빠르게 증가하고 있답니다. 이런 식으로 저품질 콘텐츠를 생성하고 여기에 광고를 붙여서 수익을 얻으려는 부류가 더욱 많아질 것으로 전망됩니다.

2023년에는 이렇게 AI가 바꿔가는 웹 환경에 대한 많은 문제 제기가 있었어요. 앞으로도 계속 다양한 측면에서 논의가 이어질 것으로 보입니다.

미디어, 새로운 세상에서 새로운 성장을 이뤄야

생성 AI와 다양한 테크놀로지의 변화로 인해 우리가 새로운 세상으로 진입하고 있다는 것을 몇 가지 측면에서 살펴봤습니다. 현재 빅테크 기업과 미디어 모두 위기입니다. 더 이상 성장하지 못하는 플랫폼은 결국 사람들을 계속 해고하고 있고요. 하지만 저는 이런 상황일수록 새로운 성장의 방향을 찾아내고 도전하는 것이 중요하다고 생각합니다

빅테크, 미디어 기업의 해고 러시

새로운 기술의 발달은 기존 산업을 위축되게 만들죠. '악시오스

DMI 살롱에서 강연중인 강정수 CSO

〈AXIOS〉'의 기사에 의하면, 미국 미디어업계는 2023년 최소 11만 7,436명의 감원을 발표했습니다. 이는 지금까지 최대 수준의 감원 규모입니다. 메타는 2022년부터 2023년 초까지 두 번에 걸쳐 2만여 명을 해고했습니다. 엄청난 규모죠.

여담을 하나 하자면, 2023년 여름 테슬라의 일론 머스크와 메타의 마크 저커버그가 온라인상에서 서로를 저격하며 세기의 결투가 이루어질 뻔했지요. 얼마 전 한 저널에서 마크 저커버그의 1기, 2기, 3기를 분석한 탐사 보도가 나왔어요. 거기서 무슨 이야기를 하는가 하면, 현재 저커버그가 엄청나게 위축돼 있다고 합니다. 초기의 성장을 함께한 최측근들이 모두 떠나고 새롭게 '메타버스' 비전을 선언했지만 사실 잘 안 되었죠. 비용은 비용대로 들어갔지만, 주가는 폭락했고 주주들의 비판과 압력이 엄청났지요. 불안함과 두려움을 해결하기 위해 운동을 시작했는데, 그 종목이 주짓수였다고 합니다.

저커버그의 심리치료사들이 위기와 대량 해고에도 흔들리지 않는 정신적 안정을 위해 운동을 하라고 조언했다죠. 그런데 저커버그가 운동에 너무 진심이었던 모양이에요. 이번에 일론 머스크와 대결 이야기가 나왔을 때 집에 주짓수 경기장을 만들어 부인과 크게 싸웠다는 가십까지 나왔죠.

저커버그의 이야기만 들어도 요즘 빅테크의 위기, 미디어의 위기가 어느 정도인지 체감할 수 있습니다.

허스트의 디지털 트랜스포메이션 전략

2023년에는 빅테크뿐만 아니라 미디어 그룹에서도 감원이 이어졌습니다. '허스트' 사례를 살펴볼까요? 허스트그룹은 미국 최대의 미디어 기업 중 하나입니다. 15개의 일간지와 49개의 주간지, 그리고 방송국까지 거느리고 있습니다. 그런데 2023년 7월 계열사 중 한 곳인 허스트 매거진에서 〈세븐틴〉과 〈코스모폴리탄〉의 작가, 편집자, PD 40여 명을 해고했습니다.

이런 위기 상황에서 허스트는 B2B 비즈니스를 성장시켜 120억 달러의 매출을 눈앞에 두고 있습니다. 수익의 상당 부분이 잡지와 신문, TV 같은 전통적인 소비자 미디어 사업보다 전문 미디어, 데이터 및 소프트웨어 사업에서 발생했죠.

10년 전만 해도 허스트의 전문 미디어와 데이터 및 소프트웨어 포트폴리오가 수익에서 차지하는 비중은 10% 미만이었어요. 그런데 2023년에는 40% 이상이 될 거라고 허스트 CEO 스티브 슈워츠가 〈악시오스〉와의 인터뷰에서 밝혔어요. 사업 다각화 덕분에 매출을 유지할 수 있었던 것이죠.

허스트는 전문 잡지들을 기반으로 의료, 금융, 교통 분야의 소프트웨어 및 데이터 비즈니스에 공격적으로 진출했어요. 항공관련 데이터를 추적한다든지, 자동차나 트럭 관련 데이터를 추적하는 데 자사의 데이터센터를 활용했죠. 허스트는 데이터센터를 통해 새로운 사업 모델을 만들려고 하고 있어요. 예를 들어, 허스트 미디어의 데이터를 분석하는 데 10명만 필요해도 100명을 뽑아서 B2B 비즈니스로 돈을 벌게 하고, 여기서 얻은 기술적 노하우를 활용해 허스트그룹이 소유한 다양한 미디어들이 데이터 기반 사업을 할 수 있게 변화시켰죠.

이렇게 디지털 트랜스포메이션을 잘하는 기업들의 전반적인 특징은 자사 인력을 한 곳에만 쓰는 게 아니라, 새로운 사업 기회를 만드는 방향으로 확장한다는 점입니다. 이렇게 하면 기존의 비용도 커버하면서 돌파구를 만들어내 일석이조의 효과를 노릴 수 있죠.

그러면서 허스트는 광고주들과 더욱 효과적으로 협력하기 위해 영업 구조를 산업 카테고리 중심으로 재편할 계획입니다. 현재는 브랜드를 주제별 그룹으로 분류하는 하이브리드 모델로 운영하고 있지만, 앞으로 모든 영업 및 마케팅 담당자를 패션/럭셔리, 뷰티/웰니스, 리테일, 가정, 디자인, 식품, 제약, 여행, 기술, 금융, 아웃도어 등의 카테고리 중 하나에 배치할 것이라 합니다.

그러면서 허스트는 이커머스 시장으로 본격 진출하고 있습니다. 허스트가 구축하는 마켓플레이스는 허스트 미디어 독자들이 정기적으로 구매하는 브랜드와 제품을 위한 새로운 판매 채널이죠. 새로운 마켓플레이스는 브랜드 상품과 라이선스 상품을 판매 중이며 2022년에만 50만 건의 거래가 이루어졌습니다. 궁극적으로는 DTC(Direct-to-consumer), 라이선스 제품부터 제휴 링크, 브랜드 직접 거래에 이르기까지 회사의 커머스 비즈니스를 하나로 묶어 허스트 브랜드에 대한 디지털 구독을 유도하고 있어요.

지금까지 미디어 기업의 커머스 숍 전략은 기사 내 제휴 링크 등과 연결시켜 수익을 얻는 구조였습니다. 브랜드 마케팅 회사의 의뢰를 받아 커미션을 받는 수준이었죠. 하지만 앞으로는 DTC 라인을 강화해 직접 판매에 나서는 흐름이 늘어날 것으로 전망됩니다. 지금까지는 브랜드의 제품을 중개해주면서 돈을 벌었다면, 이제 DTC 브랜드를 직접 띄우는 것이죠. 자신들이 생각하는 요가 매트 브랜드를 직접 만들어 파는 것처럼 말이죠.

실제로 뉴스나 잡지는 무언가를 구입하려고 할 때 신뢰할 수 있는 소스를 제공합니다. 그러면서 도달률의 함정(Reach Trap)에 빠지지 않도록 유의해야합니다. 도달을 많이 하는 것이 중요한 게 아니라, 도달률이 낮더라도 자사 콘텐츠로 인해 사람들이 구매까지 하게끔 만드는 것이 중요하다는 얘깁니다. 미디어들도 커머스를 접목하며 이런 방식을 선택하기 시작했습니다. 이제 미디어 퍼블리셔는 리테일러로 변모하고 있는 거죠. 이들은 콘텐츠와 커머스를 연결시켜 제품에 대한 신뢰를 높이고, DTC를 통해 자사 브랜드의 제품을 구입하도록 유도하고 있습니다.

허스트의 경우 소셜 커머스 쪽으로 사업을 확장하고 있는데, 관련 커머스 사이트를 살펴보면 제목과 내용 모두 콘텐츠로 구성되어 있다는 걸 알 수 있어요.

이 사이트를 보면 실제 각 제품에 대한 설명도 볼 수 있고, 바로 구매를 할 수 있게끔 만들어놓았어요. 각 제품의 사이트로 넘어가거나 오픈 마켓에서 구입할 수 있는 링크 배너가 있고요. 여기에 배송 및 조회까지 가능한 커머스 사이트를 본격적으로 만들어가고 있는 것이지요.

이제 마켓플레이스는 기업의 DTC 제품과 라이선스 제품의 새로운 허브가 되어가고 있습니다. 이런 콘텐츠 커머스는 통상 멤버십을 기초로 삼고 있습니다. 멤버십은 현재 미국 미디어들의 트렌드라고 할 수 있습니다. 유료화를 하든, 무료화를 하든 말이죠.

최근 연합뉴스가 멤버십 제도로 가기 위한 프로젝트에 들어갔죠. 저는 중앙일보가 한발 앞서 잘하고 있다고 생각해요. 그런데 여타 언론사들을 살펴볼 때, 로그인 기능이 없거나 유명무실한 곳이 많습니다. 이런 경우엔 해당 매체를 방문한 독자가 어떤 기사를 읽고 있는지 알기 어렵습니다. MBC와 KBS의 경우 로그인이 있긴 한데, 실효성이 낮은 편입니다. 로그인을 굳이 할 이유가 많지 않아서 그렇지요. 로그인하는 경우는 옛날 동영상을 보기 위해서 등 일부 특정한 수요에 한

정돼 있어요. 그러다 보니 대다수 사이트 방문자가 어떤 콘텐츠를 보고 있는지 정확하게 추적하기가 어렵습니다.

미디어 멤버십의 확장이 중요한 이유

사실 지금까지 우리나라의 미디어들은 멤버십을 활용하지 않았어요. 기본적으로 뉴스를 제공하고 거기에 붙는 광고 수입이 주된 수익원이었습니다. 하지만 앞으로 광고 모델에만 의존해서는 수익을 얻기가 점점 더 어려워지고 있는 게 현실이죠.

2011년 11월 애플은 개인 정보 보호 정책을 변경했습니다. 앱을 열면 사용자에게 정보 공유 여부에 대한 동의를 요청하는 메시지가 뜨고, 여기에 동의하지 않으면 개발자는 디지털 광고의 타깃팅 및 효과를 측정하는 데 쓰이는 디바이스 ID인 IDFA에 액세스할 수 없죠. 더 이상 아이폰 사용자의 개인 정보를 사용하지 못하는 거예요. 애플의 이러한 조치는 사용자 타깃 분석을 통해 엄청난 광고 수익을 올리던 메타(구 페이스북)에 큰 타격을 주었죠.

구글은 2020년 크롬 웹브라우저에서 서드 파티 쿠키 수집을 제한한다는 방침을 공식화했습니다. 온라인 광고입계의 빈발에 쿠키 수집을 단계적으로 중단하는 시점을 2024년으로 연기했습니다. 서드 파티 쿠키 사용 중단은 애드테크(AD Tech)나 디지털 광고업계에 영향을 미치고, 이는 디지털 광고를 유치하는 미디어에도 연쇄적으로 타격을 줄 것으로 예상됩니다.

2024년부터 디지털 광고업계와 미디어들은 그동안 추적을 용이

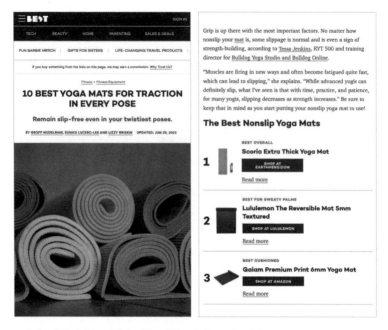

요가 매트 관련 기사를 소개한 후, 제품 소개와 구입 링크를 넣은 커머스 사이트.
출처: bestproducts.com

하게 해주던 쿠키가 없는, 즉 쿠키리스(Cookieless) 시대를 준비해야 합니다. 〈워싱턴포스트〉 같은 매체는 이미 쿠키리스 세계를 준비하고 있다는 소식이 전해지기도 했죠.

서드 파티가 죽어가는 시대에 맞춰 이커머스 브랜드나 디지털 광고업계에서는 새로운 변화상이 나타날 수밖에 없어요. 이제 미디어는 서드 파티 데이터 전략이 아니라, 퍼스트 파티 데이터 전략을 짜야 한다고 말씀드리고 싶어요. 그 방편이 멤버십인 것이죠.

특히 미디어의 신뢰를 바탕으로 퍼스트 데이터 기반의 애드 테크를 접목하고, 이를 커머스로 연결해 멤버십을 만들어가는 방향으로 미디어의 성장 방향을 바꾸어야 할 것입니다. 유통이나 외부 멤버십 확장을 위해서는 틱톡, 유튜브, 인스타그램 등 소셜 미디어를 활용하고요.

허스트의 CEO 스티브 스워츠는 "기술(Tech)이 미디어의 성장 모델을 완전히 바꿔버렸다"고 이야기합니다.

이러한 상황 속에서 미디어 퍼블리셔의 과제는 새로운 성장을 모색하는 것밖에 없다고 봅니다. 그래서 저는 2024년 대한민국의 미디어 현장에서 가장 주목할 것 중 하나는 중앙일보가 현재 진행하는 유료화와 멤버십 프로젝트가 얼마나 성공할지 여부입니다. 이런 프로젝트가 새로운 성장 목표를 만들어가면서 성과를 낸다면 무척 고무적인 일이 될 것이라고 생각합니다. 반면 이전 상태에 머무르는 미디어는 앞으로 생존 전략 차원에서 계속 고민이 깊어질 수밖에 없다는 점을 말씀드리고 싶습니다.

Q. 항상 인상적인 강의를 해주셔서 감사드립니다. 우선 미국 작가 노조의 파업에 대해 부연 설명이 필요할 것 같습니다. 미국에서는 넷플릭스 플랫폼에 콘텐츠가 올라오면 기본적으로 90일 후에 저작권을 지불하는데, 기존의 콘텐츠에 비해 금액이 너무나 낮은 게 문제가 되었어요. 기존 콘텐츠들은 다시 상영할 때 보통 50% 정도의 저작료를 받을 수 있었단 말이죠. 그리고 한 시즌에 드라마 회차가 22~23회 정도 되었어요. 그래서 작품 하나를 할 때 받을 수 있는 저작료가 많았죠. 그런데 넷플릭스의 시즌제 드라마는 한 시즌당 10회도 있고 13회도 있다 보니 1년 동안 벌 수 있는 저작료가 기존에 비해 너무 떨어진 거예요. 작가들은 사실 한 작품을 준비하는데, 회차가 어느 정도이든 고민하고 자료 조사하고 작품을 쓰는 시간은 비슷하단 말이죠. 그런데 받는 금액이 줄다 보니 저작료를 올려달라고 요구를 했던 거였죠. 이 부분은 한국과 다른 상황인 것 같습니다.

💬 강정수

말씀 감사합니다. 참고하겠습니다. 말씀대로 케이블 방송에서 할 땐 한 작품 당 20편씩 찍었는데, 요즘은 빈지 워칭(Binge Watching, 몰아보기)도 많이 하고, 그러다 보니 시즌이 6~ 8회차가 되는 경우도 있어요. 이렇게 한 시즌이 짧다는 건 그다음 시즌을 시작할 때까지 쉬는 시간이 너무 많다는 뜻이죠. 그러다 보니 일의 연속성이 생기지 않아 전체 작가뿐만 아니라 수입의 총량, 즉 조명팀이나 모든 스탭의 총수입이 줄었다고 하더라고요.

이것이 지금의 가장 큰 이슈이고, 그래서 추가 보상금을 올려달라고 주장하는 것이죠.

Q. 아울러 콘텐츠가 꼭 디지털 미디어에만 있는 건 아니기 때문에 기존의 올드 미디어가 디지털 미디어로 넘어가는 과정에서 올드 미디어가 어떻게 대응해야 할지도 이야기해주시면 좋겠습니다.

💬 강정수

얼마 전 BMW 대표는 '자동차 시장의 이행기에서 레거시 자동차업체의 어려움을 토로한 적이 있습니다. 자동차 시장은 내연기관 자동차에서 전기 자동차로 변화하고 있고, 이 과정이 끝나면 내연기관 자동차는 사실상 사라지게 됩니다. 이 이행기에 그렇다고 수익성 좋은 내연기관 자동차를 생산 및 판매하지 않을 수는 없습니다. 단계적으로 내연기관 자동차의 생산 및 판매를 줄여가야 합니다. 그러려면 완전히 새로운 프레임워크인 전기차도 생산해야 하는 이중고를 겪고 있는 것입니다.

올드 미디어도 마찬가지로 이중고를 겪고 있습니다. 그러나 특히 한국 올드 미디어는 디지털 전환을 '이행'이라고 생각하지 않고 올드 미디어의 '확장'이라고 생각하는 경향이 강합니다. 올드 미디어는 올드 미디어대로, 디지털은 디지털대로. 이건 잘못된 판단입니다. 미국과 유럽은 내연기관 자동차의 수명을 2035년으로 설정하고 있습니다. 이처럼 올드 미디어도 수명 한도를 명확하게 정해야 합니다. 자동차 산업처럼 정부나 의회가 그 수명을 정할 순 없지만 올드 미디어 스스로 그걸 정해야 합니다. 올드 미디어에서 계속 수익이 발생하고 영향력을 유지하고 있으니 가능하다면 계속 운영하려는 유혹이 있죠. 하지만 그럴 경우 확장으로서 디지털 전환은 불가능합니다. A와 B가 공존하는 것과 A에서 B로 이행하는 것에서 B의 성격은 완전히 달라집니다. 디지털 전환을 올드 미디어의 이행, 목적지로 생각하지 않는 이상 어떤 답도 찾을 수 없습니다.

02

Part

HWANG SUNGYON

AI와 이용자 데이터

2024 인구구조 변화,
시간 부자 세대를 타깃하라!

우리가 AI를 어디까지 활용하느냐는 인구 변화와도 밀접하게 맞닿아 있는 것으로 보인다. 전 세계적으로 인구 위기가 닥치고 있다. 물론 우리나라의 인구문제는 0.78이라는 출산율이 알려주듯 세계에서 유례를 찾아볼 수 없을 정도로 노령화가 빨리 진행되고 있다. 이런 상황에서 미디어 및 비즈니스는 어떤 연령대에 포커스를 맞춰 마케팅을 진행해야 할까? 우리가 기본이라고 생각하고 있는 게 혹시 틀린 것은 아닐까? 인구구조의 변화를 통해 미디어 이용자의 행태를 살펴보고자 한다. 2024년의 마케팅 비즈니스 타깃을 정할 때 도움이 될 것이라고 생각한다.

DIGITAL
MEDIA
INSIGHT
2024

황성연

닐슨미디어코리아 부장

시청 지표 조사 회사 닐슨미디어코리아에서 TV-PC-모바일의 이용 행태를 측정하고 비교하는 작업을 주로 하고 있다. 이를 통해 통합 콘텐츠 이용 지표와 통합 광고 효과 산정 체계를 구축하고 합리적인 미디어 전략을 구축하는 프로젝트를 수행하기도 한다. 중앙대학교 신문방송학과에서 학사·석사·박사를 수료했다. 주요 연구 분야는 수용자, 특히 미디어 수용자의 미디어 이용 행태를 분석하는 것이다.

들어가며

2024년의 화두는 누가 뭐래도 AI가 될 것 같습니다. 그런데 우리가 AI를 어디까지 활용할 수 있는가 하는 점은 인구의 변화와도 밀접하게 맞닿아 있습니다. 일본의 한 경제학자는 인구가 줄어들면 경제가 망하는지에 관해 책을 쓰기도 했습니다.

이 책에 의하면 지구에 살고 있는 많은 생명체 중 종족 번식에 가장 적합한 환경이 됐을 때 오히려 개체 수가 줄어드는 유일한 동물이 인간이라고 합니다. 희한하게도 항상 그래 왔다고 해요. 인간은 개체 수가 늘어날 수 있는 조건에서 항상 줄어든다고 합니다.

현재 우리나라의 인구 감소에 대해 다들 위기감을 갖고 얘기하고 있는 상황입니다. 그런데 위의 주장과 어떤 상관성이 있을까요? 결국 이렇게 인구가 줄어드는 이유는 무엇 때문일까요? 그런 의문이 꼬리를 물고 생기네요. 이 글에서 우리나라의 인구구조 변화에 대해 좀 더 구체적으로 살펴볼 예정입니다만, 사실 이렇게 인구가 줄어드는 것은 중국과 일본, 유럽, 미국 등에서 전부 비슷하게 일어나고 있는 현상입니다. 전 세계에서 고령화가 심각하게 진행되고 있고요. 고령화로 인한 노동인구의 노화 및 감소에 따른 노동력의 부재를 AI가 채워가고 있는 것 아닌가라는 생각도 듭니다.

원래 사람이 했어야 하는 일들을 현재 AI가 메워주고 있는데, 생각보다 굉장히 많은 부분을 채워가고 있는 게 현실입니다. 그만큼 인구 문제가 심각합니다. 게다가 우리나라의 노령화와 인구구조 변화는 전 세계에서 찾아보기 힘들 정도로 심각합니다. 국내 인구는 2022년에 이미 마이너스로 돌아섰어요. 2023년 8월 현재 1인당 출산율은 0.78입니다. 둘이 만나 한 가구를 꾸리고 이들이 자녀 둘을 낳아야 인구가 동일하게 유지된다고 보면, 한 명도 안 낳는 상황이니 꾸준히 줄어들고 있다는 의미죠.

이용자들의 미디어 이용 행태를 살펴보기 전에 하나 더 체크할 점이 있습니다. 저는 미디어 이용 매체를 'TV와 PC, 모바일로 구분하는 것이 과연 맞는가'라는 질문을 던지고 싶어요. 왜냐하면 현재는 TV로 유튜브를 보고, PC랑 모바일로도 TV를 보는 세상이거든요. 그렇다면 굳이 매체마다 기존처럼 '벽을 치고' 구분 지을 필요가 있을까 하는 생각이 드는 거죠.

요즘 방송 산업의 위기를 얘기할 때 TV의 실시간 광고의 감소만

DMI 살롱에서 강연중인 황성연 부장

애기하는 경우가 많습니다. 그런데 크리에이터의 경우, 자신이 만든 콘텐츠를 PC와 모바일뿐만 아니라 TV로도 볼 수 있게 된다면 굉장히 큰 소득이라고 생각할 것 같아요. 그런데 TV 중심의 방송 사업자들은 "우리는 TV 광고밖에 못 해"라고만 말해요. 방송사의 프로그램은 이미 다양하게 온라인으로 퍼지면서, 각종 매체를 통해 소비되고 있는데 말이죠. 그러므로 PC랑 모바일에서 나타나는 이용자들의 행태도 함께 살펴본다면 방송 산업의 돌파구를 있어 조금 다른 각도에서 모색할 수 있을 것이라고 생각합니다.

특이점에 도달한 우리나라 인구구조

앞서도 말씀드렸지만, 우리나라 인구구조는 이미 특이점에 도달한 오래되었습니다. 사실 이러한 특이점은 굉장히 큰 문제인데 사람들은 그 심각성을 덜 느끼는 것 같기도 합니다. 무엇보다 생산 가능 인구가 계속 줄고 있습니다. 출산율이 감소하면서 신규 유입되는 생산 가능 인구가 점점 줄고 있는 것이죠. 다시 말해 인구구조의 상층부에 있는 노령층의 비중이 늘고 있다는 뜻입니다.

브랜드의 경우, 젊은 층에게 콘텐츠를 소구해야 하는데, 타깃인 그 젊은 층이 점점 줄고 있는 거죠. 계속 뭔가를 구매할 수 있을 것이라고 생각했던 젊은 층이 말입니다. 즉, 우리가 시장에서 영업하는 것을 연못에 비유해본다면, 연못 자체가 물이 줄면서 점점 작아지고 있는데, 우리는 그 연못에 대고 그저 하던 대로 계속 낚시를 드리우는 것이라고 얘기할 수 있어요. 그리고 그 연못의 물이 줄어드는 것보다, 더 심각한 건 물고기가 훨씬 더 빠르게 줄어들고 있다는 사실이죠.

제가 볼 때 전체적인 인구구조에서 가장 큰 문제가 뭐냐 하면, 인구 노령화가 너무 빠르게 진행되고 있다는 점이에요. 닐슨미디어에서는 디지털 매체를 분석하는 팀도 있는데, 현재 유튜브를 가장 많이 보는 연령층은 누구일까요? 많은 분들이 30~40대, 혹은 40~50대 라고 생각하지만, 실제로는 60대 남성이 가장 많이 봅니다. 압도적입니다. 도저히 이길 수가 없어요. 그런데 이분들은 모든 채널을 다 봐요. TV와 PC, 모바일 미디어 이용에서 모두 다 압도적입니다. 매체 이용

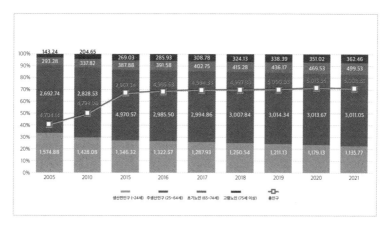

2005~2021년 총인구 및 연령별 인구 비율. 출처: 인구주택총조사

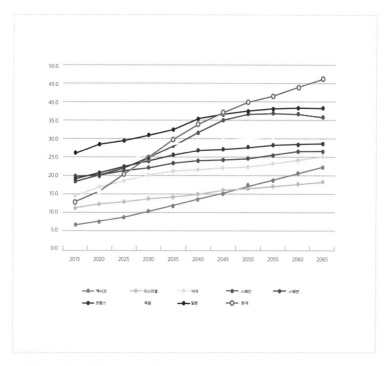

국가별 노령화 추정. 출처: OECD, 통계청

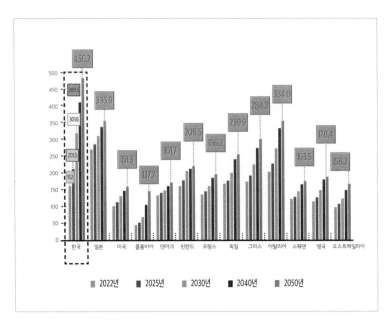

국가별 고령화 전망. 출처: PWCC

시간이 어마어마하게 많아요.

결국 이 말이 뜻하는 것은, 앞으로 전체 인구의 미디어 이용량은 줄지 않을 것이라는 의미예요. 왜냐하면 시간이 많이 남는 노령층이 더 많이 쓸 테니까요. 게다가 한국은 전 세계적으로 가장 빨리 노령화하고 있는 나라입니다. 엄청 빠르게 노령화하고 있고요. PWCC에서 만든 고령화 전망 자료나 OECD에서 만든 국가별 고령화 추정 자료 등 어떤 자료를 봐도 우리나라는 고령화 정도에서 세계 일등입니다.

인구구조 변화에 따른 사회경제적 변화도 급격하게 일어나고 있는 상황입니다. 단적으로, 식품의약품안전처가 밝힌 '2022년 위생용

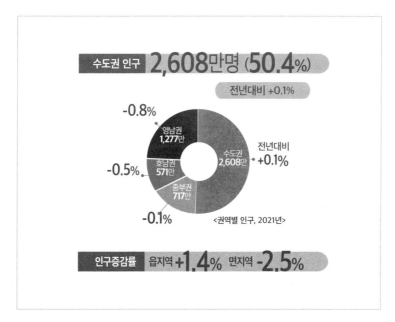

수도권 인구 **2,608만명 (50.4%)**

전년대비 +0.1%

-0.8%

영남권
1,277만

호남권
571만

중부권
717만

수도권
2,608만

전년대비
+0.1%

-0.5%

-0.1%

<권역별 인구, 2021년>

인구증감률 읍지역 **+1.4%** 면지역 **-2.5%**

2021년 권역별 인구. 출처: 통계청

품 생산·수입 규모'에 따르면 2022년에 유아용 기저귀보다 성인용 기저귀가 더 팔렸다고 해요. 무려 1.8배나 많았어요. 2019년부터 2020년까지 일본 성인용 기저귀를 수입하는 국가들을 살펴보면, 중국, 말레이시아, 태국, 미국, 독일에 이어 한국이 6위를 차지하고 있습니다. 국가 인구 대비로 보면 엄청난 양을 수입하고 있는 셈입니다. 우리가 생각도 못 한 일이 현재 벌어지고 있는 것입니다.

더 주목할 만한 사실이 있습니다. 이젠 없어지는 시군구가 생겨나기 시작했습니다. 저희가 조사를 해보면, 실제로 눈에 띄게 인구가 줄어드는 지역이 보입니다. 수도권 인구가 늘어나는 반면, 지방은 인구 감소 현상이 걱정될 정도인 거죠. 이게 뭐가 문제냐 하면, 악순환의 고리가 엿보인다는 점입니다. 지방에서 인구가 줄어들면 결국 중앙정부의 지원을 받기 힘들어지고, 그러면 사람들이 더 안 살게 되는 식으로 점점 더 악화된다는 거예요. 서울 및 수도권과 지역의 격차가 점차 더 커지는 형국이죠.

현재 우리나라는 전체 인구의 절반이 수도권에 모여 삽니다. 2021년 조사 결과 약 50.4%예요. 그리고 전체 가구의 절반이 수도권에 몰려 있습니다. 현재 전체 인구 대비 수도권 인구 구성을 살펴보면 연령대로는 10대와 50대, 60대만 아직 50%에 못 미칩니다. 하지만 조만간 전 연령대에서 수도권 거주 비율이 50%가 넘어갈 거로 보여요. 조금 더 살펴볼까요? 앞에서 10대의 수도권 비율이 아직 50%를 넘지 않은 건 이들이 이미 학교를 들어가서 재학 중이기 때문인 그런 걸로 분석돼요. 하지만 대학을 간다든지 하면서 수도권으로 이동할 확률이 커지고, 한 번 서울 쪽으로 옮기면 다시 지방으로 안 내려가는 경우가 많을 것으로 보입니다. 그래서 수도권 인구구성 비율은 계속 높아지는 것이죠.

이렇게 인구구성의 변화가 나타나고 있는데, 우리나라 광고 시장과 미디어 시장에서는 그런 현실이 잘 반영되지 않는 것 같습니다. 이를테면, 광고는 전국 범위로 실행하고, 지표를 분석할 때는 수도권 기준으로만 살펴보는 식의 문제가 있습니다. 그렇기 때문에 시장 분석을 할 때 퍼센티지 즉 비율로만 살펴보는 것은 문제가 있습니다.

수도권의 5%와 전국의 5%는 똑같은 5%가 아닙니다. 왜냐하면 수도권은 전체 인구의 50%밖에 살고 있지 않기 때문에, 지표를 살펴볼 때 수도권을 기준으로 삼으면 50%를 전체로 상정한 5%를 말하는 거예요. 전국적으로 보면 100% 중 5%를 보게 되는 것이죠. 그런데 많은 광고주가 이것을 같다고 생각합니다. 그렇다면 수도권으로 사람들이 몰릴 경우 미디어에 유리할까요? 저는 100% 불리하다고 말씀드립니다. 모든 영향을 한꺼번에 받기 때문이에요.

TV 시청률은 여러 주변 상황의 영향을 민감하게 받습니다. 오늘같이 비 오는 날씨를 저희 같은 시청률 조사업체 직원들은 무척 좋아합니다. 모든 채널의 시청률이 잘 나오기 때문입니다. 비가 오니 밖으로 안 나가고 집에서 미디어를 보게 됩니다. 그런데, 미국처럼 어느 지역은 맑고 어느 지역은 흐리고 할 경우에는 시청률이 일정하게 보완되는 효과가 생기며 일정한 퍼센티지로 유지됩니다. 하지만 한국처럼 날씨가 대체로 비슷하면, 즉 한쪽에 확 몰려 있으면 작은 요인에도 한꺼번에 영향을 받게 됩니다.

그러다 보면 시청률이 갑자기 왜 떨어졌는지 도저히 모르겠다 싶은 상황도 생기는 것이죠. 날씨뿐만 아니라 별의별 요인이 다 있거든요. 이렇게 되면 시청률 분석 자체가 쉽지 않습니다. 유튜브 채널 '슈카월드'에서는 "한국은 도시국가다"라는 식으로 말을 할 정도예요. 인구가 절반 넘게 수도권에 모여 살고 있으니, 그렇게 말할 만도 하겠다 싶긴 합니다.

생산 가능 인구 감소와 더불어 이젠 가구 수도 줄어들고 있어요. 그런데 가구 시청률 감소는 TV 시청률 감소가 아닙니다. 우리나라는

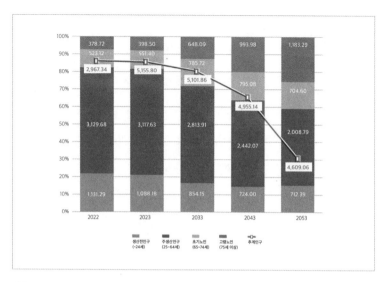

향후 30년 간 대한민국 인구구성비의 변화 전망. 출처: 통계청

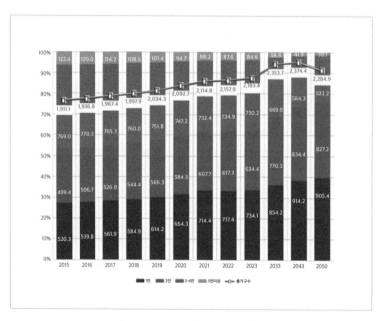

2015-2050년까지 가구 특성의 변화. 출처: 통계청

1인 가구의 증가로 인구 증가 대비 가구가 2배 정도 빠르게 늘고 있어요. 인구는 일정한 비율로 늘어나는데, 가구가 더 빠르게 증가하는 것이죠. 그런데 집 안에서 TV를 보는 사람은 5명, 3명, 2명, 1명… 이런 식으로 줄고 있는 상황이에요. 분모가 되는 전체 가구 수는 늘고 있는데 집에서 TV를 보는 숫자가 줄어든다면, 당연히 가구 시청률은 감소하게 되죠. 이런 요인을 파악하지 않고 줄어드는 결과만으로 사람들이 TV를 안 본다고 생각하는 건 잘못된 판단인 것이죠.

이와 비슷하게 전년 대비 이용률 등을 미디어 이용 판단 근거로 활용하는 경우가 많은데, 사회구조가 급변할 때는 전년 대비 비율로 판단 근거를 삼는 것은 위험합니다. 비율이 아니라 무조건 전체 수치를 보면서 비교해야 해요. 미디어 이용 실태를 분석할 때나 이를 통해 타깃을 잡고 광고를 할 때 이 부분을 놓쳐서는 안됩니다.

인구 감소를 막기 위해 정부에서는 엄청나게 많은 정책을 수립하고 실행해왔죠. 돈도 많이 썼다고 하고요. 하지만 이를 하나도 실감 못하는 분들도 많을 거예요.

앞으로는 인구 정책이 아니라 인구 전략으로 바꿔야 한다는 보고서를 읽은 적 있습니다. 상황 진단은 이러합니다. 인구 감소는 이제 막을 수 없는 흐름이고 결혼한다고 해서 무조건 애를 낳는 것도 아닙니다. 결혼 인구 자체도 줄어들고 있으며, 더군다나 코로나19로 인해 결혼을 미루면서 출산율이 급속하게 빠지고 있는 지금의 상황이 앞으로도 계속 지속될 것으로 보입니다. 그래서 이제는 어떤 인구 정책을 펼쳐서 개선할 것인가가 아니라, 현재 상황에 맞게끔 어떤 인구 전략을 가져가느냐가 훨씬 더 중요하다는 게 골자입니다.

이렇게 정부가 두 팔 걷고 나서도 해결하기 쉽지 않은데, 기업이나 개인 또는 미디어가 나선다고 시장이 금방 커질 수는 없겠죠. 그러므로 위의 주장처럼 현재의 인구 전략에 맞춰 홍보나 광고를 고민하는 것이 똑같이 중요하다고 생각합니다.

코로나19 이후 미디어 이용과 인구 특성

사람들은 미디어를 여가 시간에 이용하죠. 보통 보고 싶은 게 있을 때 생활시간을 쪼개서 보고, 기본적으로 출퇴근 시간을 이용한다고도 말합니다. 하지만 그런 시간을 다 합쳐봐야 집에 들어가서 TV를 보는 시간과 비교하면 절반도 안 됩니다. 결국 얼마나 많은 여가 시간을 갖고 있느냐에 따라 시청률이 결정되죠. 이미 코로나19 때 이를 경험했습니다.

위의 표를 보면 코로나19 시절인 2020년 TV와 PC, 모바일 미디어 사용 시간의 압도적 증가세가 눈에 띕니다. 이렇게 증가된 추세는 2021년까지 유지됐다가 2022년에 다시 줄어드는 모습을 볼 수 있습니다. 코로나19 종식 후 그래프는 더 가파르게 줄어들었죠. 2023년은 더 심각하게 빠지는 추세를 보이고 있습니다.

여기서 재미있는 부분이 있습니다. 늘어날 때는 같은 비율로 늘어납니다. 많이 차이 나봐야 1~2%밖에 안 되죠. 그런데 희한하게 사용

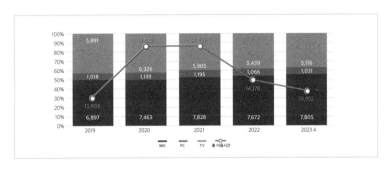

월평균 미디어 이용 시간의 연도별 추이. 출처: TV- 닐슨미디어코리아 월별누적시청시간(13-69세, National, 모든 플랫폼), PC/Mobile: 한국방송광고진흥공사 스마트폰 PC 시청기록조사 보고서

시간이 줄어들 땐 TV와 PC가 더 많이 줄고 모바일은 오히려 살짝 증가합니다. 즉, 모바일 사용이 늘어나면서 나머지가 줄어드는 것이죠.

이런 현상이 시사하는 바는 사람들이 여가 시간을 풍성하게 쓸 수 있는 환경에 있지 못하다는 걸 뜻합니다. 이와 관련해서 엔데믹 이후 미디어 사용 시간의 감소가 야외 여가를 즐기기 때문이라는 분석이 많이 나오고 있습니다. 정말로 밖에 나가서 노는 것이 맞을까요? 제가 보기에 이건 굉장히 잘못된 분석이라 생각됩니다.

미디어 산업이 살아남으려면 사람들의 여가 시간이 풍성해야 합니다. 풍성한 여가 시간을 갖기 위해서는 가정 내 환경이 여가 시간을 보낼 수 있게 잘 조성되어 있어야 하고, 가정 내에 얼마만큼 머물 수 있게 하느냐가 중요합니다. 그런데 우린 그걸 놓치고 있지 않나 싶습니다. 미디어 사용 시간이 늘기 위해서는 무엇보다 사람들이 집에 가서 TV를 볼 수 있게 만들어야 합니다. 꼭 방송이 아니라 넷플릭스나

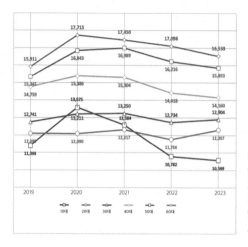

연령별 월평균 미디어 이용시간의 연도별 추이. 출처: TV- 닐슨미디어 코리아 월별누적시청시간(13-69세, National, 모든 플랫폼), PC/Mobile: 한국방송광고진흥공사 스마트폰 PC 시청기록조사 보고서

유튜브여도 괜찮습니다. 집에서 TV를 볼 수 있는 상황, 가족과 더불어 같이 볼 수 있는 상황을 만들어주는 것 자체가 훨씬 중요하죠. 대다수 미디어 업계는 사람들이 미디어를 이용하는 근본적 이유와 그걸 뒷받침하는 요건은 무시하고, 그냥 좋은 콘텐츠를 계속해서 잘 만들면 사람들이 볼 것이라고 관성적으로 생각하는 측면이 있다고 생각합니다.

인구는 계속 줄고 있습니다. 그중 10대, 20대가 계속 줄고 있죠. 미디어 시청시간의 경우, 이 빈 공간을 시간 부자인 어르신들이 있습니다. 그렇다면 어른들만큼의 여가 시간을 젊은이들에게도 제공할 있느냐의 문제가 미디어 사용 시간뿐만 아니라 저출산 이슈를 포함해 여러 사회적 이슈와 관련해서도 굉장히 중요한 대목이라고 판단됩니다.

위의 표에서 연령별 월평균 미디어 이용 시간을 보면, 대부분 세대의 이용 시간이 비슷한 곡선을 만들고 있음을 알 수 있습니다. 그런데 코로나19로 인해 강력하게 영향을 받은 세대가 바로 10대입니다. 학교도 나가지 못했고, 원격 수업을 하면서 여가 시간이 엄청 늘었어요. 심지어 학원도 못 가다 보니 여가 시간이 더욱 늘었죠. 자연히 미디어 총 이용 시간도 위의 표에서처럼 많이 늘었습니다.

반대로 2022년 엔데믹이 시작되면서 미디어 이용 시간은 엄청나게 줄었어요. 보통 어른들이 "너는 공부 안 하고 휴대폰만 하느냐"며 아이들을 혼내잖아요. 하지만 막상 아이들 입장에서는 그게 꼭 그렇지만도 않습니다. 와이파이가 안 되는 외부에서 스마트폰을 쓰면 데이터 비용이 많이 나오고, 바로 엄마한테 혼나죠. 그러다 보니 엔데믹 이후 학교에 가고 학원도 다니기 시작하면서 사용 시간이 줄어든 겁니다.

이렇게 미디어 이용 시간은 연령별로 정렬돼 있는 것을 살펴볼 수 있어요. 가장 아래쪽의 10대부터 시작해 20대, 30대, 40대, 50대, 60대가 순서대로 포진해 있죠. 이것은 무엇을 뜻하는 걸까요? 상대적으로 시간이 많은 사람과, 일을 많이 해야 하는 사람들 사이의 미디어 이용 격차가 심각하게 벌어지고 있다는 의미예요.

여기서 우리가 젊은 층을 위한 서비스를 기획해 만든다고 하면, 그것은 안 그래도 적은 미디어 이용 시간과 여러 개의 채널을 보고 있는 젊은 친구들에게 새롭게 선택을 받아야 한다는 걸 의미합니다.

이런 상황을 짚어보면서 추가로 질문하고 싶은 게 있습니다. 우리는 왜 모두 굳이 그렇게 작고, 첨예하게 경쟁하는 시장에만 집중해 뛰어들어야 하는가? 실제로 시간부자로서 많은 시간을 사용하는 중장년층을 버리고, 왜 힘든 레드 오션에서 경쟁하는지 이해가 잘 안 되는 측면이 있다는 점을 강조하고 싶습니다.

시간 빈자 세대를 타깃할 것인가, 시간 부자 세대를 타깃할 것인가

코로나19 때 PC에서 사람들이 정말 많이 본 채널이 하나 있습니다. 예전에 케이블 TV 채널 가운데 '온게임넷'이라는 프로그램 채널이 있었는데요. 현재 방송 채널은 폐국이 됐고, 2022년 'OP.GG'라는 게임 데이터 플랫폼 기업으로 매각되어 유지되고 있어요. '도대체 무엇을 보길래 이렇게 많은 사용 시간이 나타났을까' 궁금해서 살펴봤습니다. '다시 보는 스타리그'를 엄청나게 많이 보셨더라고요. 요즘 50대 아저씨들이 추억을 되새기며 스타크래프트 중계를 계속 보는 경향을 나타내고 있는 것이죠. 심지어 제목이 '화질 좋지? 스타크래프트' 이런 식으로 소개돼 있기도 합니다. 이렇게 시간도 많고 돈도 많은 세대를 주목해볼 만하다는 걸 전해드리고 싶습니다.

　연령대별 미디어 이용 시간 및 구성비를 살펴보면 10대, 20대, 30대는 다 모바일 중심이라는 것을 알 수 있어요. 이 친구들은 시간이 별로 없고 밖에서 하는 활동이 많기 때문에 TV 이용 비율이 낮습니

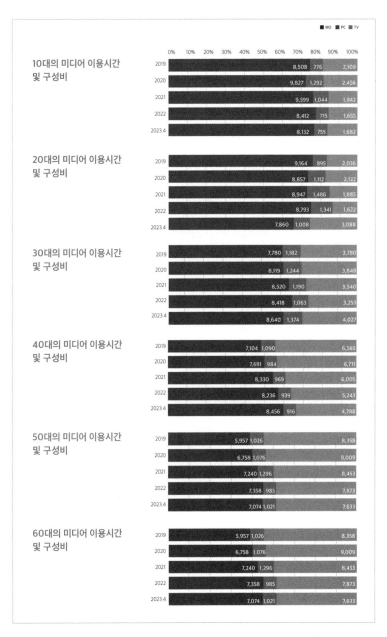

Legend: ■ MO ■ PC ■ TV

10대의 미디어 이용시간 및 구성비

	MO	PC	TV
2019	8,508	776	2,109
2020	9,827	1,292	2,456
2021	9,599	1,044	1,942
2022	8,412	715	1,655
2023.4	8,132	755	1,682

20대의 미디어 이용시간 및 구성비

	MO	PC	TV
2019	9,164	895	2,036
2020	8,857	1,112	2,122
2021	8,947	1,486	1,885
2022	8,793	1,341	1,622
2023.4	7,860	1,008	3,088

30대의 미디어 이용시간 및 구성비

	MO	PC	TV
2019	7,780	1,182	3,780
2020	8,119	1,244	3,848
2021	8,520	1,190	3,540
2022	8,418	1,063	3,253
2023.4	8,640	1,374	4,027

40대의 미디어 이용시간 및 구성비

	MO	PC	TV
2019	7,104	1,090	6,565
2020	7,691	984	6,711
2021	8,330	969	6,005
2022	8,236	939	5,243
2023.4	8,456	916	4,788

50대의 미디어 이용시간 및 구성비

	MO	PC	TV
2019	5,957	1,026	8,358
2020	6,758	1,076	9,009
2021	7,240	1,296	8,453
2022	7,358	985	7,873
2023.4	7,074	1,021	7,633

60대의 미디어 이용시간 및 구성비

	MO	PC	TV
2019	5,957	1,026	8,358
2020	6,758	1,076	9,009
2021	7,240	1,296	8,453
2022	7,358	985	7,873
2023.4	7,074	1,021	7,633

2019년부터 2023년 10대부터 60대까지 연령별, 연도별 미디어 이용 시간 및 구성비

다. 그런데, 연령이 올라갈수록 TV의 비중이 늘어납니다.

그런데 이 구성표를 조금 더 살펴보면 특이한 점이 보이는 세대가 있습니다. 20대의 경우, 모바일 사용 비율이 계속 늘다가 최근에 갑자기 TV 사용 비율이 많이 증가한 것을 볼 수 있어요. 어떤 활동을 하나 살펴보니 생방송이나 본방송을 보는 게 아니라 VOD를 보는 것이었습니다. 방송 이외의 유튜브랑 넷플릭스를 TV로 보는 시간이 생각보다 많이 늘어나고 있는 거죠. 20대도 영상을 TV로 보는 게 좋다는 걸 알기 시작한 거라고 풀이할 수 있습니다. 또 하나 20대의 흥미로운 시청 행태는 TV로는 원래 영상 속도로 보고, PC나 태블릿으로는 1.5배속 혹은 2배속으로 보는 경우가 많다는 것입니다. 이렇게 매체를 대하는 태도가 연령대별로 다릅니다.

이런 점들을 고려할 때, 미디어사는 TV를 좀 더 공부하면서 공략해보면 좋을 것 같습니다. 특히, TV를 통해 이뤄지는 다양한 디지털 서비스에 콘텐츠를 넣는 것이 더 많은 타깃을 만날 수 있는 방법임을 간과하지 않았으면 좋겠습니다.

제가 다시 한번 강조하고픈 이야기가 있습니다. 연령대로도 분명히 구분이 되는데, 결국 TV라는 매체를 이용한다는건 굉장히 많은 시간을 갖고 있다는걸 의미합니다. 그렇기 때문에 시간 부자인 어른들의 미디어 이용 행태가 공략하기(?) 가장 쉽고 편할 것입니다. 그런데 우린 오히려 시간이 별로 없어서 밖에서만 돌아다니고 있는 1020 세대에게 어떻게 하면 콘텐츠를 많이 보게끔 할 수 있을지 훨씬 더 고민하고 있죠.

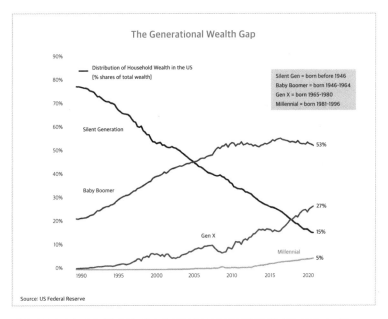

세대 간 부의 격차: 밀레니얼 세대는 얼마나 많은 부를 보유하고 있을까요? 출처: US Federal Reserve

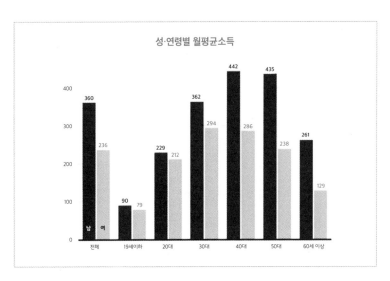

2019년 임금근로일자리 소득(보수) 결과를 통해 본 성별, 연령별 월평균 소득. 출처: 통계청

DMI 살롱에서 강연중인 황성연 부장

그리고 하나 더 살펴볼 부분이 있습니다. MZ세대가 정말 충분한 소비력을 갖고 있을까요? 흔히 말하는 '소확행'이나 '탕진잼' 같은 트렌드는 결국 앞으로 내가 돈을 잘 벌 수 없을 거라는 판단을 판단하에 나타나는 현상이거든요. 이는 해외의 관련 자료에도 자주 등장하는 해석입니다. 젊은 세대가 이전 세대에 비해 돈을 잘 못 벌 것이라는 것은 우리나라뿐 아니라 미국도 비슷합니다. 1981년~1996년에 태어난 세대들의 소득이 가장 낮습니다. 경제활동을 늦게 시작했다고 해도 상승률 곡선 자체가 완만하게 나타나고 있어요.

전 세계적으로 비약적인 경제성장의 속도는 완만해지고, 정체기로 진입한 상황이에요. 우리나라에서 젊은 세대를 대상으로 본격적인 마케팅이 이루어진 첫 시기는 2002년 월드컵 시즌이었어요. 이때 청년들이 열정적으로 응원하는 모습, 함께 모여 외치는 모습과 엄청난 인파 속에서도 질서를 지키는 모습 등 긍정적인 모습을 많이 보았거든요. 그런데 당시 20세이던 청년들이 올해 40세가 되었어요.

인구 변화 상황에서
올바른 마케팅 평가 방법은?

이 변화를 못 느끼는 이유는 한 가지입니다. 우리가 미디어 마케팅을 판단할 때는 얼마나 많이 도달했는지, 그 안에서 얼마나 많이 사용했는지가 중요합니다. 시청률의 측면에서 보면 이것은 도달률과 시청률의 문제거든요. 얼마나 많은 사람에게 도달했느냐는 물론 중요하죠. 하지만 도달만 파악하는 것이 아니라 얼마나 집중해서 보았느냐를 살펴보는 것도 필요합니다.

사람들에게 얼마나 많이, 자주 노출되는지를 체크하면서 우리 광고를 10명이 한 번 보는 게 나은지, 혹은 한 명이 10번 보는 게 더 효과적인지 알아내야 하죠. 그런데 우리는 지금까지 통상적으로 10명이 한 번 보나 한 명이 10번 보나 똑같은 수치를 가지고 성과를 따져왔습니다. 앞으로는 이런 변화들을 살피면서 미디어 광고 집행을 하면 훨씬 더 의미 있는 성과를 얻을 수 있을 것이라고 생각합니다.

효율적인 마케팅 비즈니스를 위한 전략은?

이렇게 미디어의 사용 행태를 살펴볼 때는 거시적인 측면에서 인구 변화를 꼭 염두에 두는 것이 좋습니다. 전 세계적인 변화와 더불어 가장 두드러진 특징을 드러내고 있는 우리나라의 인구구성 변화에 좀 더 관심 갖고 고민해야겠습니다.

이런 맥락에서, 마케팅을 하는 분들을 위해 세 가지 시사점을 강조하며 얘기를 마무리해볼까 합니다.

첫째는 이민자와 다문화 가구 등 국내 외국인에 대한 고려입니다. 인구가 줄어들면 필연적으로 이민자 정책이 대두합니다. 미국의 경우 시청률과 우리나라 시청률의 가장 큰 차이점 가운데 하나는 미국의 경우 인종에 따른 시청률도 살핀다는 점입니다. 우리나라는 아직 인종에 대한 구분이 아예 없지요. 앞으로 마케팅 회사는 한국 내 마케팅에서 어떻게 인종을 넓혀나갈 것인지 고민해야 할 것입니다. 우리나라에 머물고 있는 170만 명쯤 되는 외국인들에게 어떻게 마케팅할지에 대한 고려가 필요한 것이죠. 인구구조 변동에 따라 중장년층을 타깃으로 하는 방법을 고민하는 것과 마찬가지로, 국내 다문화 가구나 외국인에 대한 마케팅도 고민해야 합니다.

둘째는 미디어 마케팅이나 광고를 위해서는 타깃이 내 콘텐츠를 볼 만큼 충분한 여가 시간을 갖고 있는지 확인해야 한다는 것입니다. 만약 너무 바쁘다면, 이들의 여유 시간대는 언제인지를 반드시 파악해야 합니다. 왜냐하면 볼 수 없는 시간에 콘텐츠를 전달하면 소용이 없기 때문입니다. 이 시간과 시점을 잘 잡아야 효과적인 마케팅을 할 수 있지요.

마지막으로, 미디어 지표 분석 시 어떤 지표를 통해 타깃을 분석해야 할지 고민해야 합니다. 비율을 살펴보는 것이 아니라, 정확한 수치를 파악해서 이를 분석의 근거로 삼아야 합니다. 또한 TV와 PC, 모바일 매체를 연계해서 생각해야 합니다. 미국의 경우 이것들을 모두 통합적으로 살펴보고 분석하는데, 우리나라에서는 아직까지 TV 따로, 디지털 따로 생각합니다. TV에서 디지털로 넘어가는 전략, 반대로 유튜브나 디지털 쪽에서 TV로 넘어가는 전략을 같이 살펴보고 연동하거나 유통할 수 있는 전략을 짜야 합니다. 그리고 자신에게 맞는 측정 도구를 활용해 전략을 짜는 것 또한 중요합니다.

이를 통해 2024년의 미디어 활용 전략을 세운다면 새로운 타깃을 찾아내고 성과를 만들어내는 데 도움이 되지 않을까 싶습니다.

Q. 강연 잘 들었습니다. 그런데 막상 광고주들이 잘 안 바뀌는 것 같아요. 아무래
도 한국 시장만의 특성이 있는 것처럼 보입니다. 본방송 후 VOD 서비스를 하
게 되면, 다른 광고가 붙거나 기존에 넣었던 광고가 빠져 있는 걸 종종 볼 수 있
거든요. 광고주 입장에서는 어떤 콘텐츠를 사람들이 방송과 디지털에서 얼마나
봤는지가 중요한 게 아니라, 실제 본방송 중 자사의 광고와 프로그램을 같이 보
는 걸 중요하게 여기는 것 같습니다.

💬 황성연

우선 타깃에 대해 말씀드리자면, 방송사에서는 광고주가 좋아하기 때문에 2049 타
깃을 중심으로 삼는다고 하는데, 실제 광고대행사에 물어보면 2049 타깃만을 바라
보는 대행사는 없어요. 케이스 바이 케이스로 광고주마다 타깃이 달라지거든요.
방송사에서도 타깃에 관한 데이터베이스를 제대로 갖고 있지 않은 것 같고요. 광고
주가 광고를 붙일 프로그램을 찾을 때, 실제 광고 목표 타깃과 프로그램을 보는 연
령대가 맞아야 하는데, 관련 정보가 제대로 구축되지 않은 상황이에요.
맥주 광고를 예로 들면, 제가 본 한 자료에서는 50대가 맥주를 가장 많이 마신다고
하는데, 광고는 대부분 20대를 타깃으로 하거든요. 그렇다면 20대만 대상으로 판
매할 것인가? 이렇게 물어보면 그건 아니라고 할 거예요. 요컨대 어느 프로그램에
광고할 것인지를 좀 더 객관적인 자료를 만들어 파악하는 것이 필요하다는 얘깁니
다. 기존에 나온 자료들은 대략적인 성향만을 나타내주는데, 강의에서 말씀드렸다

시피 기준이 제대로 안 잡히면 오염된 데이터일 수 있어요.

두 번째로 말씀해주신 부분은 콘텐츠별로 광고가 붙어서 같이 움직이는 것과 떨어져서 움직이는 것의 차이인 것 같습니다. 광고산업에서 콘텐츠는 자사의 광고를 옮겨주는 운반체라고 볼 수 있어요. 그런데 운반체가 다른 모양으로 변하면 광고가 분리되는 것이 맞죠.

현재 방송사에서도 디지털 수익을 위해 콘텐츠를 다양하게 확장하고 있습니다. 아직까지는 완제품을 만든 후 이것을 잘게 썰어서 여기저기 올려놓는 것이 대부분이죠. 그런데 이제 매체 상관없이 각 매체에 최적화된 콘텐츠를 만들어 수익을 극대화하는 콘텐츠들이 생기고 있어요.

Jtbc 〈최강야구〉의 경우 매체별 콘텐츠 전략을 다르게 해서 수익을 극대화시킵니다. 월요일 저녁 11시 30분쯤 본방송이 끝나면, 바로 국내 OTT 매체인 티빙에 올라옵니다. 그리고 다음 날 낮 12시에는 넷플릭스에 올라오죠. 그럼 약 12시간의 텀이 생기는데, 그 사이 1시간 30분짜리 영상을 3개 정도의 클립으로 잘라서 유튜브에 올려요. 영상에는 광고를 엄청나게 붙입니다. 이렇게 12시까지 유튜브 광고 수익을 올려요.

그리고 12시가 되어 OTT에 풀리면 비하인드씬 영상을 올려 광고 수익을 얻죠. 본방에서 못 본 영상이나 뒷이야기를 보면서 사람들은 최강야구 프로그램에 대한 충성도가 높아져요. 그런데 이 모든 콘텐츠는 〈최강야구〉의 수입에 들어가죠. 여기서 한발 더 나아가 〈최강야구〉는 직관 경기를 통해 이슈와 수익을 모두 잡습니다. 대부분의 직관 경기가 매진인데, 산술적으로 따져도 부가 수익이라고 하기엔 엄청나죠. 이런 식으로 방송은 종합적인 미디어 전략을 통해 콘텐츠를 확산하는 게 더욱 중요해질 것으로 보입니다.

반대로, 유튜브나 틱톡 크리에이터 중에서도 정말 잘하는 친구들은 TV처럼 방송을 편성해요. 약속한 시간에 맞춰 영상을 업로드하죠. 한 사람이 수십 개의 채널을 구독하는데, 시간약속 조차 안 돼 있으면 그건 볼 가능성이 거의 없다고 봐야 하거든요. 이처럼 전략적으로 같이 가는 방법을 지속적으로 고민하면 좋겠습니다.

🗨 참가자 추가 의견

첫 번째 질문과 관련해 보충 설명을 드리면, 일반적으로 2034 세대는 이제 자신이 직접 돈을 벌면서 좀 더 많이 소비하는 경향이 있어요. 그러다 보니 수익에 따른 타깃 구분보다는 소비적인 측면에서 2034세대를 살펴봐야 할 측면이죠.

또 다른 부분으로, 커뮤니케이션 쪽에서는 탄력도라고 할 수 있는데, 광고를 본 다음에 '이것을 사야지'라고 생각하는 사람은 젊은 층이 많다는 점이에요. 나이 드신 분들은 아무래도 브랜드나 패턴이 정해져 있고 광고의 영향을 덜 받기 때문에 주 타깃으로 삼는 경향이 좀 적은 편이죠.

노년층에게는 디지털 광고보다는 텔레마케팅 같은 다른 측면으로 접근하는 경향이 있어, 청년들이 줄어들어도 어쨌든 2024를 메인 타깃으로 하는 경향이 있습니다. 또한 브랜드 이미지 자체도 너무 낡은 느낌을 주면 안 되기 때문에, 사람들의 감각에 맞는 브랜드로 남기 위해 어쩔 수 없이 젊은 층에 집중하는 부분도 있는 것 같아요.

💬 황성연

맞는 말씀이고요, 좋은 지적 감사합니다. 다만 우리나라에 많은 상품이 존재하는데, 그 상품들이 딱 특정 타깃만 정해져 있는 건 아니라는 측면 때문에 말씀을 드렸던 것입니다. 메인 베이스는 당연히 존재하겠죠.

여기에 덧붙여서 타깃 파악을 해보면, 요즘엔 어른들도 젊게 살고 싶어 해요. 저희 회사에서 5년 전쯤에 '블루 세대 리포트'라는 보고서를 냈어요. 60대 이상 세대에 대한 보고서인데, 제목이 블루 세대로 적혀 있었어요. 그래서 "제목이 왜이래?"라고 물었더니 실제로 해당 연령대는 시니어, 그레이, 실버, 이런 말을 진짜 싫어한답니다.

65세에서 70세 전까지는 "이제 막 인생을 시작했어. 나는 청춘이야" 하고, 75세가 넘어가면 "두 번째 사는 거니까 지금이 사춘기야. 제2의 사춘기"라고 하며, 85세가 넘어가면 "영혼은 청춘이야" 이런대요. 젊은 세대는 아니지만 젊은 감각과 젊은 이미지를 향유하는 거지요.

제가 요즘 젊은 친구들에게 아쉬워하는 부분이 이들이 전 세대에게 뿌려줄 문화적 향유의 근거가 점점 약해지고 있다는 점이에요. '젊은이'라는 말도 한 1970~1980년대, 1990년대 말쯤 어딘가에서 딱 정체돼 있는 언어라는 느낌을 많이 받아요. 잘 생각해보면 젊다'라는 말이 'MZ세대'라는 말로 대체되면서, '젊은 세대'라는 감각이 MZ를 대표하지 않는 것처럼 보이기도 해요.

우리는 흔히 젊은 타깃에 맞춰서 콘텐츠를 만드는데, 우리가 생각하는 젊은 세대는 사실상 현재의 MZ가 아니라 전혀 다른 세대일 수 있겠다는 생각이 들기도 합니다.

03

Part

KIM KYONGDAL

AI와 유튜브

추천, 숏폼, 쇼핑!
유튜브의 변화와 새로운 트렌드

우리가 유튜브를 살펴보는 이유는, 이를 통해 미디어의 지형도를 파악하기 위해서다. AI가 미디어판을 뒤흔들고 있다. 유튜브는 AI를 통해 추천 알고리듬을 더욱 고도화시킬 것이다. 아울러 이를 통해 사용자 각자가 원하는 콘텐츠를 가장 핏하게 전달할 것이며, 이 기회를 이용해 커머스를 불러일으킬 것으로 보인다. 미디어와 커머스의 만남이 어떻게 발전할지 궁금하다면 앞으로의 유튜브 모습에 주목하는 한 방법일 것이다. 9가지 키워드를 통해 유튜브와 미디어의 변화 방향을 살펴보자.

**DIGITAL
MEDIA
INSIGHT
2024**

김경달

네오터치포인트 대표

미디어 분야의 경험이 많고 새로운 시도
를 좋아한다. 서울대학교 언론정보학과
와 뉴욕대학교(NYU) 대학원을 졸업했다.
CATV PD로 사회생활을 시작했고, 동아
일보에서 기자로 일하다 미국으로 건너가
뉴미디어를 공부했다. 2003년 이후 다음
과 네이버 등 인터넷 포털에서 12년간 전
략 기획과 동영상 업무를 담당했다. 2015
년 네오터치포인트를 창업, 뉴미디어 컨설
팅을 하고 있다. 2018년부터 3년간 KBS
이사회 이사를 역임했다. 최근 비즈니스
와 미디어, Web3 등을 다루는 신생 매체
'The Core' 운영을 병행 중이다.

들어가며 : 2024년 유튜브와 미디어를 관통할
9가지 키워드

제가 처음 《유튜브 트렌드》 시리즈를 낸 취지는 유튜브를 통해 미디어 지형도를 살펴보기 위함이었습니다. 최근에는 AI 트렌드가 미디어 판을 뒤흔들고 있죠. 그래서 AI와 유튜브 2가지 키워드를 함께 묶어 짚어보면 현재는 물론 앞으로의 미디어 지형도 변화를 살펴보는 데 유용할 것 같습니다.

유튜브 스스로도 일찌감치 AI 시대의 도래를 전망하며 관심을 높여왔습니다. 2019년에 유튜브는 오리지널 콘텐츠로 〈The Age of A.I〉라는 다큐멘터리 8부작을 제작했습니다. 영화 《아이언맨》의 '자비스' 같은 AI의 도움을 받는 주인공으로 출연한 로버트 다우니 주니어가 프리젠터로 나섰죠. AI 활용을 통해 콘텐츠 제작의 효율성을 높이는 것은 물론 일자리 변화 등 사회 전반의 혁신적 전환, 그리고 세상이 바뀌어가는 방식과 구체적인 전망을 다루고 있습니다. 특히 기근과 멸종, 전쟁 등을 예방하는 데 AI 기술 및 알고리듬이 중요한 역할을 하고 있음을 지적한 대목과 'AI로 외계인 찾기' 등 폭넓은 주제를 다룬 게 인상적입니다.

이런 영상을 만들었다는 것은 유튜브도 AI에 대한 고민을 많이 했음을 엿보게 합니다. 이제 AI 시대를 맞아 유튜브는 대략 3가지 측면에서 AI 활용이 계속 늘어날 것으로 전망됩니다.

먼저 유튜브 운영 고도화를 위한 AI 활용입니다. 가장 대표적인 것이 '추천 기능의 고도화' 작업입니다. AI 기술을 접목해 이용자에게 콘텐츠 추천을 어떻게 할 것인지가 가장 중요한 문제인 것이죠. 이용자의 체류 시간을 늘리고 만족도도 높여야 유튜브가 정체 또는 퇴보하지 않고 성장할 수 있는데, 그러기 위해선 추천이 중요한 뒷받침 요소이기 때문입니다.

두 번째는 유튜브 크리에이터들의 AI 활용 이슈입니다. 크리에이터는 유튜브를 통해 구독자를 모으고 수익을 얻습니다. 앞으로는 크리에이터가 콘텐츠 창작 과정에서 AI를 적극 활용할 것으로 예상됩니다. 벌써 그렇게 진행하는 크리에이터도 생겨나고 있고요. 누구나 쉽게 콘텐츠를 제작할 수 있는 다양한 도구가 나와 있습니다. 유튜브를 통해 창작의 일상화가 일어나고 있습니다. AI의 등장이 창작의 부담감과 난이도를 더욱 낮춰줄 것으로 전망합니다.

마지막으로, 소비자 입장에서 볼 때도 유튜브 콘텐츠를 소비하고 활용함에 있어 AI 기술의 도움을 얻는 사례가 증가할 것으로 보입니다.

AI의 흐름과 더불어 현재 주목해야 할 트렌드는 숏폼 트렌드와 커머스의 접목입니다. 이렇게 3가지 주요 키워드 외에 조금 더 분화된 주요 트렌드를 6가지 추가해봤습니다.

먼저 'Youtube in Livingroom'은 팬데믹을 거치며 거실에서 유튜브를 시청하는 행태가 많이 늘어난 트렌드를 지칭합니다. 2023년 비드콘(Vidcon)에 참석한 한 유튜브 관계자는 크리에이터들에게 "큰 TV 화면으로 유튜브를 보는 사람도 많다. 큰 스크린에서도 볼 만한 콘텐츠를 제작하면 괜찮을 것"이라고 권하기도 했습니다. 그만큼 유튜브에서 퀄리티 높은 콘텐츠 수요가 늘고 있는 건 분명한 흐름으로 읽힙니다.

'Be Vocal to Values'는 유튜브에서 콘텐츠가 넘쳐날수록 '가치'와 '진정성'이 중요해지고 있다는 걸 반영하는 트렌드입니다.

'Niche & Anti Niche'는 유튜브 성장 전략에 있어 앞서 언급한 '가치'의 중요성과 맞닿아 있는 대목입니다. 지금까지 유튜브 채널을 개설하고 키울 때 '개별적이고 특화된 콘텐츠'로 차별성을 가져야 한다며 'Niche 전략'을 강조해왔습니다. 하지만 이제는 그런 틈새 콘텐츠마저도 차별성을 갖기가 쉽지 않은 게 현실입니다. 그러므로 앞으로는 이 Niche 전략에만 매달리지 않는 게 좋습니다.

콘텐츠를 매개로 하는 유튜브 기반에서 상대적으로 단점으로 꼽히는 것이 직접적인 소통입니다. 'Community & Experience'. 같은

DMI 살롱에서 강연중인 김경달 대표

관심사를 가진 사람들 사이의 소통을 통해 커뮤니티를 형성하고 경험을 공유할 때 팬덤이 생길 수 있고 지속성도 높아진다는 의미입니다. 사실 이는 유튜브뿐만 아니라 디지털 플랫폼 기반의 모든 미디어에서 똑같이 중요한 요소예요.

그다음 'Video SEO Matters Again'은 유튜브에서 다시 SEO(Search Engine Optimization, 검색엔진 최적화)가 중요해지고 있다는 이야기입니다. 원래 온라인에서는 검색엔진 최적화가 중요한데, 수없이 많은 영상 가운데 자신의 영상을 더 많은 시청자에게 도달시키기 위해서는 영상이 잘 노출될 수 있게끔 플랫폼의 알고리듬을 이해하고 최적화하는 노력을 기울여야 합니다.

마지막 키워드는 'Video Podcast'로 팟캐스트를 가장 많이 소비하고 활용하는 플랫폼이 유튜브가 되고 있음을 반영했습니다. 유튜브 영상 중 비디오 팟캐스트 제작은 상대적으로 어렵지 않은 편이라 이걸 잘 활용하면 좋은 콘텐츠를 통해 많은 구독자를 모을 수 있을 것입니다.

론칭 20년 유튜브,
누구나 돈을 벌 수 있는 플랫폼으로 진화하다

2024년 트렌드를 짚어보기에 앞서 유튜브 히스토리를 간단하게 살펴 보겠습니다. 2005년 설립된 유튜브는 2006년 구글에 인수됩니다. 설립 후 약 1년 남짓 지난 이 시점에 직원 수는 50명 안팎이었다고 하죠. 당시 인수 금액은 한화 기준 약 1조 6,000억~1조 7,000억 원으로 알려졌어요. 인수 비용이 너무 높은 것 아니냐는 언론 보도가 제법 많았는데, 현재 유튜브의 기업 가치는 그때보다 약 100배 가까이 커졌다는 얘기가 나올 정도로 크게 성장했죠.

유튜브는 페이팔에서 나온 3명의 동료 채드 헐리, 스티브 첸, 자웨드 카림이 창업한 스타트업이었습니다. 유튜브 서비스는 당초 영상을 매개로 한 데이트 중개 목적으로 만들어졌습니다. 그래서 서비스 메뉴도 FAVORITES, MESSAGES, VIDEOS, MY PROFILE 등 이었습니다. 사용자들이 자신의 영상을 올리고, 파트너를 검색하게끔 지원하는 사이트였죠. 그런데 당시 검색 연관 동영상 서비스를 오픈했지만 영상 수급이 어렵다 보니 고민만 깊어가던 구글의 수요와 맞아떨어졌어요. 유튜브는 동영상을 가장 편하게 공유하기 좋은 플랫폼이라는 전략으로 홍보를 했는데, 이것이 구글의 눈에 들어온 것이죠. 2006년 구글이 인수한 후 2012년까지 유튜브의 슬로건은 "여러분 스스로를 방송하세요"였습니다.

벌써 20년 가까이 서비스하고 있는 유튜브는 세계에서 가장 성공한 동영상 서비스 플랫폼입니다. 그간 다양한 동영상 서비스가 나왔는데, 틱톡 전까지는 유튜브와 비견할 정도로 성공한 동영상 플랫폼을 찾기 힘들었습니다. 그 이유는 서비스를 유지하고 확장하는 비용이 너무 크게 들어가기 때문입니다. 투자 비용 대비 수익을 만들어내기가 어려운 구조였죠.

이런 유튜브에 전환점을 만든 서비스가 2007년 공개한 YPP(Youtube Partner Program)입니다. 크리에이터도 돈을 벌고, 플랫폼 자체도 계속 이용자 기반을 확장하면서 수익성을 높여갈 수 있는 서비스였죠. 조회 수가 곧 돈이 되기 시작한 것입니다.

가장 먼저 100만 조회 수를 얻은 영상은 호나우딩요가 나이키 축구화를 신고 연습하는 모습을 찍은 것으로, 나이키 광고였어요. 이후 〈아기 상어〉 영상이 100억 조회 수를 넘기며 전 세계 유튜브 조회 수 1위를 차지하고 〈강남스타일〉 뮤직비디오도 40억 조회 수가 훌쩍 넘는 기록을 세웠죠. 유튜브의 오락적 성격을 잘 보여주는 단면이기도 합니다.

YPP 이후 유튜브는 여러가지 서비스를 확장합니다. 방향은 크리

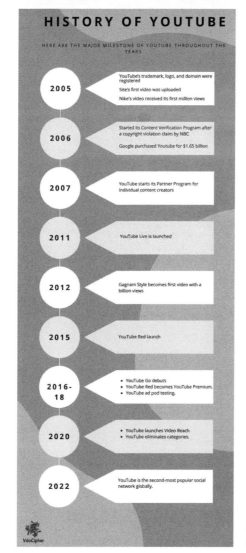

유튜브의 역사-시작과 성장 과정.
출처:www.vdocipher.com

에이터도 돈을 벌고, 유튜브도 수익을 얻는 구조를 지속적으로 마련
하는 것이었죠.

2015년에는 유튜브 뮤직을 론칭했습니다. 그때까지 사람들은 유
튜브를 동영상 사이트라고 생각했지만, 이제는 유튜브를 통해서 음악

을 듣죠.

2015년 론칭한 유튜브 레드는 2018년 유튜브 프리미엄으로 바뀌며 구독 모델을 통해 수익을 다변화시켰어요. 유튜브의 광고 방식도 다양하게 변화하는데, 영상 플레이 전에 나오는 짧은 범퍼 광고 외에 건너뛰기(Skip)를 못하는 광고를 넣거나 디스플레이 광고를 확장하는 등 다양한 방식으로 수익성을 높여가고 있습니다.

최근의 큰 변화로는 2020년 유튜브 쇼츠 론칭을 들 수 있습니다. 쇼츠 서비스는 틱톡의 대항마로 불가피하게 만든 서비스이지만, 사람들이 틱톡 못지 않게 유튜브 쇼츠를 많이 보면서 새로운 수익 모델이 되었죠. 게다가 미국 내에서 틱톡을 규제하는 움직임하고 맞물려 틱톡이 불을 지펴놓은 기반 위에서 오히려 유튜브가 과실을 따먹고 있다는 지적도 있습니다.

2023년 6월 유튜브는 한국에서 유튜브 쇼핑 서비스를 시작하며 리테일 커머스 미디어(Retail Commerce Media,RCM)로의 변신을 선언했어요. 자격 요건을 충족하는 크리에이터는 유튜브 쇼핑을 통해 유튜브에서 손쉽게 자신의 스토어를 열거나 제휴 브랜드의 제품을 홍보할 수 있죠. 특히 유튜브 쇼핑에서 라이브도 가능하고요. 현재 크리에이터들이 다양한 라이브 방송을 통해 브랜드 제품을 판매하고 있어요.

이전까지 유튜브는 쇼핑에 대한 고민을 계속해오면서 베타 테스트(Beta Test)를 했었거든요. 그런데 실제로 '유튜브 쇼핑'이라는 이름을 걸고 서비스하는 것은 한국이 처음입니다.

저는 이런 서비스 다변화의 흐름을 보면서 동영상 플랫폼의 숙명 같은 것을 느꼈습니다. 이용자를 넓히고 기반을 키우며 플랫폼을 키우기 위해 크레에이터들이 잘 활동할 수 있게 만드는 것. 이런 노력을 통한 다양한 서비스의 확장이 한 축이라면, 다른 한 축은 어떻게 수익성을 만들어낼 것인지에 대한 끊임없는 고민입니다.

유튜브의 모회사인 알파벳도 비슷한 고민을 갖고 있을 것으로 보입니다. 유튜브를 통해 돈을 벌고 있지만, 아직도 들어가는 투자 비용이 적지 않습니다. 2022년 유튜브의 광고 매출은 292억 달러(35조 원)이지만, 비용을 봤을 때 수지타산 측면에서 여전히 고민이 많을 것입니다.

이렇게 유튜브 서비스의 변화상을 통해 트렌드의 맥락을 짚어봤습니다. 이제 2024년의 유튜브가 어떤 트렌드를 나타낼지 좀 더 자세히 살펴보겠습니다.

Keyword 1 : The Age of A.I.
유튜브 AI 시대

2024년에 AI는 좀 더 발전한 기술로 다양한 분야에서 활용될 것으로 보입니다. 유튜브와 AI의 접목은 어떻게 이뤄질까요? 대략 3가지 흐름이 예상됩니다. 우선 알고리듬을 정교화하면서 플랫폼 운영을 효율화시킬 것입니다. 유튜브 크리에이터들을 위해 생성 AI 도구를 제공해 좀 더 쉽고 빠르게 콘텐츠를 만들 수 있게 도와주고요. 이용자들이 유튜브를 좀 더 스마트하게 사용할 수 있도록 AI 기술을 활용하는 것이죠.

1) 플랫폼 운영을 고도화해주는 AI

플랫폼 운영 고도화는 영상이 늘어나면서 유튜브가 늘 하던 고민이 었습니다. 유튜브는 '낚시 영상'을 줄이기 위해 무척 노력하고 있습니다. 초기에는 낚시 영상에 반응해 당장의 클릭이 늘지 모르지만, 시간이 지날수록 참여도가 떨어지기 때문입니다. 클릭 장사에 자꾸 당하는 이용자 경험이 쌓이면 플랫폼에 대한 안 좋은 인식이 생길 수 있어요. 이런 것들이 모두 알고리듬 이슈인 것이죠.

결국 머신 러닝을 통해 AI가 많은 부분 도움을 줄 것으로 보이며, 실제로 그렇게 추천 작업이 이뤄지고 있습니다. 그렇다면 유튜브의 알고리듬은 어떤 부분을 통해 이용자 만족도를 판단하고 영상을 추천할까요?

구글 연구자들이 발표한 한 논문에 따르면, 이용자 만족도를 판단하는 주요 항목은 다음과 같습니다.

클릭율(Click-through Rate, CTR), 평균조회시간(Average View Duration, AVD), 공유 및 참여율(Share/Engagement Metrics), 시청 히스토리 및 검색 히스토리(Watch History/Search History), 해당 채널 내 시청 영상 개수, 유관 주제의 동영상 최근 시청 여부, 데모그래픽 및 위치 정보 등이 그것입니다.

CTR과 AVD가 중요하지만, 사람들이 일단 클릭하고 들어와서 전환되는 것도 중요합니다. 그리고 얼마만큼의 시간 동안 영상을 보고 플랫폼에 머무는지, 즉 체류시간(Duration Time)도 매우 중요한 지표입니다. 결국 사람들이 썸네일 이미지와 제목 등을 보고 영상을 클릭한 후 해당 영상 및 추천 영상을 계속 보게끔 만드는 것이 중요하죠. 일반적으로 15초 이내에 70% 이상의 사람들이 빠져나간다고 합니다. 그래서 영상 앞쪽에 핵심 내용을 배치해 주목과 흥미를 유발하고, 나아가 흡인력이 높아지는 구성과 메시지를 잘 담는 것이 필요합니다.

영상에 댓글을 달거나 추천을 누르는 등 직접 관여하면서 여러 번 볼 때, 혹은 관련 토픽 영상을 자주 볼 때, 알고리듬은 그 영상을 계속해서 추천해줍니다. 실제로 이용자의 기본 개인 정보와 시청 위치 그리고 지역 정보 같은 것들을 함께 활용해서 콘텐츠를 계속 추천하죠.

이렇듯 이용자 만족도는 크게 보면 '노출당 예상 시청 시간의 단순한 함수'라고 논문에서는 말하고 있습니다. 결국 사람들이 시청 시간을 얼마나 갖고, 얼마나 클릭해서 들어오고, 얼마나 더 많이 보는가에 따라 만족도가 결정되는 것이지요. 유튜브 홈에서 영상을 찾아보는 사람들에게는 더더욱 이 추천이 중요하게 작용합니다. 어떤 콘텐츠를 보여주느냐에 따라 계속 머물지, 아니면 떠날지, 심지어 클릭해서 해당 영상을 볼지를 좌우하기 때문입니다.

유튜브 영상을 보다 보면 우측 날개 메뉴에 다른 추천 영상들이 뜹니다. 모바일에서는 영상 아래로 다른 영상들의 썸네일을 보여주며 추천이 이뤄지고요. 요즘 젊은 세대나 적극적인 시청자들은 영상을 보면서 동시에 스크롤을 아래로 내려 다른 영상 썸네일과 제목을 훑으며 다음에 볼 영상을 정합니다. 댓글까지 펼쳐볼 정도로 능동적인 시청 행태를 보이죠.

이렇게 상호작용성(Interactivity)이 높고 능동적인 시청 형태는 추천 알고리듬을 짜는 입장에서는 정말 까다로운 환경입니다. 계속 관심을 끌어 시청하게 만들어야 하니까요.

아울러 앞서 언급했듯이 유튜브는 선정적이거나 자극적인 문구 및 이미지를 동원한 낚시 영상을 걸러내기 위해 고심을 하고 있습니다. 낚시 영상은 당장의 클릭은 늘지 몰라도, 장기적으로 참여도가 떨어지기 때문입니다.

지금까지 이야기한 것이 알고리듬 이슈입니다. 앞으로는 머신러닝을 통해 AI가 많은 부분 도움을 줄 것으로 예상됩니다. 이미 그런 작업 자체는 꾸준히 이어져오는 중이죠.

유튜브 홈의 추천은 영상 자체의 퍼포먼스와 이용자 개인화를 기준으로 이루어지고, 추천 영상은 관련 주제의 영상이나 시청 히스토리, 즉 과거에 본 영상 등을 기준으로 이뤄집니다. 이런 과정이 AI를 통해 앞으로 더욱 세분화하고 확장될 것으로 보입니다.

최근 유튜브가 AI로 시도하는 작업 중 하나가 교육용 영상에 AI 퀴즈 기능을 도입하는 것입니다. 영상을 보면서 이해한 내용을 퀴즈를 통해 체크하는데, 이 퀴즈를 AI를 활용해서 자동으로 생성되게 만드는 것이죠. 현재 베타 테스트 중인데, 사람들의 참여를 높이기 위한 방법으로 보입니다. 유튜브는 이처럼 AI를 접목시켜 다양한 방법으로

웨스 앤더슨 감독 스타일의 스타워즈 트레일러. Star Wars by Wes Anderson Trailer |
The Galactic Menagerie. 출처: Curious Refuge 유튜브

이용자의 시청 행태를 좀 더 끌어들이고 또 강하게 확장하기 위해 노
력하고 있습니다.

2) 창작의 일상화를 만들어주는 AI

AI 기술의 발전은 창작의 일상화를 가져왔습니다. 한 설문 조사에 따
르면 지금 유튜브나 쇼츠에서 18~44세 중 82%가 영상을 만들어 올
려 본 경험이 있다고 합니다. 이전까지 영상이라는 형식은 사람들이
접근하기에는 만들기 어렵다는 인식이 많았죠. 실제로 창작 과정에서
부담을 느끼는 분들이 많았습니다. AI 기술로 인해 그런 부분이 많이
쉬워지는 전환점을 맞고 있는 것이죠.

위의 영상은 한 이용자가 영화 〈그랜드부다페스트 호텔〉의 웨스
앤더슨 감독 스타일로 〈스타워즈〉 예고편을 만든 것입니다. 이미지 생

성 AI인 미드저니를 이용해 만든 티저예요. 만든 지 4개월 만에 291만 조회수를 얻을 정도로 인기를 끌었습니다. 현재 미드저니 커뮤니티에서는 기존 영화의 예고편을 요즘 '스타일리시하다'고 호평 받는 웨스 앤더슨 감독 스타일로 변환해서 올리는 것이 유행이라고 합니다. 앞으로 새롭게 인기를 끄는 스타일이 나오면 이렇게 AI를 통해 다양한 확장형 콘텐츠가 만들어지는 '놀이 문화'가 생겨날 것으로 보입니다.

2023년 9월 유튜브는 라이브 이벤트를 열고 '드림 스크린(Dream Screen)'이라는 AI 도구를 활용한 동영상 제작 기능을 쇼츠에 추가한다고 밝혔습니다. 이 기능은 이용자가 텍스트로 내용을 입력하면 AI가 동영상이나 이미지 배경을 생성해 제작을 도와줍니다.

예를 들어, 라이브 이벤트에서 닐 모한 유튜브 CEO가 선보였듯 '커피를 마시는 팬더(Panda drinking coffee)'와 같은 내용을 입력하면 실제 팬더 곰이 커피를 마시는 모습이 담긴 동영상 이미지가 화면에 나타나는 방식입니다. 이 기능은 2023년 연말에 실제 서비스에 적용됩니다. 공상 과학 소설이나 꿈에서 등장할 법한 상상 속의 이미지들을 동영상으로 만들어낼 수 있다는 게 유튜브의 설명이죠.

이날 라이브 이벤트에서 닐 모한 CEO는 "드림 스크린 기능을 활용해 더 많은 사람들이 '유튜브 분석'이나 '프로덕션 스튜디오'에 대한 깊은 이해가 없이도 쉽게 창작활동을 할 수 있을 것"이라고 말했습니다.

닐 모한 CEO는 AI 기술 활용에 무척 적극적입니다. 2008년

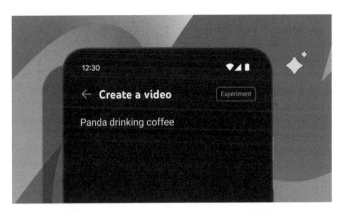

유튜브의 라이브 이벤트에서 선보인 '드림 스크린'기능 예시. '커피 마시는 팬더곰'을 입력
하면 AI도구가 동영상으로 만들어준다. 출처: YouTube blog

구글에 합류해 2015년부터 유튜브 최고제품책임자(CPO)로 일하다
2023년 2월에 CEO에 올랐는데요. 웹3에 관심 많던 그는 최근 유튜
브에 AI를 접목하는데 열심입니다. 그는 3월 1일 CEO로서 첫 레터를
발표하며 일찌감치 이렇게 말했습니다.

AI의 힘은 동영상을 재창조하고 불가능해 보이는 것을 가능하게 만들기 시작했습니다. 앞으로 크리에이터들은 가상의 의상을 교체하고 AI의 생성 기능으로 환상적인 영화 배경을 만드는 등 스토리텔링을 확장하고 콘텐츠의 가치를 더욱 높일 수 있게 될 것입니다. 유튜브는 많은 시간을 들여 세심한 안전장치 안에서 이러한 기능들을 개발하고 있습니다. 곧 크리에이터들을 위한 도구와 함께 이 기술을 책임감 있게 적용하기 위한 보호 기능을 공개할 예정이니 기대해주시길 바랍니다.

닐 모한의 발표처럼 구글에서는 여러 부서와 사내 벤처를 중심으로 AI를 활용한 창작 도구를 다양하게 만들어내고 있습니다.

2022년 10월 구글은 AI 시스템 '이매진 비디오(Imagen Video)' '페나키(Phenaki)'를 베타 공개했습니다. 시나리오처럼 긴 텍스트 명령어를 입력하면 이를 영상으로 계속 이어서 생성해 마치 영화와 같은 장편 영상물까지 만들어주는 도구죠. 3~5초 정도의 단순한 것도 있지만, 두세 단락 정도로 프롬프트를 입력하면 2분 가까이 되는 영상까지 만들어낼 수 있습니다.

페나키는 스토리 라인 자체를 반영한 영상도 만들 수 있습니다. 이렇게 텍스트를 넣으면 영상이 만들어지는 도구들이 가장 먼저 유튜브와 접목해 나올 것으로 예상됩니다.

이 외에도 구글의 '어라우드(Aloud)' 팀에서는 AI를 활용해 영어 영상 오디오를 여러 언어로 바로 번역해서 나오게 만드는 기술을 개

구글 이매진 비디오 예시 영상들. 텍스트를 입력하면 영상 볼 수 있다. 출처: imagen.research.google/video/

발했어요. 이를 영상으로 올려놓았는데, 현재 스페인어·힌디어·인도네시아어·포루투갈어로 바로 바꾸는 것을 살펴볼 수 있습니다. 2023년 9월 유튜브는 이 AI 기반 더빙 도구 '어라우드'를 유튜브에 도입할 것이라고 공식 발표했습니다.

앞으로 이런 도구를 활용해 크리에이터들은 더 많은 구독자를 찾아낼 수 있어요. 한국의 먹방(Mukbang)은 현재 전 세계적으로 유행 중입니다. 먹방 크리에이터들은 자막을 약 12~13개 언어로 만들어 올리는 경우가 제법 많습니다. 해외 시청자도 많기 때문이죠. 이런 노력이 이제 AI 도구를 통해 한결 쉬워질 것입니다.

먹방이나 키즈 콘텐츠가 잘되는 이유는 '언어의 장벽'이 크지 않다는 점이 큰 요인으로 꼽힙니다. 이제는 대화형 콘텐츠나 영화 및 드라마 등 언어가 중요한 콘텐츠도 언어 장벽에 가질 필요가 없을 것 같습니다. 외국 영상도 바로 우리말로 바꿔서 볼 수 있는 시대가 곧

구글 'Aloud' 팀에서 공개한 영상. 영어 오디오 영상을 언어로 바로 번역해 보여준다. 출처: aloud.area120.google.com

올 것으로 보여요. 창의성이 뛰어난 크리에이터라면 얼마든지 더 넓은 세상에서 활약하는 시대가 열리는 것이죠.

또한, 현재 바로 사용할 수 있는 AI 도구로는 이미지 생성 AI 도구들이 있어요. 우리나라에서도 이미 달리(DALL-E)나 스테이블 디퓨전 같은 도구를 써본 분들이 많죠. 유튜브 영상의 조회 수를 높이기 위해서는 무엇보다 사람들의 시선을 사로잡는 썸네일을 제작하는 것이 중요합니다. 이런 이미지 생성 AI를 활용해 새로운 이미지를 만들어낼 수 있습니다.

생성 AI로 쉽게 이미지를 생산하는 것을 모델로 하는 스타트업도 칸바(Canva)와 크렐로(Crello) 등 여러 개가 생겨났고요. 어도비(Adobe)

에서도 포토샵에 AI를 접목해 바로 영상을 만들어낼 수 있는 기능을 소개했습니다. 이렇듯 AI는 유튜브 크리에이터에게 좀 더 다양한 창작 도구로 활용될 것으로 보입니다.

3) 스마트한 활용을 도와주는 AI

앞에서 창작자들에게 도움이 되는 AI를 살펴봤으니, 이제 이용자들의 활용을 도와주는 AI 기술을 소개합니다. 유튜브는 다양한 기능을 넣어 이용자들이 영상을 활용할 수 있게 만들었어요.

우선 ① 영상 하단의 점 3개가 있는 아이콘을 누르면 '스크립트 표시'라는 메뉴가 뜨고, ② 이것을 클릭하면 우측에 영상 스크립트가 나옵니다. 그리고 ③ '스크립트' 우측 상단의 점 3개를 눌러 '타임스탬프 전환' 메뉴를 클릭하면, ④ 시간이 지워지면서 바로 내용을 긁어 활용할 수 있습니다. 영상 요약이나 관련 내용을 다른 문서에 활용하고 싶을 때 이런 기능은 무척 요긴하죠.

저는 이렇게 얻은 스크립트를 다시 크롬 익스텐션으로 챗GPT를 깔아서 요약본을 받곤 합니다. 영문의 경우 딥엘(DeepL)을 사용해 번역해서 바로 보고요. 이런 식으로 요약 기능을 선보인 스타트업 서비스도 나와 있는데, 활용해보니 상당히 유용했습니다.

이렇게 이용자들이 다양한 AI 도구를 사용해 좀 더 스마트하게 영상을 시청하고 활용할 수 있는 환경으로 전환되고 있습니다.

한편, 클립 기능도 유용하게 사용할 수 있습니다. 유튜브에서는 쇼츠를 더욱 강화하려 하고 있죠. 그래서 유튜브 클립(Youtube Clip)이

① 영상 하단의 점 3개 아이콘을 누르면 '스크립트 표시' 메뉴가 뜬다.

② 스크립트 표시 메뉴를 클릭하면 우측에 영상 스크립트가 자동으로 뜬다.

③ '타임스탬프 전환' 메뉴를 클릭하면 스크립트 앞 시간이 시간이 지워지면서 바로 내용을 긁어서 활용할 수 있다.

유튜브 영상에서 스크립트를 추출하는 방법.

라는 기능도 선보였습니다. 영상 하단의 가위 모양 클립 아이콘을 눌러 누르면 나오는 화면에서 내가 원하는 영상만 잘라 공유할 수 있어요. 영상 길이는 5~60초까지 가능하고요. 이렇게 자신이 직접 만든 영상이 아니라 다른 사람이 만든 영상도 재미있는 부분이나 도움이 되는 부분을 잘라내서 공유할 수 있죠. 이때 잘라낸 클립 영상은 별도의 영상으로 만들어지는 게 아니라 링크값만 생성되어 공유 가능한 방식으로 서비스됩니다.

클립 영상 편집 시 디폴트는 15초 정도로 세팅되어 있고요. 공유하고 싶은 영상을 자신이 해당 장면의 초를 찾아 조정할 수 있습니다. 그걸 잘라서 제목을 붙이면, 링크가 자동으로 생성이 돼서 메신저나 다른 SNS에 공유 가능하죠. 이렇게 AI는 유튜브 콘텐츠를 만들거나 이용하는 데 변화를 줄 것으로 보입니다. 앞으로 더 다양한 기능이 빠르게 도입될 것 같고요.

AI 기술의 발전은 긍정적 측면에서는 창작의 허들을 낮추는 효과가 있지만, 반대로 사람들의 창작 작업을 오히려 대체하지 않을까 하는 걱정을 불러일으키기도 합니다. 이런 우려에 대해 우리가 어떻게 대처해야 할지 김정운 작가의 《창조적 시선》이라는 책의 내용을 인용해 말씀드리고 싶어요.

예전 화가들의 그림은 인물을 사실적으로 기록하는 역할이 컸어요. 그런데 19세기 들어 사진기가 등장합니다. 처음에는 노출을 오래 해야 했기 때문에 사람을 찍을 때 마치 그림을 그리는 것처럼 오랫동안 고정된 자세로 앉아있어야 했어요. 머리를 고정시키는 기계까지

① 영상 하단의 가위 모양 클립을 누른다.

② 클립만들기 메뉴에서 원하는 영상을 선택해 쇼츠 영상을 만든다.

유튜브 영상 하단의 클립 아이콘을 누르면 쇼츠 영상을 바로 만들 수 있다.

붙여놓고 찍었죠. 여하간 그럼에도 초상화를 그리는 것보다 시간도 빠르고, 훨씬 잘 나왔죠. 화가들은 이제 군이 오랜 시간이 걸리는 초상화를 그릴 필요가 없어졌어요.

그렇다면 화가는 사라졌을까요? 오히려 다양한 고민이 이루어지면서 인상파와 입체파, 추상파 등 다양한 화풍이 탄생하는 계기가 되었습니다.

김정운 작가의 이야기는 바로 이런 겁니다. 즉, 어떤 기술이 등장하거나 전환점이 생겼을 때, 그것이 그냥 단순한 대체 관계로 넘어가는 게 아니라 또 다른 형태로의 어떤 전환을 만든다는 것이죠. AI 열풍 또한 앞으로 비슷한 형태로 제 역할을 할 것이라고 생각합니다.

Keyword 2 : Short Form
모두가 짧은 동영상에 빠져들다

숏폼 트렌드는 대세입니다. 수익성 측면이나 이용자 활성화 측면에서 더욱 강력해지고 있죠. 2020년 서비스를 시작한 유튜브 쇼츠는 현재 거의 2배 가까운 성과를 보이고 있습니다. 전년 대비 쇼츠 업로드 채널이 80%가량 증가했고요. 평균 조회 수도 2023년 9월 기준 하루 500억 회 정도 됩니다. 한국에서도 많은 쇼츠 크리에이터들이 성장했지요. 이와 관련해 요즘 핫하게 뜨고 있는 몇몇 크리에이터를 살펴보면서 숏폼 콘텐츠의 특성을 함께 알아보겠습니다.

1) 요즘 뜨는 쇼츠 크리에이터
유튜브에서는 무명 가수가 새롭게 주목을 받아 뜨는 경우가 종종 있습니다. 유튜브가 스타 발굴의 산실이 된 것은 이미 오래되었죠. '차다빈 Cha Dabin' 채널도 무명 가수였는데, 숏폼을 잘 활용해 480만 명 정도의 팔로워를 보유한 채널로 성장했어요. 초기엔 〈화음 쌓기〉〈좌우 음성〉 등의 노래 콘텐츠로 인기를 얻었지만, 비슷한 콘셉트의 채널

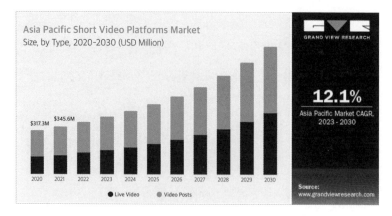

2020년에서 2030년까지 아시아 태평양 숏폼 플랫폼 마켓의 증가 추이.
출처: grandviewresearch.com

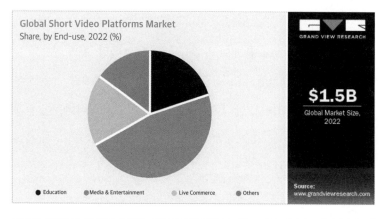

2022년 숏폼의 글로벌 마켓 사이즈는 1억 5,000만 달러 정도였고, 이 중 미디어 & 엔터테인먼트가
부분이 가장 큰 부분을 차지했다. 출처: grandviewresearch.com

이 많아 조회 수가 들쭉날쭉했죠. 이때 차다빈은 숏폼 영상을 본격
적으로 활용하고 해외 시청자를 겨냥한 콘텐츠를 만듭니다. 현재는
노래 가사를 세계 각국의 언어로 번역한 후 이어 부르는 '다국어로

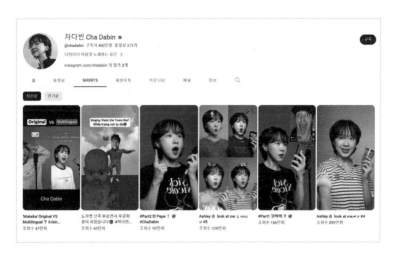

유튜브 '차다빈 Cha Dabin' 채널

노래 부르기'를 통해 많은 인기를 끌고 있습니다. 대중적으로 인기 있는 노래를 6~8개국어로 이어 부르는 걸 듣다 보면 각 언어로 부르는 노래에 재미를 느껴 계속 반복 재생을 누르게 됩니다. 더불어 확실하게 바이럴이 많아지고요. 11억 회가 넘는 재생 횟수를 기록한 영상도 있어요.

'사내뷰공업' 채널은 한 회사의 젊은 직원 몇 명이 모여 콘텐츠를 기획하고 만들어 올리는데, 특징은 상황극입니다. '~했던 썰'이라는 제목으로 일어날 법한 상황과 행동을 재연하면서 공감을 얻는 채널이에요. 카카오의 콘텐츠 자회사인 파괴연구소의 직원들이 운영하고 있는데, 초기에는 유튜브 영상을 통해 스토리를 올렸다면 현재는 쇼츠로도 확장해서 유입 효과를 많이 확장하고 있습니다.

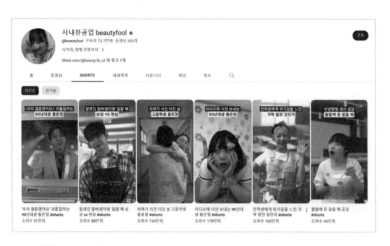

유튜브 '사내뷰공업' 채널

　이 외에도 먹방, ASMR, 게임 분야의 쇼츠 크리에이터들도 활발히
활동 중입니다. '또솔'이라든지 '레블', '블루위키' 같은 크리에이터들
이 쇼츠를 활용해 상당히 빠르게 성장하는 모습을 보여주고 있어요.
아울러 숏폼 동영상 트렌드가 강해지면서 유튜브는 2023년 8월 쇼츠
포맷의 영상 플랫폼 특성을 음악 플랫폼에 결합한 '샘플즈(Samples)' 서
비스를 내놓기도 했습니다.

　샘플즈는 이용자의 데이터를 기반으로, 좋아하는 음악가와 쟝르
등에 맞춰 뮤직비디오의 주요 멜로디 부분을 30초 정도의 짤막한 길
이에 스니펫(Snippet, 작은 조각이란 의미) 형식으로 보여주는 서비스입니다.
뮤직비디오를 맛보기처럼 보고 듣게 하는 데 쇼츠 형식을 차용한 것
이죠. 앞으로 개인화된 데이터와의 결합을 통해 좋아했던 음악을 다
시 즐기게끔 하거나 좋아할 만한 음악을 발견하게끔 추천해주는 역

유튜브의 뮤직앱 샘플즈 소개 영상. 출처: blog.youtube

할을 할 것 같아요. 샘플즈라는 기능을 통해 숏폼 트렌드의 강세도 엿볼 수 있고, 유튜브라는 플랫폼이 개인화 기반으로 영상과 음악을 아우르며 한 단계 진화해가고 있음을 확인할 수 있습니다.

2) 네이버의 대응, 클립

숏폼의 대세는 네이버도 더 이상 무시할 수 없게 되었죠. 2023년 8월 15일부터 네이버는 홈피드를 변경해 짧은 영상 서비스인 클립(Clip)을 모바일 홈 화면 전면에 배치했습니다. 아직까지는 일부 이용자에게 베타 테스트로 적용하고 있지만 곧 전체적으로 활용될 것으로 보입니다.

네이버 모바일 홈 화면 하단에 메뉴가 4개 생기는데, 홈 화면을

네이버 모바일앱 전면에 배치될 숏폼 영상 서비스 '클립'. 출처: 네이버 다이어리 공식 블로그

왼쪽으로 밀면 기존에는 쇼핑 화면이 나왔죠. 여기에 숏폼 동영상인 클립을 배치 했습니다. 어찌 보면 전면 배치했다고 볼 수 있어요. 오른쪽으로 밀면 2개의 메뉴가 나옵니다. 홈 화면 바로 옆은 기존처럼 콘텐츠가 보이고, 쇼핑은 가장 오른쪽으로 옮겨갔습니다.

이런 변화를 보면 모바일 앱에서 전면에 숏폼 영상을 내걸고 뭔가 승부를 못 보면 이용자들의 체류 시간을 잡아낼 수 없을 것이라는 네이버의 위기감이 강력하게 읽힙니다.

이와 더불어 네이버의 변화 중 하나는 홈피드에 32개의 주제판을 다시 배치했다는 점이에요. 콘텐츠를 보기 위한 접근의 편의성을 높인 것인데요, 스크롤을 통해서 콘텐츠를 무한대로 보게 만든 것이죠. 이런 모습은 끝없이 스크롤해서 숏폼 영상을 소비하는 유튜브의 쇼츠나 틱톡과 똑 닮았습니다.

"무한대로 탐색하세요"는 조금 더 고민해봐야 할 문제로 보입니다. 숏폼 영상이 늘어나면서 사람들은 더 빠른 시간 동안 더 많은 영상을 소비하게 됐습니다. 그 결과 집중력 부족과 중독, 기억력 저하, 조절 장애 등의 문제를 겪게 되었죠.

3) 콘텐츠 소비의 가속화

오늘날처럼 너무 많은 콘텐츠가 몰려오는 상황에서 이런 문제가 발생하는 건 불가피한 측면이 있는 것 같습니다. 그럼에도 무한 스크롤 문제는 좀 생각해볼 여지가 있습니다.

무한 스크롤은 단순한 UX의 인터페이스 변화로 볼 수도 있지만, 계속 스크롤하면 이전에 자신이 본 영상이나 콘텐츠를 찾지 못하고, 플랫폼이 추천하는 영상만을 계속 보게 되는 현상이 생길 수 있습니다. 무한 스크롤 환경에선 대체로 자동 리프레시되기 때문에 특정 콘텐츠를 다시 찾아보기 어려운 것이죠. 그래서 무한 스크롤에 익숙해지다 보면 자연스럽게 수동적으로 콘텐츠를 탐색하고 소비하는 현상이 발생하기 쉽고, 그런 성향이 강화될 것으로 예상합니다.

이렇게 무한 스크롤은 사람들에게 끊임없이 많은 콘텐츠를 던지듯 제시합니다. 그러면서 상호작용이 일어나거나 추천 가중치에 따라 콘텐츠를 추천하는 등 이용자 체류 시간을 늘리는 데 크게 기여하며 확산하는 추세를 보이고 있습니다.

숏폼의 대표 주자 틱톡의 강점은 사용자가 다른 활동을 하지 않고 콘텐츠만 열심히 보면 그에 맞는 콘텐츠를 알아서 추천해준다는 것 입니다. 사용자를 잘 이해하고 더 좋은 콘텐츠를 제시한다는 게 틱톡의 무서운 점이죠. 페이스북이나 인스타그램, 유튜브 쇼츠 모두 틱톡의 알고리듬을 따라가고 있는 셈인데, 무한 스크롤로 인해 우리는 무언가 정보를 얻을 때 속도에 대한 민감도가 높아지는 것 같아요.

요즘 젊은 층에서는 2시간 안팎 분량의 영화를 처음부터 끝까지 보기보다 20~30분으로 요약한 유튜브 영상을 더 편하게 생각하는 경향이 늘어났습니다. 영상을 볼 때 1.25배속이나 1.5배속, 심지어는 2배속으로 보는 경우도 있고요. 이런 변화가 우리의 집중력이나 사고에 미치는 영향도 진지하게 고민해봐야 합니다.

이와 관련해서 한 가지 덧붙이고 싶은 사례가 있어요. 이런 가속화 현상이 숏폼 동영상에만 국한돼 일어나는 현상은 아니라는 겁니다. 아마존의 소설책 판매에서도 유사한 현상이 나타난다는 지적이 있어요. 2021년 10월 〈뉴요커〉의 '아마존이 소설을 바꾸고 있는가?'라는 기사에는 아마존의 '미리 보기' 문제를 제기한 작가의 인터뷰가 실려 있습니다.

아마존에서 가장 많이 팔리는 것이 소설인데, 책을 구입할 때 내용을 살짝 엿보는 '미리 보기'를 먼저 살핀 후에 구입을 결정하는 게 통상적이죠. 그러다 보니 미리 볼 수 있는 앞부분에 소설의 매력을 느낄 수 있게 강력한 사건이나 플롯을 배치하는 경우가 늘고 있다는 겁니다. 그렇지 않으면 구매 전환이 낮을 테니 자연스럽게 강화된 현상이죠. 인터뷰에서 이 문제를 지적한 마크 맥걸(Mark McGurl)은 "아마존 시대의 소설은 모두 장르화되고 있다"고 일갈하기도 했습니다.

이렇게 콘텐츠 소비 상황은 물론 구성과 편집 등 창작 과정에서도 뚜렷해지고 있는 '가속 현상'에 대해서는 지속적인 관심을 가져야할 것입니다.

Keyword 3 : Youtube Shopping
커머스 플랫폼으로 진화하다

2022년 유튜브는 전자상거래업체 쇼피파이(Shopify)와 제휴를 맺고 채널 내부에서 가젯(미니 프로그램) 방식으로 상거래가 가능하게끔 시도한 바 있습니다. 이때 현 유튜브 CEO 닐 모한은 CPO(Chief Product Officer)를 맡고 있었죠.

당시 닐 모한은 링크드인의 게시글을 통해 "최근 한 조사에서 유튜브 시청자의 89%는 크리에이터가 믿을 만한 추천을 해준다고 답했다"면서 "유튜브는 커머스 분야를 강화하고 투자해 나가면서 전환점을 만들어갈 것"이라고 강조한 바 있습니다. 아울러 유튜브는 쇼피파이와의 협력을 전후해 '크리에이터 이코노미' 확장을 중요한 목표로 내세우면서 크리에이터들과의 관계를 공고히 하기 위해 '커머스'라는 카드를 활용했습니다.

그런데 한 가지 특기할 만한 점이 있습니다. 유튜브가 좀 더 본격적인 커머스 접목을 한국에서 시작했다는 겁니다. 유튜브는 2023년 6월말 첫 공식 쇼핑 채널을 한국에서 개설합니다. '카페24'와 제휴해서

유튜브 '신사용' 채널. 영상 본문이나 스토어 메뉴를 통해 영상에서 소개한 제품을 바로 구입할 수 있다.

서비스를 시작했죠. 메뉴 탭에 스토어 메뉴를 생성해 상품들을 보여주면서 쇼핑몰을 연계시켜주는 방식이었습니다.

이전까지는 설명 글이나 커뮤니티 탭을 통해 쇼핑몰 링크를 넣는 식으로 상거래를 유도해왔지만, 이제는 채널에 정식으로 스토어 메뉴를 넣을 수 있게 된 것이죠.

한국에서 처음으로 본격 커머스 서비스를 시작한 이유는 뭘까요? 국내 유튜브 관계자가 카페24 행사에서 밝힌 아래 이야기에 그 답이 들어 있습니다.

"크리에이터들이 만든 상품 정보와 리뷰, 추천 콘텐츠를 기반으로 쇼핑하는 사람들이 계속해서 늘고 있다. 이는 전 세계적 추세이며 유튜브가 쇼핑에 뛰어든 이유다. 특히 한국은 미국, 중국에 이어 세 번째로 큰 e커머스 시장이 될 거란 전망이 있다."

이 같은 배경 속에서 유튜브 쇼핑 론칭 직전인 6월 중순에는 구독자 수와 시청 시간 등으로 규정한 수익 창출 조건을 일부 완화했지요. 했습니다. 그런데 애드센스 광고와 관련한 수익 창출 조건은 기존과 동일하게 하고 슈퍼챗과 채널 멤버십, 유튜브 쇼핑 개설 등의 조건만 완화했는데요. 유튜브 쇼핑에 대해 크리에이터들이 좀 더 관심을 갖고 쉽게 시도해보게끔 하려는 의도로 읽힙니다.

유튜브 쇼핑의 사례를 하나 살펴볼까요? '신사용'은 자동차 리뷰 채널입니다. 차 리뷰를 하면서 멤버십용 유료 영상을 올리거나 자동차 관련 제품을 판매하고 있습니다. 인기 동영상을 보면 쇼핑몰 링크와 멤버십 가입 링크가 보입니다.

크리에이터는 자동차 리뷰를 하면서 자연스럽게 제품도 소개합니다. 리뷰하는 차에 어울리는 제품들을 추천하며 "이런 것도 써 보세요. 저는 이런 제품 써요"라는 내용을 함께 녹이죠. 자신이 구독하고 믿는 채널의 크리에이터가 추천을 하고 콘텐츠와 스토어의 제품이 서로 상관성도 높으니 구독자들의 구매 전환이 확실히 좀 더 쉬워졌습니다.

유튜브의 쇼핑에 대한 투자 확장에 대해서는 유튜브 파트너 프로그램(Youtube Partner Program, YPP)의 변화상을 차근차근 살펴보면 좀 더 잘 이해할 수 있습니다.

유튜브는 2007년부터 YPP를 도입해 크리에이터와 수익을 나누고 있습니다. 이런 수익 배분 프로그램을 통해 크리에이터들이 대거 유튜버로 입성하는 계기를 만들면서 플랫폼이 급성장했다는 것이 업계의 정설입니다. 그런데 언제부터인가 유튜브 플랫폼도 포화·정체되고 있다는 진단이 나오고 있죠. 유튜브의 움직임 속에서 내부적으로도 그런 문제의식을 갖고 있음을 짐작할 수 있습니다.

2022년부터는 크리에이터의 가입 자격 요건을 점차 완화하고 있습니다. 2023년 6월 중순에 새롭게 발표한 내용을 보면 수익 창출 조건에서 구독자 수는 기존 1,000명에서 500명으로, 그리고 지난 1년간 총 시청 시간은 4,000시간에서 3,000시간으로 낮췄습니다. 그 밖에 조회 수 기준도 있어 최근 90일간 쇼츠 조회 수 300만 회 달성을 내걸었고 총 시청 시간과 함께 한 가지 조건만 맞으면 YPP 가입이 가능하도록 했습니다.

2023년 7월 토머스 킴 유튜브 프로덕트 매니지먼트 매니저는 구글 본사에서 진행된 화상 인터뷰에서 지난 3년간 유튜브가 YPP를 통해 크리에이터에게 약 500억 달러(약 63조 3,100억 원)를 지불했다고 설명했습니다. 또한 전 세계 200만 명 이상이 YPP 프로그램에 가입해 수익을 창출하고 있으며 현재 유튜브 전체 채널 수는 3,800만~4,000만 개 정도 된다고 합니다.

3년 동안 지출한 63조 원을 기계적으로 나눠보면 1년에 약 21조 원 정도가 크리에이터의 몫이었다고 볼 수 있습니다. 금액이 결코 적지 않지요. 유튜브가 꾸준히 수익성 제고를 고민하고 있는 이유를 짐작할 수 있습니다.

유튜브의 수익이 높아지려면 다양한 크리에이터들이 활동을 하

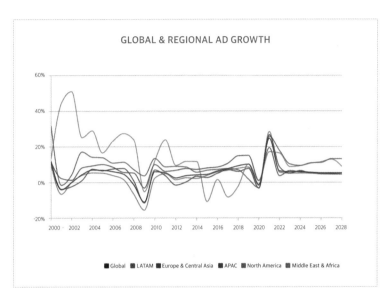

전세계 지역별 광고 성장률. 출처: groupM

고 신규 유입도 계속 늘어야 하는데, 오히려 새롭게 진입하려는 크리에이터가 줄어들고 있는 게 현실이죠. 뭔가 콘텐츠를 만들려고 하면 이미 유튜브에 다 있거든요. 늦게 시작해서 기존 크리에이터들을 뛰어넘을 수 없는 상황이고요. 그런 면에서 유튜브 쇼츠를 통해 새로운 진입을 돕거나, 쇼핑을 통해 수익성을 높여주는 방향으로 유튜브가 타개책을 찾고 있는 것으로 풀이됩니다.

다만, 쇼츠가 활성화하면서 상대적으로 기존의 긴 동영상(Long Form Video)의 시청 비중이 줄어들고, 그에 따라 광고 수익성이 떨어질 수 있다는 우려 때문에 유튜브 스스로는 긴장감이 높아 보입니다. 2023년 1월 동영상 콘텐츠 마케팅·저작권 관리 회사 콜랩아시아가 자

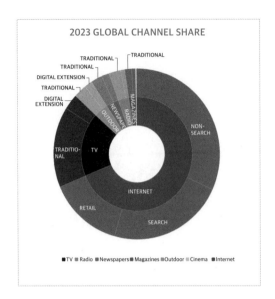

2023년 글로벌 광고 매체 비율. 출처: groupM

사 유튜브 채널 이용을 분석해본 결과, 전체 영상 조회 수의 88.2%가 쇼츠에서 발생했다고 합니다.

긴 동영상을 외면하는 이용자 행태가 강화된다면 유튜브로선 비상이 걸릴 수밖에 없을 것입니다. 실제로, 유튜브의 광고 매출 추이를 보면 2023년 1분기까지 연속 감소했습니다. 2분기에 다소 상승하긴 했지만, 광고 차단기 단속과 미국 유튜브 프리미엄 가격 인상에 따른 결과라는 평가가 많습니다. 즉, 근본적인 광고 수익 체력은 약화하고 있다고 판단되며, 쇼핑을 포함한 사업 다각화가 불가피해 보입니다.

유튜브가 커머스에 집중해야 하는 이유는 광고 시장의 포화에서도 찾을 수 있습니다. 북미권 글로벌 광고 시장을 보면, 2008년 경제위기가 왔을 때 떨어졌다가 조금씩 회복하면서 팬데믹 시기에 상승합니다. 사람들이 밖에 나가지 못하고 온라인에서 주로 활동하다보니 관련 광고가 당연히 증가했죠. 그런데 엔데믹 이후 광고 시장 예측은 정체 또는 약간 다운될 것이라는 전망이 우세합니다.

2023년 글로벌 광고 매체 비율을 보면, 디지털 분야가 거의 69% 가까이 차지하고 있는 것을 알 수 있습니다. 디지털 광고 시장이 커지고 있고 TV 광고 시장은 줄고 있다고 평가할 수 있지만, 조금 더 깊게 살펴보면 디지털 광고 시장도 이제 포화 상태에 이른 듯합니다. 그렇기 때문에 커머스로 시장 돌파를 하려는 것이고요.

Keyword 4 : Youtube in Livingroom
거실로 들어온 유튜브

팬데믹을 거치며 집 안에서 TV를 통해 공중파 방송과 OTT를 보던 사람들이 점점 더 큰 TV를 구입하게 되었습니다. 홈 시어터 같은 느낌을 주고 싶기도 하고, 별다른 오락이 없었던 점도 작용했죠.

우리가 거실 인테리어를 할 때 기준으로 삼는 것이 TV이죠. TV를 어디 놓을지에 따라 소파의 위치가 결정되죠. 대부분의 집에서 TV는 아직까지 거실에 자리 잡고 있고, 사이즈가 계속 커지고 있는 추세입니다. '거거익선', 즉 클수록 좋다는 말도 생겼죠. 이 TV는 미디어 콘텐츠와 무척 밀접한 상관성을 갖고 있습니다.

이제는 스마트 TV를 통해 가전 회사들도 광고 기반 무료 OTT를 운영합니다. 이를 FAST(Free Ad-Supported Streaming TV) 서비스라고 합니다. TV 기반 사업자군이 점차 다양해지고 있는 것입니다. 유튜브 또한 TV와의 상관성이 점차 커지고 있어요.

유튜브 디렉터 토드 뷰프레가 현재 전 세계에서 가장 많은 팔로워를 보유한 크리에이터 미스터 비스트와 대담을 나눈 적이 있습니다. 그는 유튜브의 변화상과 전망을 논하면서 TV로 유튜브를 보는 사람이 늘고 있음을 강조합니다. 물론 전체적인 점유율은 아직까지 모바일이 가장 높지만, 성장의 측면에서 볼 때는 스마트 TV가 계속 뚜렷한 증가세를 보이고 있죠.

사정이 이렇다 보니, 이제 유튜브 콘텐츠가 거실에서 스마트 TV를 보는 사람들의 시청 환경에 맞춰 준비되어 있는지를 체크하게 되었다고 합니다. 영상의 퀄리티와 규모에서 방송국과의 경계가 흐려지고 있는 셈이죠. 이런 측면에서 크리에이터들도 빅 스크린 콘텐츠를 만드는 게 시청자의 주목은 물론 플랫폼으로부터도 가중치를 더 부여받을 것입니다.

Keyword 5 : Niche & Anti Niche
사용자들이 원해야 의미가 있다

디지털 시대의 정보는 너무 많이 넘쳐나는 것이 문제인 듯싶습니다.

이전의 유튜브에선 차별성이 중요하며 니치(Niche) 전략을 강조해왔습니다. 그런데 현재는 너무 많은 정보가 범람하고 이로 인해 사람들은 자신에게 필요한 콘텐츠를 골라서 보는 상황을 넘어, 콘텐츠를 봐야 할 이유, 혹은 어떤 유튜브 채널을 구독하고 팔로해야 할 이유를 찾는 상황이 되었습니다.

유튜브에서 콘텐츠를 제공할 때 더 이상 블루 오션은 없는 것이죠. 자신만의 전문성을 갖고 경쟁이 낮은 콘텐츠 분야를 찾아서 채널을 만들고 조회 수를 늘려 이익을 얻겠다는 생각이 이제는 불가능해진 것처럼 보입니다. 너무나 흔한 정보 때문에 사용자들은 정말 필요한 정보가 아니면 쉽게 스킵하는 시대가 되었습니다. 오히려 일반적인 내용의 콘텐츠라 할지라도 구독자와 공고한 신뢰관계가 있다면 채널 성장의 가능성은 더 높아질 것입니다. 그런 측면에서 Anti-Niche 전략도 새로운 트렌드로 언급됩니다.

결국 이야기가 탄탄하고 재미있거나, 혹은 현실적으로 유용하거나, 인사이트를 주거나, 나아가 구독자 혹은 시청자와 공고한 신뢰 기반을 형성하고 그들이 원하는 의미 있는 가치를 제공할 수 있어야 채널은 성장할 수 있을 것입니다.

Keyword 6 : Be Vocal to Values
중요한 것은 진정성!

정보가 넘쳐나는 시대에 사람들은 그 가치를 따지게 되죠. 단순히 클릭 장사를 위해 콘텐츠를 만드는 것은 정보의 바다에 쓰레기를 투척하는 짓과 같습니다. 장기적인 관점에서 가치를 전달해줄 수 있으면 사람들이 그 콘텐츠를 좋아하고, 그 채널을 살펴볼 것입니다.

특히 앞서 소개한 것처럼 유튜브는 쇼핑을 활성화하는 데 상당히 공을 들이고 있습니다. 유튜브 기반으로 커머스가 활발하게 이뤄지려면 결국 크리에이터들이 얼마나 구독자들과 진정성 있게 소통하면서 신뢰 관계를 공고하게 구축했는지가 관건입니다. 쇼핑 자체가 목적이라면 포털이나 상거래 사이트에서 검색이나 리뷰 글을 참고하는 것으로 충분하기 때문이죠.

유튜브 크리에이터들이 오랜 시간에 걸쳐 구독자와 신뢰 기반을 구축하면, 브랜드와 제품에 대한 추천이 훨씬 자연스럽고 설득력 있게 전달됩니다. 상거래, 즉 구매 전환도 쉽게 일어나죠. 이 같은 현상은 이미 몇 년 전부터 계속 강화되어왔습니다.

크리에이터를 '인플루언서'라고 부르게 된 것도 이와 연관이 큽니다. 요즘은 유튜브 플랫폼에 견줄 웬만한 채널이나 콘텐츠가 널려 있을 정도로 많아서 말 그대로 포화 상태이며 정체 현상이 불가피해졌습니다. 그런 환경 속에서 '진정성'은 더더욱 채널의 차별적 경쟁력을 증빙하는 중요한 요소가 될 것이며, 그 비중도 계속 커질 것으로 예상됩니다.

Keyword 7 : Community & Experience
직접적인 소통이 새로운 성장 전략

유튜브는 이제 더 이상 일방적으로 콘텐츠만 전달하는 공간이 아닙니다. 서로 소통하는 상호작용성은 계속 중요합니다. 그 기반 위에서 채널 성장 및 수익 활동의 가능성도 열리고 있습니다. 일례로, 바네사 라우(Vanessa Lau)라는 유튜버는 창업자 교육 프로그램을 영상으로 만들어 수익화 모델로 삼고 있습니다. 유튜브 채널뿐만 아니라 홈페이지에서 1년짜리 교육 프로그램이나 3개월짜리 아카데미를 운영하기도 합니다. 이 프로그램들을 영상이나 쇼츠로 만들어 사람들의 관심을 집중시키고, 구독자를 모으고 있습니다.

유튜브 채널로 광고 수익을 얻거나 협찬을 통해 수익을 얻는 데에서 나아가 자신의 커뮤니티를 구축하고 사람들에게 좋은 경험과 지식 정보를 제공하는 크리에이터들이 늘어나는 추세입니다. 우리나라에서도 '안될과학'이나 '세상의 모든 지식' '허세미술관' 같은 채널에서 다양한 정보를 제공하며 커뮤니티를 만들고 있습니다. 특히 허세미술관 채널의 경우 구독자를 대상으로 미술 특강을 정기적으로 개최해 구독자들과 탄탄한 커뮤니티를 구축하고 있습니다. 앞으로 이런 경험과 결합된 커뮤니티 구축은 유튜브 크리에이터들에게 더욱 중

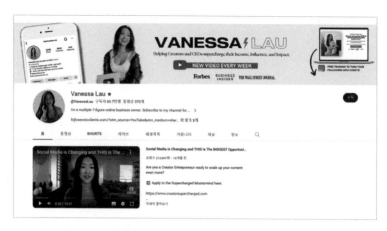

바네사 라우의 유튜브 채널.

요할 것으로 보입니다.

Keyword 8 : Video SEO matters again
다시 강조되는 최적화 작업

《디지털 미디어 인사이트 2023》에서 유튜브 트렌드를 정리하며 유튜브가 내놓은 챕터 기능을 소개한 바 있습니다. 요즘 유튜브 영상을 보면 하단에 구간별로 나눠서 타임 스탬프(Time Stamp)와 함께 각각의 소제목이나 태그처럼 색인을 붙여놓은 경우를 쉽게 볼 수 있어요. 좀 더 쉽게 원하는 정보를 찾을 수 있도록 도와주는 기능입니다.

동영상 콘텐츠의 단점은 선형적으로 정보를 전달하기 때문에 영상을 다 보기 전까지는 내가 원하는 정보를 찾기 힘듭니다. 이것을 챕터 기능이 많은 부분 해소해주었죠. 이제는 챕터 없는 영상은 보기가 답답할 정도입니다. 구글 검색 또한 동영상 결괏값을 보여줄 때 챕터 기능을 활용해 영상을 구간별로 나눔으로써 탐색 비용은 줄이고 정보 접근성을 높였습니다.

AI 기술의 발전은 일차적인 챕터 기능에서 한 발짝 더 나아가 영상내 음성 및 자막 등에서 텍스트를 바로 추출해내고 키워드를 분석하는 등 검색 연동을 훨씬 더 쉽게 해줄 것으로 기대됩니다. 그래서 AI 최적화 이야기가 나올 정도인데요.

AI 최적화란 텍스트와 이미지 기반의 디지털 자료 학습에서 나아가 동영상 콘텐츠를 학습하고, 이를 대화형 서비스로 제공한다고 가정할 때 검색 최적화(SEO)처럼 AI 서비스에서 적절하게 학습 및 노출이 이뤄질 수 있도록 하는 과정을 의미합니다. 그래서 유튜브 콘텐츠 SEO에 대한 노하우는 당분간 여전히 중요할 것입니다. 동영상 파일 이름과 제목, 태그 등의 SEO를 잘 잡아야 하고, 이 외에도 설명 글과 썸네일, 자막, 영상 중간에 들어가는 카드, 종료 화면 등을 해당 콘텐츠의 기획 및 메시징 의도에 맞게 최적화해야 합니다.

더불어 발전된 AI 기술은 새로운 영상 SEO의 흐름을 만들어줄 것입니다. 지금은 구체적으로 상상하고 예측하는 데 한계가 있지만, 영상 추천의 알고리듬이 AI 기반 서비스의 변화와 맞물려 훨씬 정교화할 것은 분명합니다.

Keyword 9 : Video Podcast
듣는 유튜브에도 주목하자

유튜브는 영상에서 음악을 아우르며 이미 보는 유튜브에만 머물지 않고 듣는 유튜브로 확장되었습니다. 요즘엔 '듣기'와 관련해 음악만이 아닌 팟캐스트까지 담아내고 있습니다. 현재 세계적으로 큰 팟캐스트 플랫폼을 살펴보면 스포티파이와 애플의 팟캐스트 등을 손꼽을 수 있어요. 미국의 성우 마켓플레이스 Voices가 최근 18세 이상 팟캐스트 청취자 1,002명을 대상으로 실시한 설문 조사에 따르면, 팟캐스트를 들을 때 가장 선호하는 플랫폼이 놀랍게도 유튜브로 나왔습니다. 인기가 상당하다고 해요.

유튜브도 그런 흐름에 발맞춰 뮤직 서비스 안에 팟캐스트 섹션을 만들었어요. 아직은 미국에서만 가능하지만, 유튜브를 통해 팟캐스트 콘텐츠를 소비하는 것이 더 편리해진 것이죠.

운동하면서 유튜브 재생 목록의 음악을 듣거나 유튜브 영상을 틀어놓고 일을 하는 경우도 늘었죠. 침착맨이 나영석 PD에 유튜브 강의를 하면서 자기 채널의 구독자가 많은 이유를 자신의 영상은 봐도 되고 안 봐도 되기 때문에 사람들이 그냥 틀어놓고 다른 일을 하기 때문이라고 했어요. 그 정도의 텐션과 내용으로 콘텐츠를 만들어 보라는 조언이었죠.

나영석 PD는 침착맨에게 배운 내용을 바로 써먹죠. 그래서 이서진, 차승원, 유해진 등 같이 방송한 연예인들을 불러 편하게 수다를

2023 인기 팟캐스트 플랫폼. 남녀 모두 유튜브를 가장 많이 사용하는 것으로 나왔다. 출처: Voices

떠는 영상이나 프로그램 PD들과 뒷이야기하는 영상을 힘을 빼고 만들어 올리는데, 조회 수가 매번 몇 십만에서 100만이 넘어요. 실제로 굳이 영상을 보지 않아도 틀어놓고 방송을 들으며 자기 일을 할 수 있죠.

유튜브 팟캐스트의 기능은 유튜브 프리미엄 서비스와도 연결됩니다. 중간에 자꾸 광고가 나오면 귀찮아서 결국 프리미엄 결제를 하게 만드는 역할도 합니다.

이제 사람들에게 구독 채널을 보는 방식은 상관이 없어지는 것 같습니다. 그 콘텐츠를 보거나 들으면 되는 것이니까요. 어떤 방식으로든 콘텐츠를 보면 되니까 다양한 구독자들이 이것을 쇼츠로 만들어라, 팟캐스트로 만들어 올려라, 영상으로 만들어라, 하고 주문을 하는 것이죠. 앞으로 많은 유튜브 크리에이터가 구독자들의 요청에 맞춰 다양한 형식으로 콘텐츠를 계속 확장할 것으로 보입니다.

나가며

2024년의 유튜브 트렌드를 예측하며, 2023년에는 크리에이터 이코노미의 성장이 뚜렷해지고 있음을 알 수 있었습니다. 그 바탕에는 유튜브가 강력하게 작용하고 있는 것으로 보여요. 골드만삭스의 자료에 따르면, 2022년 기준 크리에이터 이코노미 시장은 약 325조 원이라고 합니다. 2027년에는 현재보다 2배 이상 커진다고 전망하고 있어요. 물론 이 수치는 유튜브뿐만 아니라 메타버스나 게임 등 여러 매체 안에서의 창작 활동 수익까지 포함하는 것입니다만, 그만큼 크리에이터 이코노미가 무시할 수 없는 분야로 성장했다는 것을 알 수 있습니다.

더불어 AI 시대가 될수록 창의력은 오히려 더욱 중요해질 것으로 보입니다. 요즘 사람들이 이렇게 이야기하잖아요. 주니어 개발자는 필요 없다고요. AI를 활용하면 되니까요. 반면 AI가 만들어낸 결과물을 판별하고 검수할 수 있는, 그리고 AI가 원하는 방향의 결과물을 만들어내도록 기획할 수 있는 노련한 시니어 개발자가 더 중요해졌다고 이야기합니다.

그런 측면에서 콘텐츠에 AI를 적용할 때 이를 기획하고 검수하는

DMI 살롱에서 강연중인 김경달 대표

있는 능력, AI를 잘 다루는 역량이 중요하게 떠오를 것으로 보입니다.

2024년의 유튜브 트렌드 키워드를 정리하며, 유튜브가 우리 생활에 얼마나 깊숙하게 파고들었는지를 새삼 깨닫게 됩니다. 유튜브 플랫폼의 영향력에 대한 이슈, 독과점 이슈는 계속 제기될 것으로 보입니다. 2년 전 미국의 모질라 재단에서 유튜브의 투명성을 제고하라는 강력한 권고를 담은 'Youtube Regrets'라는 리포트를 발간했어요. 유튜브 알고리듬이 편향적으로 확장되면서, 사람들에게 안 좋은 정보를 지속적으로 제공하며 현실 생활에 영향을 미친다고 경고했죠.

전 세계 91개국 3,300여 명이 제출한 다양한 경험 중에는 유튜브 알고리듬이 추천한 무리한 다이어트 영상을 자주 접하는 바람에 거식증에 걸린 소녀의 이야기를 필두로, 자극적이고 선정적이고 편향적인 영상 추천 사례가 상당히 많았습니다.

모질라 재단은 현재 'Regrets Reporter'란 이름의 프로젝트를 이어가고 있습니다. 이 프로젝트는 동명의 브라우저 익스텐션 프로그램을 만들어 유튜브의 추천 영상 가운데 '클릭 장사'를 위한 유해한 콘텐츠들을 걸러내려 노력합니다.

EU에서는 유튜브 플랫폼 규제 이야기가 계속 나오고 있습니다. 독과점 이슈도 있고요. 규제의 관점에서 보면, 유튜브는 플랫폼과 크리에이터들의 수익성 강화를 위해 철저하게 상업적인 이유로 체류 시간을 늘리기 위해 현재 상당한 어뷰징을 하고 있습니다. 이 부분은 계속 문제로 제기될 것입니다.

'AI 모멘트(Moment)'라는 말과 함께 모바일 시대에서 AI 시대로 넘어가고 있다는 전망이 힘을 얻는 시점입니다. 그동안 텍스트와 이미지를 넘어 영상 중심으로 미디어 환경이 전환되어갈 때, 이를 주도해온 것이 유튜브였습니다. 하지만 이제 유튜브도 AI 시대를 따라잡기 위해 열심인 상황입니다. 앞으로도 AI 기술의 강점을 우리의 일상 생활 속으로 스며들게 만드는 강력한 기반 플랫폼으로서 유튜브는 계속 중요한 역할을 이어갈 것으로 전망됩니다. 우리 생활의 한 축으로서 유튜브가 이끌어낼 변화에 주목하면서 긍정적인 활용은 물론 적절한 견제도 필요할 것 같습니다.

04

Part

HAN JUNGHOON

AI와 스트리밍

엔터 테크 시대의
AI 개발과 접목

현재 미국이나 우리나라에서 엔터 테크가 각광을 받고 있다. 엔터 테크는 엔터테인먼트에 어떻게 더 부가가치와 몰입도를 높여서 소비자에게 더 잘 다가갈지를 모색하는 기술이다. 요즘 주목받는 AI도 그 중심에 있다. 다양한 분야에서 많이 적용되고 있고, 메타버스 쪽에서도 다양하게 활용 중이다. 지난 《디지털 미디어 인사이트 2023》에서는 주로 OTT 이야기를 많이 했었다. 이번에는 엔터 테크를 중심으로 AI를 풀어보려고 한다.

DIGITAL
MEDIA
INSIGHT
2024

한정훈

다이렉트미디어랩 대표

엔터테인먼트 테크놀로지(Entertain-
ment Technology) 전문 기자다. 현재 이
분야를 중점적으로 연구하며 글로벌 시장
에 소식을 전달하는 '다이렉트미디어랩'
을 이끌고 있다. 스트리밍, 새로운 뉴스 미
디어 포맷, 크리에이터 이코노미, AI, 메타
버스 등의 영역에 관심이 많다. 2019년부
터 1년간 미국 네바다주립대학교 레이놀
즈 스쿨 방문 연구원으로 활동하던 당시,
스트리밍이 커가는 순간을 포착한 책《스
트리밍 전쟁》을 펴냈고, 이후 팬데믹 기간
에 크리에이터 이코노미의 급부상을 기록
한《넥스트 인플루언서》를 출간했다. 테
크놀로지와 사람, 엔터테인먼트가 조화롭
게 사는 세상을 꿈꾸고 있다.

생성 AI의 투자 및 발전 전망

산업의 발전을 살펴보기 위해서는 그 분야에 대한 투자가 얼마나 이루어지는지 알아보는 것이 중요합니다. 2022년까지 생성 AI에 투자된 금액을 살펴보면, 2020년 2억 7,100만 달러에서 2021년에는 10억 5,000만 달러로 거의 5배가 늘었고요, 2022년에는 20억 7,000만 달러로 2021년에 비해 다시 2배 넘게 증가했습니다.

2023년 투자 총액은 더 늘어날 것으로 예상되는데요, 실제 2023년 상반기에 투자 붐이 많이 불었습니다. 미국에서 제일 많은 금액을 투자받은 스타트업 상위 10개 중 4개가 AI 분야 스타트업이었습니다. 이 4개의 스타트업이 전체 투자 금액의 70% 이상을 차지했죠. 그중 2개가 오픈 AI와 그 관계사였습니다.

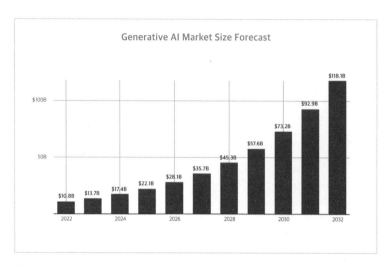

Generative AI Market Size Forecast

생성 AI 시장 규모 예측. 출처: PRECEDENCE RESEARCH

그다음은 생성 AI 가 어떻게 발전할지 예측한 표를 살펴보겠습니다. 생성 AI는 기본적으로 텍스트, 코드, 이미지, 비디오 등 4개의 분야에서 주로 적용되고 있습니다. 그것 때문에 생성 AI가 상당히 무섭다고 말하기도 하죠. 왜냐하면 인간이 생산하는 콘텐츠가 사실 이 4개 분야에서 크게 벗어나지 않기 때문입니다. 생성 AI는 도구인 동시에 사실상 생산자이기 때문에 많은 사람들이 두려워하는 것 같습니다.

표를 보면 빨간색, 주황색, 파란색 부분으로 나뉘어 있는데요. 빨간색은 아직까지 인간이 앞섰다는 걸 표시한 것이고, 파란색은 생성 AI가 기술적으로 인간을 넘어서는 시기를 예측한 것입니다.

첫 번째 항목인 텍스트는 2020년부터 AI가 확장되면서 2023년

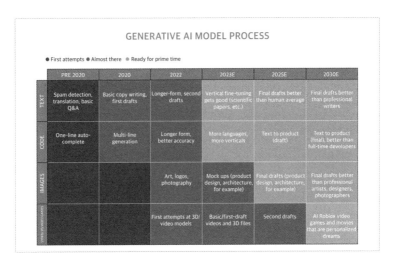

생성 AI 모델 프로세스. 출처: SEQUOIA CAPITAL

을 기점으로 AI가 인간을 넘어설 거로 예측되고 있어요. 국내의 뤼튼 테크놀로지 같은 업체에서도 거의 사람 수준의 언어를 구사하는 AI 를 통해 AI 채팅 서비스를 하고 있죠. 이는 마케팅 툴로 다양하게 활 용되고 있기도 합니다.

컴퓨터 프로그래밍 언어인 코드도 요즘에는 AI가 먼저 코드를 만든 다음 사람들이 검토하는 경우가 많습니다. 특히 학교나 기업 현 장에서 AI가 코드를 만들고, 사람들이 이를 활용해 재생산하는 경우 가 많습니다.

이미지는 2023년 다양한 생성 AI 이미지 제작 툴이 등장하면서 이슈가 되었죠. 엔터테인먼트 쪽에서 신경을 많이 쓰는 부분이 이미 지를 비롯한 비디오와 게임인데요, 이 분야도 2025년이면 인간을 넘어설 것으로 예측되고 있습니다.

2023년 상반기에 미국에서 가장 많이 투자를 받은 회사는 비디오 생성 AI 기업들이었습니다. 'GEN-2'라는 AI 도구를 만든 런웨이와 같은 회사가 대표적입니다. 텍스트를 입력하면 해당 내용의 동영상이 만들어지는 AI 툴이에요. 이 기업이 미국에서 투자를 가장 많이 받은 곳 중 하나입니다.

AI로 인해 가장 빠르게 진화하는 영역, 엔터테인먼트업계

엔터테인먼트 산업에 대해 이야기할 때 늘 빠지지 않는 것이 스트리밍 서비스입니다. 넷플릭스와 디즈니플러스 같은 스트리밍 서비스는 보고 싶은 영화를 찾아서 추천해주는 영역에서 AI를 적용하고 있죠.

현재 AI는 다양한 분야에서 활용되고 있는데요, 2021년 전 세계 28개국 16~74세를 대상으로 실시한 조사에서 AI로 인해 가장 진화할 것 같은 분야로 꼽힌 것이 교육과 엔터테인먼트 분야였어요. 그 뒤를 교통 분야가 차지했죠.

2022년 11월 챗GPT가 나온 이후 채 1년도 채 안 된 시점에서 마치 AI 세상이 된 것처럼 모든 이슈를 AI가 차지하고 있습니다. 이런 추세로 보면, 앞으로 AI가 적용되는 분야의 발전 속도는 점점 더 빨라질 것으로 보입니다.

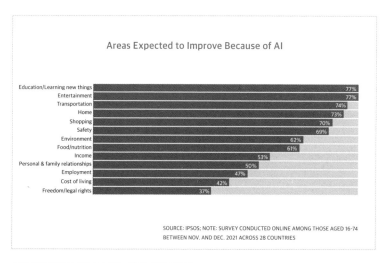

Areas Expected to Improve Because of AI

Area	%
Education/Learning new things	77%
Entertainment	77%
Transportation	74%
Home	73%
Shopping	70%
Safety	69%
Environment	62%
Food/nutrition	61%
Income	53%
Personal & family relationships	50%
Employment	47%
Cost of living	42%
Freedom/legal rights	37%

SOURCE: IPSOS; NOTE: SURVEY CONDUCTED ONLINE AMONG THOSE AGED 16-74
BETWEEN NOV. AND DEC. 2021 ACROSS 28 COUNTRIES

AI로 인해 진화될 것으로 보이는 영역. 출처: IPSOS

교육과 엔터테인먼트 분야가 AI의 영향을 가장 많이 받을 것으로 예상되는 이유는 뭘까요? 두 분야는 온라인 강좌나 스트리밍 서비스 등 기술을 통해 부가가치를 높여왔던 분야지요. 그러다 보니 새로운 기술이 나오면 대체 가능성이 높을 거로 판단됩니다.

세 번째는 교통이 차지했는데요, 쉽게 생각해보면 앞으로 AI가 교통의 흐름을 살펴서 도로가 막히지 않게 만들어줄 수도 있을 것이고요. 자율 주행 자동차의 경우도 AI 기술을 통해 더 고도화될 수 있을 것이고, 위급 상황에서 안전한 판단을 하게끔 도와줄 수도 있겠죠.

그렇다면 생성 AI는 어떤 일을 하게 될까요? 미디어와 엔터테인먼트 분야 AI 적용 사례를 살펴보겠습니다.

엔터테인먼트 쪽에서는 챗GPT를 기반으로 전반적인 작품 내용

미디어와 엔터테인먼드 분야의 AI 적용 사례

APPLICATIONS IN MEDIA & ENTERTAINMENT

	TEXT	IMAGE		VIDEO		
Generative Capability	Writing & Composition	Image & Art Creation	3D Models	Video Creation	Video Editing	Deepfake Video
Model Type(s)	Text-to-text	Text-to-image, image-to-image	Text-to-3D	Text-to-video	Text-to-video, image-to-video, video-to-video	Image-to-video, video-to-video
Companies & Tools	ChatGPT (OpenAI), Jasper (GPT-3), Claude (Anthropic), Bard (Google), Dramatron, NovelAI, Sudowrite	DALL-E2(OpenAI), Stable Diffusion (Stability AI), Midjourney, Imagen (Google), Make-A-Scene (Meta), GauGAN (NVIDIA)	GET3D (NVIDIA), DreamFusion (Google)	Gen-2 (Runway), Imagen Video (Google), Make-A-Video (Meta), Phenaki (Google)	Gen-1 (Runway), Vanity Dreamix AI (MARZ), Dreamix (Google)	Vanity AI (MARZ), Metaphysic, Voodoo, Flawless
Prompt Input	Natural language	Natural language, image and/or sketches	Image	Natural language	Video, video + natural language, or video + image	Video or video + image
Description	Generate, summarize, edit or translate text across multiple content purposes, prose styles and tones	Create photorealistic or artistic images in multiple styles: edit an image by inpainting (removing and or inserting new elements into a selected area), outpainting (extending image beyond original borders); generate variations of a source image; or combine concepts, attributes or styles of more than one image	Create high-fidelity textured 3D assets such as characters, animals, vehicles, or buildings	Create short videos from a text description	Edit video by inpainting (removing, replacing or modifying elements with a text prompt), outpainting (extending beyond frame), applying style or textures from an image or text prompt to a video or untextured render; creating variations of an existing video; and upscaling low-res footage	Replace or modify an actor's face with different expressions, facial features, lip or facial movements or another person's face
Use Cases	Creative writing (scripts, screenplays, books, poems, lyrics, jokes, speeches), newsletters, news (articles, newsletters, SEO copy), ads and marketing or communications copy (blogs, social media posts, emails, press releases)	Concept art, storyboards or moodboards for film, TV, animation, games	Asset modeling for games, metaverse worlds or film	Video production	VFX tasks like compositing and rendering; restoration of old film footage or game graphics	Visual effects like face swapping for actor aging, de-aging or revival (new performances by a deceased or unavailable actor); visual dubbing (synchronizing an on-screen actor's lip and facial movements with translated audio)

APPLICATIONS IN MEDIA & ENTERTAINMENT

	AUDIO			AVATARS & CONVERSATIONAL CHATBOT	CODE
Generative Capability	Song Lyrics	Music & Song Composition	Deepfake Audio	Virtual Beings & Entertainers	Code Autocompletion
Model Type(s)	Text-to-text	Audio-to-audio	Text-to-speech, speech-to-speech	Text-to-text, text-to-speech and/or text-to-video	Text-to-code
Companies & Tools	ChatGPT (OpenAI), Moises, WaveAI	Jukebox and Musenet (OpenAI), Dance Diffusion (Harmonai), AmperResemble AI, MARVEL.ai (Veritone) (Shutterstock) DeepComposer (Amazon), Boomy, Mubert, AIVA Endel, Amadeus Code	Respeecher, Deepdub, Papercup, Resemble AI. MARVEL.ai (Veritone), VALL-E (Microsoft), Amazon Polly, Lovo, Eleven Labs, Replica Studios, VoiceMod	Avatars-Soul Machines, AI Foundation, Synthesia; Text-interactive-Character.ai	Copilot (GitHub/Microsoft), Replit, Tabnine, CodeWhisperer (Amazon), ChatGPT (OpenAI)
Prompt Input	Natural language	Tags/selected presets, natural language, and/or audio	Speech and/ or video	Video, speech and/or natural language	Natural language, code
Description	Suggest song lyrics, including rhyming words and lines that follow a specific topic, structure (syllable count) and mood	Create, blend, autocomplete or refine music samples of novel melodies, instrumentation or other sonic elements, or adaptive soundscapes, customizable for specific moods, genre styles, or contexts	Create novel and naturalistic synthetic voices (singing or speech); replicate (Clone) the speech profile and pattern of a specific voice, modify or augment tone, timbre, pitch or emotional quality; edit narration (adjust diction or delivery, redact or insert words)	Create interactive talking avatars, celebrity digital twins virtualcharacters, influencers or companions or a conversational agents capable of dynamic dialogue and relevant or personalized responses in text, audio or video formats	Autocomplete or suggest relevant lines of code or code snippets across different programming languages
Use Cases	Song lyrics composition	Music, songs, soundtracks, scores or themes for audio streaming, film, TV, games, metaverse spaces, podcasts, social video or ads	Voiceover narration for film, TV, audiobooks, podcasts, news; voice dubbing in multiple languages for film, TV or other content that produces authentic accents while replicating the actor's original voice tone and expressivity or adding expressivity not present in the original	Hyper-realistic avatar versions of celebrities that can engage or engage with audiences in on-air or virtual appearances, performances or presentations; unique, responsive character identities in games, metaverse worlds or immersive experiences	Game development and animation

출처 : 버라이어티

을 구성한 후, 버티컬 AI 도구를 활용해 세부적인 이미지나 영상을 만들어내고 있습니다.

텍스트를 생산하는 생성 AI는 이미 사람, 즉 작가를 대체하는 상황이 나타나고 있어요. 보도 자료 작성 등 기능적인 영역을 넘어 창작의 영역에서도 활발하게 사용되기 시작한 것이죠. 2023년 미국에서 작가 조합과 배우들의 파업이 광범위하게 일어났는데, 그 핵심 이유가 바로 AI와 스트리밍 때문이었죠.

생성 AI로 인해 작가라는 직업이 사라질 수 있다는 위기감이 전에 없던 단결을 불러왔습니다. 그리고 거의 다섯 달에 걸친 파업은 대본 작업에 AI를 사용할 때 작가 보호 조치를 도입할 것이라는 약속을 받고 결국 작가들의 승리로 막을 내렸습니다.

현재 엄청나게 다양한 텍스트형 생성 AI 툴이 개발되어 출시되었어요. 그런데 AI를 크레딧에 올릴지 여부와 해당 작품의 저작권을 AI에게 주는 것이 맞는지 등의 쟁점이 불거지고 있죠. 저작권이 인정된다고 하면, AI에게 저작권료를 지불해야 하는 등 연쇄적인 문제가 발생하겠죠. 챗GPT는 물론이고 '소도쿠'라는, 각본을 쓰는 데 특화된 AI 도구도 있어요. 이렇게 할리우드에서는 AI를 작품 제작에 많이 활용하고 있는데, 그 사용 범위나 저작료 등의 이슈를 어떻게 정리할 지 고민이 이어지고 있습니다.

음악 분야에서도 생성 AI가 많이 적용되고 있어요. 작곡부터 작사, 편곡 등 모두 가능하죠. 이 중 가장 많이 활용되는 부분은 작사와 편곡이에요. 가수들도 이미 곡을 쓸 때 AI 도구를 많이 활용하고, 음

DMI 살롱에서 강연중인 한정훈 대표

악 믹싱 프로그램에도 AI가 적용된 상황이에요. 자신이 AI를 쓰고 있다는 걸 의식하기도 전에 이미 활용하고 있는 셈이죠. 음악 창작 과정에서도 기본적으로 생성 AI를 활용하고, 이후 곡을 발전시켜나가는 상황이 보편화됐다고 보면 될 것 같아요.

이렇게 많은 분야에서 생성 AI가 사람을 대체해가고 있는데, 의외로 적용이 더딘 분야가 있습니다. 디지털 휴먼 분야인데요, 사실 엔터테인먼트 분야에서 AI를 적용한다고 하면 처음에는 대부분 버추얼 휴먼, 혹은 디지털 휴먼을 이야기했었어요. 더구나 메타버스의 등장으로 개발 속도가 빨라질 것으로 예상했지요. 하지만 지금 버추얼 휴먼을 이야기하는 사람은 거의 없죠. 현재는 적용 속도가 제일 느린 영역이 됐습니다. 별도의 비즈니스 모델을 만들지 못해 가장 발전이 느리고 뒤처진 분야가 된 거예요.

우리나라 엔터테인먼트업계도 적극적으로 생성 AI를 활용한 비즈니스 모델을 개발 중이에요. 가장 앞서가고 있는 회사는 하이브이죠. 2023년 1월 수퍼톤이라는 스타트업에 투자해서 지분을 절반 이상 인수했는데요, 이 회사는 AI를 이용해 사람 목소리를 샘플로 새로운 노래를 부르거나 다양한 언어로 번역하는 보이스 클로닝(Voice Cloning) 기술을 확보했습니다. K-팝 콘퍼런스 현장에서도 미국 가수 이디나 멘젤이 부른 〈렛 잇 고〉를 가수의 목소리 그대로 일본어·중국어 등으로 변환 적용한 영상을 공개해 많은 관심을 얻은 바 있습니다. 이 기술을 가진 하이브는 BTS나 소속 가수들의 목소리를 활용해 K-팝 콘서트를 열 수도 있고, 오디오 드라마를 만든다거나 광고를 찍는데도 활용힐 수 있겠죠. 아이돌이 직접 시연하지 않아도 무한히 사용 가능하니 수익성 또한 높아질 겁니다.

포자랩스(Pozalabs)는 영화와 드라마, 광고 등에 삽입할 수 있는 AI 음악을 만들어내는 기술 기업입니다. CJ에서 투자를 많이 했습니다. 저작권 침해 우려가 없는 음악을 공급하는 것이 그들의 목표라고 합니다. 우리가 예능 프로그램이나 다큐멘터리 같은 콘텐츠를 제작해서 해외에 진출할 때 가장 큰 걸림돌이 음악 저작권 문제예요. 이 저작권 문제가 해결되지 않아 해외 진출을 못 하는 작품들이 많았는데, 포자랩스에서는 AI가 비슷한 톤의 음악을 만들어 이러한 저작권 문제가 없도록 해줍니다. B2B 비즈니스 모델을 갖고 있는 셈입니다. 포자랩스는 제일기획과 함께 삼성생명의 '좋은 소식의 시작' 광고 캠페인 배경음악(BGM)도 제작한 바 있습니다.

이렇게 AI 프로듀스 분야는 B2C 콘텐츠를 만들기도 하지만, 실제 비즈니스는 B2B 영역에서 더 활발한 상황임을 확인할 수 있습니다.

할리우드가 원하는 AI 인재의 조건

엔터테인먼트업계에서 다양하게 AI를 활용하다 보니, 현재 할리우드에서는 AI 관련 직종의 구인 공고가 많이 올라오고 있는 상황입니다. 대부분 데이터 엔지니어나 AI 프로듀서를 뽑고 있어요.

넷플릭스는 90만 달러의 연봉으로 AI 프로덕트 매니저를 구인하는 글을 올려 화제가 됐는데, 이 매니저는 시청자들의 새로운 프로그램 선택을 돕는 자체 알고리듬을 운영하는 '머신 러닝 플랫폼' 팀에 합류할 예정이라고 밝혔어요. 디즈니 역시 생성 AI 스페셜리스트를 구하고 있어요. 구직 사이트에서 AI를 쳐보면 디즈니가 다양한 분야의 AI 인재를 찾고 있는 걸 바로 확인할 수 있습니다.

소니 픽처스 엔터테인먼트(Sony Pictures Entertainment)를 보유한 소니는 '소니 AI 아메리카'라는 이름의 계열사를 운영하고 있어요. 소니의 경우 2020년부터 제품을 개발할 때 AI 활용으로 인해 일어날 수 있는 윤리적 문제를 미리 살펴 안전성을 확보하기 위해 AI 윤리 심사를 도입했습니다. AI 아메리카에서는 지금 AI 윤리 엔지니어(AI Ethics Engineer)를 찾고 있어요. 그리고 오픈 AI는 뉴욕대와 함께 AI 윤리 프

디즈니가 올린 구인 공고.
출처: 디즈니 공식 사이트

로그램 개발에 투자하기로 했습니다. 이렇게 AI 윤리 분야도 전문가들이 많이 필요할 것으로 보입니다.

아마존의 경우에도 스트리밍 서비스인 프라임 비디오에 AI를 접목하는 등 미디어 분야에 특화된 선임 프로젝트 매니저를 찾고 있다는 공고를 냈어요. 할리우드에서는 이처럼 다양한 분야의 AI 관련 전문가를 구인 중인데요, AI 매니저 채용 조건을 살펴보면 그들이 어떤 능력의 인재를 원하는지 알 수 있습니다.

그런데 넷플릭스는 AI를 활용한 거의 모든 것을 할 수 있는 사람을 찾는 걸로 보입니다. AI 데이터 마이닝부터 시작해 AI 마케팅까지 매우 광범위한 능력을 갖춘 인재를 원하거든요. 이는 넷플릭스도 아직 AI를 어떻게 써야 할지 모르기 때문입니다. 모든 것이 가능한 사람을 찾아, 수익을 더 확장할 수 있게 만들어 달라고 하는 것이겠죠. 결국 넷플릭스도 AI가 어떻게 발전해 나갈지 그 방향에 대해서는 아직 구체적인 이해가 부족하다는 이야기로 들립니다. 그런데 사실 이건 다른 엔터테인먼트 기업들도 마찬가지입니다.

현재 생성 AI는 거대 언어 모델 기반의 서비스가 많은데요, 이런 서비스들의 궁극적 목적은 텍스트를 활용해 만들 수 있는 '거의 모든 것'을 제작하겠다는 뜻으로 보입니다. 텍스트를 만들어내는 생성 AI로는 자연어 명령(Natural language Prompt)을 활용해 콘텐츠를 뽑아내는 것도 있고, 코드(Code)의 경우 자연어 명령이나 코드 콘텍스트를 입력 후 자동 완성시키기도 하죠.

이미지의 경우, 텍스트 프롬프트 혹은 특정 이미지를 이용해 원하는 이미지를 만들거나 변경시키죠. 여기까지는 우리도 많이 살펴본 생성 AI이고, 앞으로는 보이스, 음악, 비디오 등의 분야에서도 적극적으로 활용될 것으로 보입니다.

보이스의 경우, 기존 음성 오디오 또는 비디오 파일과 텍스트 스크립트가 특정 음성이나 노래 음성을 생성, 모방 또는 수정하는 식으로 활용되고 있고요. 음악은 특정 장르나 분위기 등을 느끼게 하는 멜로디 또는 효과음을 만들거나 작곡을 자동으로 하는 경우가 많아질 것으로 예상됩니다. 비디오 또한 당분간은 주어진 텍스트 프롬프트나 기존 비디오를 다른 비디오로 전환하는 식으로 활용될 것이고요.

현재 생성 AI는 TV와 스트리밍 서비스, 스포츠, 라디오, 뉴스 등에 빠르게 접목되고 있습니다. 라디오의 경우 재난 방송을 AI가 담당하는 식인데, 기후변화로 인해 한국에서도 요즘 다양한 자연재해 상황이 벌어지다 보니 지역 방송사들이 생성 AI 보이스를 활용해 재난 방송을 하려는 곳도 있습니다. 뉴스의 경우에는 AI CNN을 만들겠다는 스타트업도 나온 상황이에요. 이와 관련해 각각의 분야를 조금 더 자세히 살펴보겠습니다.

영화 & TV와 AI, 특수 효과부터 애니메이션까지 AI로 제작

영화 & TV 분야 AI 기술

분야	AI 기술
각본 작성	챗GPT(OpenAI), 드라마트론(Dramatron, DeepMind), 노벨AI(NovelAI), 수도라이트(Sudowrite), 뤼튼 테크놀로지
텍스트	챗GPT(OpenAI)
2D 이미지	DALL-E 2(OpenAI), 스테이블 디퓨전(Stable Diffusion, Stability AI), 미드저니, Make-A-Scene(Meta)
3D 이미지	GauGAN, StyleGAN(NVIDIA), DreamFusion(구글)

영화와 TV 분야에서 AI는 광범위하게 활용될 예정입니다. 각본 작성(Screen Writing), 사전 제작(Pre-Production), 텍스트(Text), 2D 이미지, 3D 모델 등에서 다양한 AI 제품 개발이 이루어지고 있고요. 특히 초기

단계 창작의 프로세스를 강화하고 가속화하는 데 활발히 사용될 예정입니다.

영화 또는 TV 프로젝트에서 챗GPT 같은 텍스트 기반 생성 AI는 스토리 아이디어를 만들고 연구를 지원하거나 발전시킬 수 있는 도구를 제공해줍니다. 드라마트론은 주로 연극 각본을 쓸 때 많이 사용하죠. 얼마 전 드라마트론을 이용해 실제로 연극을 만들어 무대까지 올린 사례도 있습니다. 노벨 AI는 말 그대로 소설을 써주는 AI예요.

국내 기업인 뤼튼 테크놀로지는 주로 광고 카피를 많이 생산하는데, 2023년 6월 150억 원 규모의 시리즈 A 투자 유치에 성공했어요.

2D 이미지는 우리에게 잘 알려진 달리(DALL-E)나 스테이블 디퓨전, 미드저니 등의 도구가 나와있고, 이미 게임 배경이나 AI 캐릭터 등을 만드는 데 활용 중이죠. 국내에서 웹 소설 등의 표지를 AI를 활용해 만드는 경우도 늘고 있고요.

영화와 TV 분야에서 AI 활용은 처음에는 텍스트부터 시작해 2D 이미지를 활용하는 것으로 나아갔다가, 현재의 부가가치는 비디오에서 나오고 있는 상황이에요. 텍스트 명령을 비디오로 생성해주는 AI 모델은 글을 입력하면 지시대로 합성 비디오(Synthesize Video)를 만들어내는데요, 현재 메타나 구글 같은 빅테크 기업들도 개발에 참여하면서 스타트업들이 위협을 받고 있습니다.

빅테크 기업들은 크리에이터 이코노미를 활성화시키기 위해 숏폼 동영상을 쉽게 만들 수 있는 방향으로 기술을 개발하고 있어요. 유튜브 쇼츠나 릴스 영상을 만들 때, 다른 도구를 쓰기 위해 빠져나가는 것이 아니라 플랫폼 내에서 바로 제작할 수 있도록 기술 개발을 하는 중이죠. 크리에이터들은 창작의 기획만 맡고, 나머지는 AI가 담당하는 걸 목표로 삼고 있습니다.

1) AI와 배경 이미지

비디오 AI 전문 서비스 스타트업 중에는 런웨이라는 곳이 있습니다. 요즘 가장 많은 관심을 받고 있는 AI 스타트업 중 하나예요. 2023년 9월 텍스트 프롬프트로 동영상을 생성하거나 편집할 수 있는 비디오 AI 도구를 선보였습니다. 해당 도구를 활용하면 영상 속 배경을 바꾸거나 지저분한 물체를 없앨 수 있고, 인물의 동작 추적, 자동 자막 생성 등 동영상 편집도 가능하죠. 미국 뉴욕대학교의 예술대학원, 티시 스쿨(Tisch School)의 ITP(Interactive Telecommunications Program) 전공 졸업생들이 만든 솔루션인데요, 1,300억 원 이상의 투자를 받을 정도로 주목받고 있습니다.

2022년 엄청난 이슈와 인기, 그리고 영화제 수상을 거머쥔 〈에브리씽 에브리웨어 올 앳 원스〉는 화려한 VFX로 주목을 끌었는데요, 이 영화에 나온 특수 효과 대부분이 런웨이의 비디오 AI 도구인 'GEN-2'를 활용해 만든 것이었어요. 그 덕분에 촬영 비용을 엄청나게 줄일 수 있었다고 합니다.

2023년 6월에 나온 런웨이의 GEN-2 시연 영상을 보면 텍스트를 입력해 어떤 영상을 만들 수 있는지 살펴볼 수 있습니다. 정글, 정글과 물, 정글 속 폭포, 사막, 풀밭, 파도, 우주의 모습 등 모두 텍스트 입력

런웨이의 GEN-2 시연 영상. 출처: 런웨이 유튜브

만으로 필요한 영상을 만들 수 있어요.

할리우드 스튜디오들은 영화의 배경을 쉽게 제작할 수 있는 이러한 도구에 반색하는 분위기인데요, 예전에는 블루스크린으로 촬영한 후 관련 배경을 하나하나 그려 넣었다면 요즘엔 AI가 짧은 시간 안에 뚝딱뚝딱 만들어내니 당연한 듯합니다. 이제 AI는 블루 스크린과 버추얼 스크린을 대체하고 있습니다. 런웨이가 할리우드 스튜디오에서 투자를 많이 받는 것도 당연한 일이겠지요.

런웨이처럼 텍스트-이미지 변환 모델(Text-to-Image Model)을 이용해서 단편영화나 실험적 프로젝트를 만드는 시도는 계속 이뤄지고 있어요. 넷플릭스재팬에서는 단편 애니메이션 〈개와 소년(The Dog and the Boy)〉의 배경 이미지를 생성 AI를 이용해 만들었어요. 게임과 애니메이션에서 AI가 많이 쓰이고 있다는 이야기를 앞에서 했는데요,

일본 넷플릭스에서 AI를 활용해 만든 애니메이션. 출처: 넷플릭스 재팬 유튜브

이렇게 작가들은 캐릭터만 그리고 배경은 AI가 완성해주는 식인 거죠. 이 백그라운드는 손으로 그린 후 AI를 활용해 색감과 질감을 넣었어요. 라인은 사람이 그리되 배경은 캐릭터에 어울리게 AI가 넣은 것이죠.

이런 방식이라면 한국 콘텐츠에서도 로맨틱 코미디를 만들 때 등장인물을 AI로 대체해서 쓰는 날도 곧 올 수 있겠죠.

2) AI와 버추얼 아바타

비디오 AI를 활용하는 가장 일반적인 방법은 움직임이나 사람을 복제한 (혹은 닮은) 아바타를 만들어 이를 비디오 제작에 쓰는 거예요. 에이아이파크라는 국내 업체는 아바타가 뉴스를 제공하는 AI 기술을 선보였습니다. 텍스트로 뉴스를 입력하면 5분 안에 아나운서가 뉴스를

에이아이파크 소개 영상에 나온 뉴스 앵커 아바타. 출처: 에이아이파크 유튜브

읽는 영상이 만들어지는 식입니다. 따로 방송 장비를 갖고 녹화할 필요가 없는 거죠. 에이아이파크에서는 이 템플릿을 언론사에 제공하고 있다고 합니다. 여성 아나운서의 이미지는 스톡 이미지 사이트를 이용한 것이라서 말하는 게 약간 어색한데요, 앞으로 이 부분을 개선한다면 이제 방송 장비는 물론 아나운서 없이도 뉴스를 송출하는 것이 가능해지는 시대가 올 것으로 보입니다.

비디오와 오디오를 결합해 콘텐츠를 만들어주는 비디오 AI 스타트업 회사도 많이 생겨나고 있어요. 2017년에 설립된 신세시아라는 영국 AI 스타트업은 사용자들이 버추얼 아바타로 120개의 텍스트 언어를 활용해 전문 비디오를 만들 수 있는 툴을 제공하고 있어요. 참고로, AI 기반 영상 제작업체 중에는 영국 기업들이 제법 많고 두각을 나타내고 있습니다. 주로 딥페이크를 이용해 목소리를 입히는 업체들

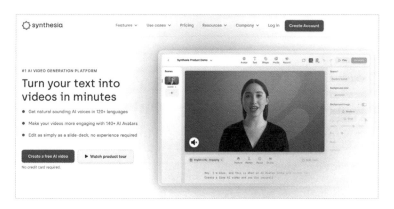

신세시아 공식 홈페이지

이죠. 아무래도 영화에서 많이 활용할 수 있는 기술이에요. 신세시아도 영화 시장이나 기업용 B2B 시장을 타깃으로 삼고 있다고 합니다.

B2B 활용의 대표적 예는 다양한 언어로 변환해서 해외 시장 개척에 쓰는 경우입니다. 이를테면 한 기업이 해외 진출을 하기 위해 프리젠테이션 자료를 만들어 시연한 뒤, 이것을 AI 도구를 활용해 다른 나라 언어로 바꿔주는 방식인 거죠.

신세시아는 생체 인식 보안을 뚫었다는 이유로 관련 스타트업 사이에서 더욱 유명해졌어요. 은행의 음성 인식은 100% 뚫었고, 아이폰의 페이스 아이디도 뚫었죠. 가장 어려운 것이 줌 회의였어요. 기자가 자신의 아바타를 넣었는데 여기서 걸렸죠. 현재 AI 디지털 휴먼은 아직까지 좌우로 15도 이상 고개를 돌리기 힘들다고 합니다. 고개를 자유자재로 돌릴 수 있게 하려면 제작 비용이 아주 많이 들기 때문이죠.

그래서 얼굴을 너무 안 움직이는 바람에 아바타가 걸린 것이죠.

3) AI와 디지털 휴먼

소울 머신(Soul Machines)은 디지털 휴먼과 메타버스의 부활을 이끄는 대표 AI 기업이에요. 사실 디지털 휴먼이 사람과 너무 똑같으면 오히려 어색하고 불쾌한 느낌이 듭니다. 이것을 언캐니밸리(Uncanny Valley, 불쾌한 골짜기)라고 하는데, 그래서 게임 캐릭터도 리얼리티를 살리되 사람과는 살짝 다른 느낌을 주게 만듭니다. 소울 머신은 AI와 애니메이션 기술을 결합해 새로운 차원의 디지털 휴먼을 만들고 있어요. 이 가상 인간은 자연스럽지만 애니메이션 느낌을 가진 것이 특징이에요. 유명 셀럽들의 디지털 휴먼부터 메디컬, 유통 등 다양한 영역에서 활동하는 가상 인간도 제작하고 있죠. 그러다 보니 B2B 영업을 많이 하고 있습니다.

AI는 점점 더 일반 직원들을 대체할 것으로 보입니다. 디지털 트윈(Digital Twin, 물리 세상을 그대로 가상공간에 반영해 만든 모델)이 산업적으로도 다양하게 활용되며 AI 디지털 휴먼이 쓰일 것으로 보이고요. 디지털 휴먼은 모든 인종으로 표현이 가능하기 때문에 고용 이슈도 없고, 음성도 합성 보이스라서 다양하게 사용할 수 있지요. 법률 회사와 유통 회사 등 CS를 담당하는 곳에서는 바로 적용할 수 있는 기술이기도 합니다.

이전에는 디지털 휴먼을 만드는 데, 보통 3,000만 원 이상이 들었다고 하는데요, AI 기술을 통해 제작비가 거의 10분의 1 수준으로

소울머신 홈페이지 메인 화면

줄었습니다. 그만큼 앞으로 일상에서 많이 활용하게 될 것으로 보입니다.

지금까지 개별 기술을 갖고 있는 AI 서비스를 살펴보았는데요. 영화나 TV 같은 프로그램을 만들 경우 아무래도 각각의 기술을 따로 적용할 때 어려운 점이 생기게 마련이죠. 그러다 보니 요즘에는 아예 한 프로그램에서 모든 게 다 가능한 AI 편집 툴이 나오고 있는 상황입니다.

가장 앞서가는 기업은 어도비입니다. 2023년 5월 어도비는 생성 AI를 적용한 새 포토샵 버전을 일반에 공개했는데요, '파이어 플라이'라는 이 프로그램은 텍스트 프롬프트로 이미지에 원하는 항목을 추가 또는 제거하거나 크기를 확장할 수 있는 것이 특징이에요.

생성 AI는 이미 메이저 영화와 TV 프로젝트 후반 작업(Post-production) 과정에 투입되고 있습니다. 버라이어티에서는 "AI의 업무

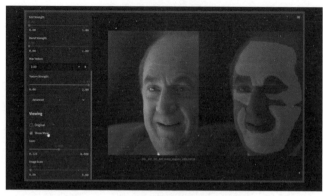

MARZ의 할리우드용 배니티 AI VFX 솔루션 공개 영상 이미지.
출처: 비즈니스와이어 유튜브

능력은 간혹 사람을 뛰어넘는다. 생성 AI는 이들 영역에 노동과 시간 집약적(Labor and Time-intensive Post-production Work)인 새로운 효율성을 만들어주고 있다"고 했는데, 실제로 AI를 이용해 작업 시간을 획기적으로 앞당겼죠.

　　MARZ(Monsters Aliens Robots Zombies)라는 기업이 만든 배니티(Vanity) AI 툴이 있는데요, 콘텐츠 제작 전 과정에서 AI VFX를 적용한 것이 특징입니다. 최초 기획 단계에서부터 VFX 제작, 촬영까지 모든 과정을 AI의 도움을 받아 완성하게끔 지원한다고 합니다. 특히 나이 든 배우를 써도 회춘한 느낌의 젊은 마스크로 바꿔주는 기술이 주목받고 있는데요, 전체 영화에서 시간에 따라 배우의 모습을 자연스럽게 변화시켜줌으로써 배우의 외모에 일관성을 주지요. 지금은 주름을 제거할 뿐만 아니라 얼굴의 해부학적 구조를 변경해 배우를 최소 30년은 젊어지게 할 수 있는 기술로 고도화하기 위해 개발에 박차를 가하고 있다 합니다.

스트리밍과 AI, 정교한 이용자 데이터 분석을 활용한 맞춤 추천 활성화

이제 AI가 OTT 스트리밍에 어떻게 적용될지 말씀드리려 합니다. OTT들이 AI를 활용하려는 이유는 크게 두 가지입니다. 비용을 줄이는 것과 고객을 오랫동안 잡아둘 수 있게 하는 것이죠. 아직까지 할리우드 OTT 중에는 HBO처럼 사람이 직접 추천을 하는 서비스가 있거든요. 하지만 AI 기술이 더 발달하고, 스트리밍 서비스에 접목되면 유료와 무료 스트리밍뿐만 아니라 FAST(Free Ad-Supported Streaming, 광고 기반 무료 스트리밍), 실시간 채널, VOD도 AI로 인해 변화할 것으로 예상돼요. 특히, FAST에 결합된 AI는 스트리밍의 진정한 장점을 실현하는 핵심 요소가 될 것으로 보입니다. AI가 사용자의 시청 취향을 파악해 그에 맞는 광고를 추천하며, 광고와 관심사의 연관성을 크게 향상시킬 수도 있고요.

개인 신상 정보가 필요한 서비스와 그렇지 않은 서비스의 핵심적인 차이는 세대에 기반한 광고를 할 수 있느냐 여부인데요, 로그인이 필요한 구독 스트리밍의 경우 AI가 통합되면 보다 정교한 세대와 지역 기반 광고 서비스가 가능할 것으로 보입니다. 특히 구독자가 포화된 상태에서 새로운 돌파구를 찾아야 하는 OTT 서비스 기업들은 더욱 적극적으로 이런 AI를 활용할 것으로 예상됩니다.

OTT 서비스에 AI를 적용할 때의 장점 중 하나는 최소한의 개인 정보로 최대 효과를 얻을 수 있다는 것입니다. 사용자 선호도와 행동(User Preference and Behavior) 기반 머신 러닝 및 AI 기반 알고리듬을 통해 로그인이나 다른 개인 장벽을 설정하지 않아도 광고 시청자를 특정할 수 있고, 이들에게 개인화된 수준의 자료를 제공할 수 있기 때문입니다.

로쿠(Roku)에서는 광고주 설명회 뉴프론츠에서 브랜드들이 자동으로 모든 영화나 쇼 관련 장면에 광고를 할 수 있게 하는 AI 기반 콘텍스트 기능을 선보였습니다. AI 노출은 2023년 내에 선보일 예정이며, 로쿠 라이브러리에서 브랜드 메시지와 일치하는 주요 줄거리 장면을 검색한 다음 실시간으로 광고를 게재할 예정이라고 합니다.

AI가 탑재된 SVOD(Subscription Video On Demand, 정기 구독형 VOD)와 AVOD(Advertising Video On Demand, 광고 구독형 VOD)는 개인 선호에 이어 시간과 장소, 계절에 따른 추천을 별도 조사 없이도 가능하다는 점이 특징입니다. 시청자가 일반적으로 연중 혹은 특정일에 시청하는 콘텐츠 종류 같은 추가적인 선호도 조사를 굳이 하지 않아도 알게 되는 것이죠. 다시 말해, 광복절이라고 기계적으로 광복절 관련 콘텐츠를 추천하는 것이 아니라, 내가 광복절에 어떤 느낌의 콘텐츠를 물어보면 이들을 조합해 가장 최적화된 콘텐츠를 추천해준다는 거예요. 어떤 고정된 알고리듬이 아니라 연중 매일 바꿀 수 있는 것이 AI의 특징이죠. 이 기술은 할리우드 스튜디오, 특히 넷플릭스가 지금 가장 앞서서 연구를 진행하고 있고요. 아마존 프라임은 알렉사에 AI를 탑재해 음성으로 이용하는 사람들의 성향을 파악해서 알고리듬에 맞는 뉴스를 제공하는 걸 연구하고 있죠.

앞으로 FAST 서비스에서 AI 추천(Recommendation)의 가치는 극대화될 것으로 보입니다. 그 이유는 FAST 제공 콘텐츠와 채널 수가 계속 늘어나기 때문인데요, 현재 미국에서 FAST 플랫폼별로 제공하는 채널 수는 40개에서 400개에 달합니다. 그만큼 많은 채널과 콘텐츠 때문에 자신이 보고 싶은 콘텐츠를 찾기가 더 어려워지고 있어서 추천의 중요성은 더욱 커질 것입니다.

우리나라에서도 유튜브를 TV로 보는 경우도 많고, IPTV를 통해 여러 채널을 시청하기도 하는데요, 구글TV에는 800개의 FAST 채널이 있고, 삼성TV플러스에는 310개, 플루토TV 347개 등 채널이 엄청나게 늘고 있어요. 이렇게 채널이 너무 많은 환경에선 검색조차 힘들게 마련입니다.

AI의 거대 언어 모델(LLM)은 계속해서 시청자의 기호와 서비스가 제공하는 콘텐츠를 업데이트할 수 있다는 점이 특징이에요. 즉, 사람이 구분하는 알고리듬을 넘어설 수 있는 것이죠. 그래서 결국 사용자가 특별히 설정하지 않아도 AI는 이용자가 원하는 채널을 찾아서 그것만 서비스해줄 수 있습니다.

그래서 앞으로 스트리밍 서비스에서 가장 중요한 것은 AI 기반 개인 맞춤형 추천이 될 것으로 보입니다. 이것을 AI EPG(Electronic

플루토TV에서 서비스하
고 있는 라이브 채널들.
출처: 플루토 홈페이지

Program Guide)라고 하는데요, 그 이유는 AI EPG를 통해 FAST 이용
시간을 늘릴 수 있기 때문이에요. AI는 개인별 취향에 맞는 콘텐츠를
심지어 시간대별로 다른 콘텐츠를 추천하면서, 여기에 맞는 여러 광
고를 포함시킬 수 있죠.

OTT 프로그램의 확산을 도와주는
AI 더빙의 증가

스트리밍 서비스 사업자들의 해외 진출이 늘어나자, AI 더빙(Dubbing)
에 대한 수요와 공급도 늘고 있습니다. AI 더빙의 핵심은 특정 언어
콘텐츠를 다른 언어로 변환하는 테크놀로지예요. 처음 자동 더빙 기

소난틱에서 재현한 〈탑건: 매버릭〉에 나오는 발 킬머의 목소리. 출처: 소난틱 유튜브

술이 등장했을 때는 기계음의 톤이 문제였어요. 기계음은 듣는 시청자들을 불편하게 만들었죠. 그러나 머신 러닝 기술은 이런 장벽을 없앴습니다. AI 생성 보이스에는 두 가지 방법이 있어요. 기존의 목소리를 변환해서 만들어내는 것과 새로운 합성 목소리를 창조하는 것인데, 요즘엔 둘 다 사람의 목소리에 가까워서 자연스러워졌어요.

소난틱이라는 기업은 AI 보이스 클로닝(AI Voice Cloning)이라는, 배우들의 실제 음성에 기반한 '합성 목소리'도 자연스럽게 만들어내는 기술을 갖고 있어요. 〈탑건: 매버릭〉이라는 영화를 보면, 옛날에 함께 연기한 배우 발 킬머가 나옵니다. 그런데 이 배우가 현재 후두암을 앓아서 목소리를 내기 힘든 상황입니다. 소난틱에서는 발 킬머의 목소리를 AI로 자기학습 시켜 배우의 대사를 연기하게끔 만들어줬어요. 이 기술로 소난틱은 스포티파이에 인수되었죠. 그리고 스포티파이는 소난틱과 같이 AI DJ 서비스를 출시했어요.

페이퍼컵(Papercup)이라는 스타트업은 더빙을 위한 합성 인간 보이스를 만들어내는 AI 기술을 갖고 있습니다. 어떤 언어로도 영상 콘텐츠를 볼 수 있게 하는 것이 목표죠. 특히 유튜버 미스터 비스트(Mr. Beast)가 자신의 영상을 다양한 언어로 만들어 서비스하는 데 쓰였습니다.

미스터 비스트 채널은 현재 전 세계에서 두 번째로 많은 1억 6,300만 명의 구독자를 갖고 있죠. 미스터 비스트는 자신의 플랫폼 확장을 위해 영상을 해외 버전으로 만드는데, 단순히 자막만 올리는 것이 아니라 다른 외국어로 더빙한 영상을 시청할 수 있게 제공하고 있어요. 자신의 목소리로 소개를 하니, 외국어라고 해도 더욱 실감나게 영상을 즐길 수 있는 강점도 있고요. 이렇게 AI 더빙 기술은 크리에이터들이 시장을 넓혀가는 데 크게 기여할 것으로 보입니다.

딥페이크 기술로 더욱 다양해질 스트리밍 산업

플로리스(Flawless)라는 기업은 원본 촬영 후 배우들의 입 움직임과 얼굴 표정을 편집하는 딥페이크 스타일의 편집 도구를 서비스하고 있습니다. 이 회사 솔루션의 기본 가격은 분당 20달러 수준으로 무척 저렴한 것이 특징입니다. 오남용을 막기 위해 라이선스보다는 완제품을 공급하고 있지요. 시리즈 A에서 2,000만 달러를 투자받았는데, 영국

스카이와 가디언 미디어 그룹도 참여했습니다.

사실 딥페이크 기술 도구들은 많습니다. 이 회사의 비즈니스 모델은 각 나라의 수위에 맞춰서 언어를 만들어 입혀준다는 데 있어요. 조금 더 거친 언어가 통용되는 국가가 있고, 안 그런 국가도 있잖아요. 그런 차이점을 고려하면서 자동으로 더빙해준다면, 더 다양한 국가로 콘텐츠를 수출할 수 있겠지요. 실제 플로리스는 성인 등급(R) 영화 〈가을(Fall)〉을 AI 도구를 통해 13세 등급으로 전환시키기도 했습니다. 특정 단어를 키워드 설정을 통해 순화된 단어로 바꿔 등급 기준을 낮춘 거죠.

원더 다이내믹스는 AI로 이전 영상에서 몸짓과 특징을 추출해 움직이는 새로운 피사체를 만들어내는 기술을 선보인 스타트업이에요. 지금까지는 사람이 아닌 캐릭터를 만들 때 먼저 배우가 모션 캡처를 통해 연기를 하고 그 위에 이미지를 입히는 식이었다면, 여기서는 그런 번거로운 과정을 생략하고 앞선 영상 내 모습을 따서 전혀 새로운 캐릭터를 입힐 수 있는 것이죠. 그래서 거리를 걸어가는 사람이 있다고 할 때, 이 사람을 괴물로도, 로봇으로도, 다른 어떤 것으로도 바꿔서 같은 장소를 걸어가게 만들 수 있습니다. 그런데 이 솔루션은 B2B가 아니라 개인도 쉽게 만들 수 있도록 지원하고 있습니다. 그래서 이젠 굳이 전문 업체에 맡기지 않아도 필요하다면 개인이 혼자 직접 변환 처리 작업도 할 수 있게 되어가고 있습니다.

이 솔루션이 처음 소개된 곳은 미국의 사우스 바이 사우스 웨스트라는, 크리에이터들이 많이 참여하는 행사였어요. 여기서 크리에이

플로리스의 AI 더빙 시연 영상. 출처: 플로리스 유튜브

터들을 대상으로 혼자서 영상을 만드는 과정을 시연했는데요, 실제 인물의 움직임을 따서 작업하기 때문에 무척 자연스럽고, 영상 제작 시간을 확실히 줄일 수 있어 호응이 컸습니다. 아울러 버추얼 아바타를 사용하는 크리에이터들 또한 좀 더 자연스럽게 움직이고 이야기하는 영상을 만들 수 있게 될 것 같습니다.

다양한 비디오 AI 기술이 나오자 할리우드 연예 스튜디오들은 긴장감을 갖고 여러 가지 제약을 걸기 시작했어요. 배우들의 얼굴이나 목소리가 모두 자산이자 로열티 상품인데, 이것을 비슷하게 만들어서 누구나 마구 쓰게 되면 실제 배우들이나 스튜디오, 매니지먼트사의 수입은 줄어들 것이 뻔하기 때문이죠.

이런 제약을 아예 파트너십을 체결해서 돌파하려는 업체도 생기고 있습니다. 생성 AI 회사 메타피직(Metaphysic)은 2023년 2월 할리우

원더다이내믹스의 AI 버추얼 아바타 제작 시연 영상. 출처: 원더다이내믹스

드 연예 기획 에이전시 CAA(Creative Artists Agency)와 전략적 파트너십을 체결했는데요, 메타피직은 유명 TV 프로그램 〈아메리칸 갓 탤런트〉나 톰 크루즈의 특징을 담은 딥페이크 영상으로 명성을 얻은 회사입니다. CAA는 우리나라로 치면 SM엔터테인먼트 같은 큰 에이전시라고 볼 수 있어요. 두 회사는 메타피직의 AI 노화 방지 툴(AI De-aging Tool)인 'Metaphysic Live'를 톰 행크스와 로빈 라이트가 출연하는 미라맥스의 차기작 〈히어(Here)〉에 적용하기로 했습니다.

AI 딥페이크 기술이 발달하면서, 배우들과 계약을 할 때 AI 활용부분까지 조항에 넣는 경우가 늘어나는 것도 새로운 트렌드입니다. 스튜디오들은 AI 딥페이크 영상이 돈이 되기 때문에 일괄 위임을 받고 싶어 하죠. 하지만 배우들은 이 유사성 부분에서 자기의 권리를 갖고 싶어 합니다.

DMI 살롱에서 강연중인 한정훈 대표

그렇다면 우리는 이런 물음을 던질 수 있을 것 같아요. 예를 들어 영화 각본을 쓸 때 AI가 참여했다면, 크레딧에 AI를 넣는 것이 맞을까요?

할리우드에서는 이미 AI 기반 창작이 확대되고 있어요. 각본과 촬영, 편집 등에서 사용하죠. 이는 막을 수 없는 흐름입니다. 미국작가협회(WGA)는 AI를 보조 작가로 쓰는 것을 허용했어요. 다만, 원천 자료로 인정하거나 엔딩 크레딧에 올리거나 저작권을 나눠주는 것은 금지했죠.

AI 제작 솔루션 드라마트론의 개발사 딥마인드는 2022년 12월 연극이나 영화 작가들을 돕기 위한 AI를 공개했는데요. 드라마트론은 전체 스크립트(각본)를 만들어낼 수 있어요. 스크립트에는 제목부터 캐릭터 목록, 줄거리, 장면 요약, 위치 설명 및 대화 등이 포함되어 있고요. 사용자들은 생성 단계에 관계없이 글을 고칠 수 있고, 대안을 요청하거나 수동으로 글을 편집할 수도 있습니다. 2022년 8월 에드먼턴 인터내셔널 프린지 극장 페스티벌(Edmonton International Fringe Theatre Festival)에선 드라마트론 각본 연극이 무대에 오르기도 했습니다. 이에 AI 작가가 등장하고 작가라는 직업이 사라질 것이라는 전망까지 나와 2023년 미국에서는 다섯 달에 걸쳐 작가들이 파업을 하기도 하였습니다.

AI를 활용한 다양한 엔터 테크 서비스

스트리밍은 여러 국가에서 동시에 이루어지죠. 그러다 보니 프로그램을 만들고 공개하기까지 자막이나 더빙 등 후반 작업의 시간과 비용이 만만치 않습니다.

싱크워즈(SyncWords)라는 기업에서는 AI 더빙 상품을 내놓았는데, 사람이 사후 검수를 해주는 AI 번역 비용이 1분당 3.5달러 수준에 불과해 파격적입니다. 만약 완성품을 받기까지 3~5일 정도를 더 기다릴 수 있다면 비용은 1.95달러로 더 떨어집니다. 이 상품은 VOD와 라이브 스트리밍에도 적용 가능하고, 현재 100개 이상의 언어로 더빙과 자동 자막 처리가 가능하다고 합니다.

영상 편집을 할 때 가장 많이 사용하는 것이 어도비의 툴인데요.

어도비 프리미어 프로의 텍스트 베이스 편집 영상. 출처: Adobe Video & Motion

어도비에서는 최근 '프리미어 프로'라는 AI 편집 솔루션을 출시했습니다. AI를 이용해 텍스트를 자동 검색하고, 이를 중심으로 영상을 편집하는 기능을 탑재했죠. 텍스트 스크립트는 AI가 자동으로 영상에서 추출해 제작합니다. 영상을 편집할 때 가장 큰 문제가 원하는 구간을 찾기 어렵다는 것인데요, 이걸 글만 입력하면 다 찾아서 자동 편집을 해주는 거예요. AI 텍스트 편집 기능을 활용하면 단순 반복 작업은 컴퓨터에 맡기고 사람들은 보다 창의적인 업무에 집중할 수 있게 되는 것이죠.

　　미국 클리블랜드 지역의 미디어그룹 퓨투리(Futuri)는 생성 AI 기반 라디오 방송 플랫폼 라디오GPT를 개발했는데요, 이 프로그램은 미국의 시골 방송사들이 선호하고 있습니다. AI가 각본을 쓰고, AI 휴먼이 방송을 하고, AI가 재난 보도까지 합니다. 뉴스는 24시간 현장성이 살아 있어야 하는데, AI 방송 플랫폼 덕분에 사람이 없는 밤에도 방송을 쉽게 할 수 있어 지역 언론사에서 무척 좋아하고 있다고 합니다.

스포츠 중계에서 AI를 활용하는 사례도 있습니다. 생성 AI 왓슨 X(Watson X) 플랫폼을 보유한 IBM은 '스포츠 AI'에 가장 적극적이에요. 노아 사이켄(Noah Syken) IBM 스포츠 & 엔터테인먼트 협업 담당 부대표는 NBC와의 인터뷰에서 마스터즈 및 윔블던 경기와 함께 AI 해설을 만들어냈으며, 2023년 8월 US오픈에도 하이라이트와 경기 설명을 하는 데 AI를 사용한다고 밝혔습니다. 스포츠는 기록이 정확하게 남다 보니 이 데이터를 학습한 AI가 다양한 상황을 예측하고 결과를 분석할 수 있는 것이죠. 또한 경기가 끝나면 AI가 숏폼 영상을 편집해서 바로 올릴 수 있어요. 5분 안에 만들 수 있고요, AI가 바로 경기 분석을 해서 올리지요. 이런 속도이다 보니 경기가 끝나고 곧바로 콘텐츠를 이어서 확장하며 이슈를 끌어갈 수 있습니다.

CNN에서는 AI 뉴스를 선보였습니다. 채널1의 AI 뉴스는 단순히 AI가 만드는 뉴스를 넘어 모든 고객에게 맞춤형 뉴스 콘텐츠를 제공할 계획인데요, 거대 언어 모델을 통해 엄청난 속도로 학습하는 AI 특성상 기술적으로 '1인 1뉴스'를 구현하는 것은 어렵지 않습니다. 2024년에는 광고 기반 앱이나 비디오 플랫폼(Video Platform)을 통해 매일 500~2,000개 정도의 뉴스 코너를 공급할 계획을 갖고 있다고 합니다.

게임업계에서 AI의 활용은 다양하게 이루어지고 있습니다. AI 게임의 인기가 급증하면서, 인월드 AI라는 업체는 최근 투자 라운드에서 5억 달러의 가치를 인정받았어요. 디지털 휴먼을 만드는 업체인데, NPC에 AI를 접목해 각 캐릭터마다 인격을 부여한 것이죠. 그래서 게이머가 질문을 하면 그에 맞는 답을 해요.

디즈니에서 이 업체의 기술을 자사 비즈니스 모델에 접목시키려고 하는데, 영화가 끝난 후 가상의 캐릭터들이 관객한테 반응하며 이야기를 나누게 만드는 것으로 별도의 수익 모델을 창출하려 하고 있다고 합니다. 일방향의 영화가 아니라 쌍방향의 반응을 통해 콘텐츠에 보다 높은 몰입감을 주는 것이지요.

AI 엔터, 인간을 대체하기 보다는 변화시킬 것

지금까지 AI로 변화되는 엔터 산업의 면면과 이에 연결된 AI 기업들을 살펴봤는데요, 현재 AI는 인공지능에서 인간을 뛰어 넘는 증강 지능(Augmented Intelligence)으로 진화하고 있습니다. 가이드라인과 투명성이 담보된다면 AI는 매우 좋은 기술이지요. 특히 AI는 제작의 외부 위협 요소에서 필수 도구가 되어갈 것으로 보입니다.

현재 AI는 엔터테인먼트 산업을 가까운 데에서부터 변화시키고 있는데요, 여기서 핵심은 소비자들이 알아차리지 못하게 AI를 적용시키는 것입니다. 앞으로 엔터테인먼트 산업은 AI 기술을 활용해 또 다른 부가가치를 창출할 것입니다. 스튜디오뿐만 아니라 1인 크리에이터도 AI의 힘을 빌려 생산성이 높아지면서 다양한 상상력을 펼쳐 나갈 수 있을 것으로 전망됩니다.

Q. 강의 마지막에 AI가 들어가는 걸 보이지 않게 하는 것이 핵심이라고 하셨는데, 아무리 진보한다고 해도 작은 차이점을 분명히 느낄 수가 있을 것입니다. 그런데 그걸 극복하는 게 과연 목적이 되어야 하는지 궁금합니다. 저는 그 방향성이 맞지 않는 것 같거든요.

💬 한정훈

고민하시는 지점이 맞습니다. 실제와 똑같이 자연스럽게 만들기 위해 돈을 너무 많이 쓰지 않는 것이 맞죠. 그래서 대부분은 검색어라든지 제작 쪽에 AI가 많이 적용되고 있습니다. 말씀하신 부분은 디지털 휴먼 쪽에서 실제와 똑같이 구현하는 것으로 투자도 많이 받았는데, 현재는 그것보다 실제 인간을 바탕으로 이것을 보완하는 방향으로 AI 기술이 발전하고 있어요. 제가 말씀드린, AI가 숨어 있다는 걸 모르게 한다는 말은 나머지 촬영 작업에서 AI가 적용된 부분이 드러나지 않도록 감쪽같이 자연스럽게 만든다는 것이고요, 실제 인간을 그대로 복사하거나 넘어설 수는 없죠.

Q. 저는 그런 AI가 구현한 인물과 실제 인물이 공존할 것 같아요. 어정쩡하게 합성한 것이랑 약간 비슷한 것 등 그 자체로 하나하나 어떤 퀄리티를 갖고 갈 것 같습니다.

💬 한정훈

드라마트론이 AI 캐릭터를 사용하는 걸 보면 AI 캐릭터가 어떻게 활용될지 알 수 있을 것 같습니다. 미국은 시즌제로 드라마를 많이 만들잖아요. 그런데 시즌 중에 캐릭터를 죽이는 이유 중 하나는 계속 쓰려니 금액이 너무 많이 들어서 그런 경우가 종종 있거든요. 제작비를 줄이기 위해서요. 그런데 사람들은 그 캐릭터를 계속 보고 싶어 하니 AI 툴을 이용해 캐릭터를 움직이게 만드는 것이죠. 이런 식으로 필요한 캐릭터를 만들고 활용하는 데 함께 사용될 거로 보입니다.

05

Part

LEE SUNGMIN

AI와 콘텐츠 IP

생성 AI와 결합한 콘텐츠 IP
비즈니스의 탄생

키덜트라는 말이 사라졌다. 그 시절의 덕후들은 중년이 되어 관심의 폭을 넓혔다. 새롭게 떠오르는 2030세대는 자신만의 몰입을 위해 기꺼이 투자한다. 몰입하는 디깅의 시대. 콘텐츠 IP는 생성 AI를 만나 다양하게 뒤틀리고 더욱 확장될 것이다. 그 사이에서 비즈니스 기회를 잡아야 한다.

이성민

한국방송통신대학교 미디어 영상학과 교수

미디어-콘텐츠 정책 및 미디어 역사 분야에서 다수의 연구를 수행해왔다. 주요 관심 분야는 디지털 혁신의 확산에 따른 콘텐츠 산업의 변화다. 한국문화관광연구원에 근무하면서 콘텐츠 산업 현장의 변화를 정책의 언어로 담아내는 연구를 진행해왔으며, 현재는 한국방송통신대학교 미디어영상학과 교수로 재직하고 있다. 콘텐츠 산업, 한류의 변화와 관련해 한국국제문화교류진흥원, 한국콘텐츠진흥원, 한-아세안센터 등 공공 기관에 자문과 발표, 강의 등을 통해 참여해왔다. 대통령 직속 신남방정책민간자문위원단 자문위원, 한국방송학회 총무이사 등을 역임했다.

들어가며 :
콘텐츠 IP 비즈니스의 변화를 읽는 키워드

저는 《디지털 미디어 인사이트 2023》에서 콘텐츠 IP가 왜 중요한지를 다루었습니다. 현재 미디어는 액체 미디어(Liquid Media) 시대입니다. 미디어 비즈니스는 사람들의 '주목'을 핵심 자원으로 삼아, 이를 바탕으로 이익을 창출하는 전략을 취해왔는데요, 문제는 현재 미디어의 경계가 녹아내렸다는 점입니다. 미디어 자체보다 다양한 미디어를 '흘러 다니는' 콘텐츠 IP가 사람들의 주목을 이끌어내고 있지요. 이렇게 미디어의 경계가 녹아내린 액체 미디어 시대에는 콘텐츠 IP가 더욱 중요합니다.

사실 예전에는 미디어가 중요하다, 콘텐츠가 중요하다며 각각을

DMI 살롱에서 강연중인 이성민 교수

분리해서 보는 시각이 많았어요. 하지만 지금은 콘텐츠가 중요한 것을 넘어, 다양한 콘텐츠들을 통해서 최종적으로 사람들의 마음을 모아주는 일종의 브랜드로서 콘텐츠 IP가 중요해졌죠.

고정적이고 정형화된 고체 미디어 관점에서 현재의 콘텐츠를 바라보면 미디어를 넘어서 산업적 중요성을 키워가는 콘텐츠 IP의 가치를 발견하기 어렵습니다. 지금은 우리의 주목을 이끌어내고 참여를 만들어내는 단위들이 리번들링(Re-bundling) 되어가고 있는 상황이에요. 전통적으로 견고했던 미디어 체계가 해체되고, 영상도 다양한 유형으로 분화하며 숏폼 등으로 쪼개지고 있지요. 이제 사람들이 어느 미디어에서 무엇을 보는지 알기 어려운 상태가 되었어요.

이런 사람들을 묶어줄 수 있는 것이 IP입니다. 그것이 어떤 경로이든, 어떤 미디어가 되었든 사람들은 다양한 방식으로 콘텐츠에 관심을 갖게 되었죠. 그 과정에서 콘텐츠의 조각들이 가리키는 하나의 핵심 자산, 즉 콘텐츠 IP에 주목하고 관여를 높이게 됩니다. 이렇게 형성된 콘텐츠 IP와의 관계는 이후 IP를 활용한 다양한 비즈니스와 연결될 수 있는 핵심적인 무형의 자산이 되죠. 디지털 미디어의 빠른 변화 속에서 사람들의 주목과 관여를 포착하고 자산화, 사업화할 수 있는 핵심적인 단위로서 콘텐츠 IP에 주목해야 하는 이유입니다.

키덜트, 덕후에서 디깅으로

《트렌드 코리아 2023》에서는 '디깅 모멘텀(Digging Momentum)'이라는 트렌드를 이야기했습니다. 디깅(digging)은 '채굴' '발굴'이라는 의미예요. 해당 책에서는 요즘 젊은 세대들이 '과몰입'을 통해 자기를 찾고, 발견하고, 표현하고, 과시한다고 했습니다. 저는 이 의미가 콘텐츠 IP 측면에서 더 유용하겠다고 생각했어요.

콘텐츠 IP를 이야기할 때마다 늘 함께 다뤄지는 것이 '키덜트'입니다. 예전에는 자신이 좋아하는 캐릭터(IP)를 패션 등으로 드러내 표현하거나 노트북 액세서리, 휴대폰 같은 소품으로 활용하는 사람들, 혹은 관련 피규어 같은 상품을 적극적으로 소비하는 사람과 그런 문화를 일컬어 '키덜트'라고 지칭했어요. 하지만 저는 이것이 좋은 명칭은 아니라고 생각합니다. 키덜트를 직역하면 '애어른'인데, 무언가 미숙한 느낌이 들기 때문이에요.

이와 관련한 기사를 봐도 아직까지 '키덜트'에 대한 코멘트는 어린 시절 장난감을 안 사준 부모님 때문에 한이 맺혀서(?) 나이가 들어 자신이 직접 구매하는 사람들이라는 시각에 머물러 있는 상황이에요. 그런데 현실은 다릅니다. '오타쿠 문화'나 '키덜트 문화'에 거부감이 없는 세대가 벌써 40대에 접어들었어요. 즉, 우리가 '키덜트'라고 부를 만한 세대는 이미 나이가 들었고, 지금 경제력을 갖고 있는 주류 세대는 사실 모두가 키덜트인 시대가 된 것이죠. 오히려 이제는 키덜트를 넘어 각자 좋아하는 것을 파고드는 문화가 더 광범위하게 확장되는 중이에요.

현재 우리는 모두 디깅을 하고 있습니다. 트롯 분야의 아티스트 관련 팬덤 사례를 생각해볼까요? 임영웅의 팬덤, 미스터 트롯 수상 가수들의 팬덤은 이제 팬덤이 어느 세대만의 점유된 단어나 문화가 아니라는 것을 보여줍니다. 이렇게 엔터테인먼트 IP는 대표적인 디깅의 대상으로 부상하고 있어요. 디깅의 대상이 된 IP는 콘텐츠 소비를 넘어서 다양한 상품 및 서비스와 연계되어 영향력을 발휘할 수 있죠. 음악을 듣고, 공연에 참여하고, 굿즈를 구매하고, 관련 광고를 소비하는 식이죠. 이를 통해 콘텐츠 IP는 마케팅, 커머스와 함께 연결되어 강력하게 확장됩니다.

이제 IP(Intellectual Property)가 되기만 하면 이를 바탕으로 IP를 경험하는 사람이 생기며 커머스와 상품이 파생되고, 이를 디깅하는 사람들에게 판매 및 공유하는 시대가 되었습니다.

키덜트의 관점으로 콘텐츠 IP를 보면, 확장 가능한 상품과 서비스의 범위가 한정적일 수밖에 없지만, 디깅의 관점으로 콘텐츠 IP를 바라보면 훨씬 더 광범위하고 다양한 상품과 서비스로의 확장을 고려할 수 있지요.

자신의 '최애' 콘텐츠 IP를 드러내놓고 소비하는 걸 더 이상 부끄럽지 않게 생각하면, 훨씬 더 높은 비용을 지불할 의사가 필요한 산업으로의 확장이 가능해집니다. 포토 카드와 관련 굿즈를 구매하는 것에서 더 나아가 다양한 명품과의 콜라보가 나오면 이를 거부감 없이 소비하는 식이죠. 현재 많은 브랜드에서 이런 콜라보를 진행 중인데요, 이렇듯 콘텐츠 IP와 브랜드 IP의 경계가 사라지는 시대가 되었습니다.

예전에 아이돌 팬들은 HOT 팬이라면 평생 HOT만 추종해야 하는 부족 같은 느낌이 있었어요. 저는 IP를 토템처럼 이야기하기도 했죠. 예전의 덕후는 마치 신화 속 토템을 모시는 곰 부족, 호랑이 부족처럼 특정 아티스트의 상징을 들고 평생을 살아가는 것처럼 생각되었죠. 마치 풍선의 색깔로 특정 아티스트를 중심으로 그룹화되었던 것처럼요. 하지만 현재는 그 개념이 확장되고 바뀌었습니다. 한 영역에서는 이것을 파고, 다른 영역에서는 저것을 파는 식이죠. 이렇게 여러 개의 IP에 디깅을 하면서, 각각의 IP에 함께하는 사람들과 소통이 이루어집니다. 콘텐츠 IP가 남들과 자신을 구분하기 위한 수단에서 적극적인 소통과 연계의 수단으로 진화하고 있는 것이죠.

제가 콘텐츠 IP의 팬덤에 대해 연구할 때, 다양한 지역의 팬덤 문화 특징을 구분하는 논의를 검토한 적이 있어요. 예를 들어 미국의 덕후는 긱(Geek)으로, 일본의 덕후는 '오타쿠'라고 불러요. 이들은 팬덤이란 점에서 유사성도 있지만, 집단적 특징에서는 차이를 보이는 것으로 알려져 있어요. 일본의 오타쿠 문화가 조금 더 수집 행위나 개인화된 소비의 방식으로 대표된다면, 미국의 긱 문화는 매니악한 지식의 탐구와 세계관 중심의 연계 소비 등을 강조하는 방식이에요. 이러한 논의를 지금의 우리나라에 적용한다면 한국의 팬덤은 어떻게 볼 수 있을까 고민이 있었죠. 저는 한국의 팬덤 현상을 '디깅하는 사람들'이라고 정의하는 것은 어떨지 제안해봅니다.

한국의 디깅 문화에서 흥미로운 점은 디깅을 일종의 사람들과의 소통의 계기로 활용한다는 점이에요. 하나의 네트워크 수단으로서 디깅에 참여하는 양상은 젊은 세대로 갈수록, 20대로 갈수록 더욱 강해지고 있습니다. 가장 흔한 사례는 주제별 오픈 채팅방에 모여 함께 이야기를 나누는 것이에요. 디깅을 통해 사람들과 새로운 네트워크를 형성하고 교류하는 계기를 마련하는 것이죠. 이런 관점에서 보면, 디깅의 핵심 대상 중 하나인 콘텐츠 IP 역시 사람들의 커뮤니티의 형성에 기여하는 중요한 요소라고 볼 수 있습니다.

기존에는 '소셜' 미디어를 통한 연결이 중요했다면, 이제는 IP와 취향 중심의 연결이 더 중요해지고 있습니다. 이는 다수의 소셜 미디어가 '친구'를 통한 추천보다 알고리즘 기반의 추천을 강화하는 전략과도 관련이 있어요. '소셜'이 만들어내는 주목보다, 콘텐츠 IP가 만들어내는 주목이 더 중요해지고 있지요. 앞으로 미디어 시장에서 콘텐츠 IP의 가치는 더욱 확장될 것입니다. 여기에 더해 세대의 확장이

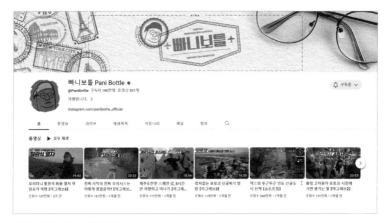

빠니보틀의 유튜브 메인 화면

더해지면 그 영향력은 더욱 확대될 거예요. 더 이상 콘텐츠 IP, 엔터테인먼트 IP는 아이들만 열광하는 것이 아니기 때문이죠. 누구나 자신만의 IP 디깅으로 같은 취향을 공유하는 시대가 되었습니다.

살짝 이야기를 틀어, 이런 현상은 산업뿐만 아니라 크리에이터들 사이에서도 확장 중이에요. 성공한 유튜브 크리에이터들도 자신을 콘텐츠 IP로 만들어 확장시키는 중이죠. 빠니보틀 채널을 좋아하는 사람은 자신이 생각하기에 대체 불가인 빠니보틀의 여행 콘텐츠를 소비하고, 그가 만든 상품을 구입하며 즐깁니다. 곽튜브 채널의 충성 구독자는 곽튜브의 얼굴이 그려진 티셔츠를 구입해 입죠. 그러면서 해당 채널에 함께 모여 댓글로 이야기를 나눕니다. 수백만 구독자의 위력은 그들과 함께 디깅하는 사람들이 모여 있다는 의미로 볼 수 있어요. 그리고 자신의 콘텐츠 IP를 확장하며 이들은 그 자체로 브랜드가 되었습니다.

레거시 IP의 귀환과 올드앤뉴 팬덤 활동의 활성화

2023년의 콘텐츠 IP에서 가장 먼저 주목할 만한 이슈는 레거시 (Legacy) IP의 귀환입니다. 그런데 단순히 예전 그대로의 레거시가 아니라, 요즘 스타일에 맞는 새로운 레거시라고 볼 수 있어요. 대표적인 사례가 슬램덩크의 재유행입니다.

제가 슬램덩크를 만화로 처음 본 것은 초등학교 때였어요. 당시 초등학교부터 중학교 나이의 10대가 슬램덩크를 정통으로 경험한 세대로 볼 수 있죠. 한국에서의 연재가 1992년부터 시작되었으니 벌써 30년 전이에요. 즉, 그 시절 사람들은 이제 40대가 되었다는 뜻이죠.

흥미로운 부분은 주목을 받는 레거시 IP의 '세대성'입니다. 저는 〈건담〉이나 〈스타워즈〉와 같은 IP보다는, 〈슬램덩크〉나 〈드래곤볼〉에 대한 추억이 더 강렬한 세대에 속해요. 어린 시절에 느꼈던 흥분과 재미가 하나의 방아쇠만 당겨지면 똑같은 기분으로 돌아가게 되는데요. 올해 극장에서 개봉한 〈더 퍼스트 슬램덩크〉 영화를 본 우리 세대 사람들이라면 그런 기분을 모두 느꼈을 거예요. 이번 슬램덩크의 흥행을 살펴보면 콘텐츠 소비의 주역이 되는 세대의 변화도 확인해볼 수 있을 겁니다.

그런데 슬램덩크의 재유행은 과거의 추억을 가진 팬덤들만의 참여가 중심이 아니었어요. 올해 슬램덩크의 신규 팬덤이 대거 유입되었죠. 영화뿐만 아니라 서점에서 슬램덩크 만화책이 베스트셀러 1위를 찍었고, 도서전에서는 슬램덩크 부스에 유독 줄이 길게 늘어서 있었는데요, 모두 젊은 청년들이었습니다. 이들은 굿즈와 만화를 구입하고, 부스 앞에서 사진을 찍으며 슬램덩크 IP를 즐겼어요. 기존 팬덤의 참여 역시 새로운 세대의 참여와 연결되는데요, 아이와 함께 영화와 만화를 보고, 함께 대화할 거리가 생겼다는 사람들의 반응이 대표적입니다.

슬램덩크뿐만 아니라 슈퍼마리오 영화를 아이들과 함께 본 부모도 같이 즐거워하는 모습을 보였어요. 콘텐츠 IP의 가치가 세대를 넘어 오랜 기간 이어지는 생명력에 있다는 점을 고려할 때, 2023년은 일본에서 출발한 레거시 IP들이 한국에서 팬덤을 재활성화하고 새롭게 확장된 중요한 시기라고 평가할 수 있습니다.

그렇다면 이러한 레거시 IP의 재활성화를 가능하게 한 핵심 요인은 무엇일까요? 〈더 퍼스트 슬램덩크〉의 경우 원작 작가가 감독으로 참여해 작품성과 아우라를 더한 것이 특징이었어요. 이는 원작에 대한 강력한 경험을 가지고 있던 팬덤들의 참여를 이끌어내는 데 결정적 요인이었죠. 이에 더해 IP를 활용한 다양한 확장 전략이 신규 팬덤의 유입에 중요한 역할을 했어요. 만화나 굿즈 같은 과거의 레거시 IP를 활용한 상품과 더불어, 젊은 팬덤이 참여할 수 있는 이벤트를 다양하게 전개하며 관심을 높였죠.

레거시 IP의 부활은 단순히 과거 작품의 추억만을 강조하는 것이

슬램덩크 공식 인스타그램. 다양한 이벤트로 젊은 층의 관심도 사로잡았다.

유튜브에서 '슬램덩크'를 검색하면, 새롭게 만들어진 〈더 퍼스트 슬램덩크〉 콘텐츠와 더불어 이전 작품의 애니메이션 리뷰도 함께 나오는 것을 알 수 있다. 레거시 IP가 부활한 모습을 검색 결과에서도 바로 확인할 수 있다.

아니라 새로운 이야기, 새로운 관점, 새로운 상품을 통해 새로운 팬덤이 참여할 수 있는 공간을 마련해주어야 가능하다는 점을 〈더 퍼스트 슬램덩크〉가 잘 보여주었어요. 이렇게 확대된 새로운 팬덤은 세대를 불문하고 인기를 가진 콘텐츠 IP로의 성장을 가능케 하는 핵심 동력이 되죠.

IP 세계관 전략의 한계, IP 비즈니스의 본질은?

콘텐츠 IP와 연결해서 많이 회자된 것이 세계관 전략이에요. 에스파라는 아이돌 그룹이 처음 데뷔했을 때, "또 다른 자아인 아바타를 만나 새로운 세계를 경험한다"는 세계관을 기반으로 활동했어요. 현실의 아이돌 그룹 에스파와 가상 세계의 아바타 에스파가 함께 활동하는 그룹이라는 독특한 콘셉트로, 에스파가 처음 데뷔했을 때는 SMCU(SM Culture Universe, SM 소속 아티스트들의 유기적인 세계관)를 시작한 것으로 많이 언급되었죠.

데뷔곡 〈블랙맘바〉는 에스파와 아바타 '아이(ae)'의 연결을 방해하고 세상을 혼란에 빠뜨린 '블랙맘바'를 찾기 위해 '광야'로 떠나는 여정을 담은 노래였어요. 이 '광야'는 SM 계열의 남자 아이돌 그룹의 노래에 등장하기도 했죠. 그런데 이제 에스파는 더 이상 '광야'로 나아가지 못하고 현실 세계로 돌아왔어요. 그들의 세 번째 앨범의 콘셉트는 가상 세계에서 현실 세계, 즉 리얼 월드(Real World)로 돌아온 것

디즈니플러스의 마블 시리즈. 다양한 시리즈가 하나의 세계관으로 연결되어 있다.

을 이야기하고 있어요.

OTT 서비스인 디즈니플러스의 경우 초기 론칭할 때 마블 세계관으로 팬덤 플랫폼의 끝판왕이 될 것처럼 말했어요. 하지만 요즘엔 이것이 잘 안 먹히는 것처럼 보여요. 마블 세계관 자체가 더 이상 힙하지 않게 된 것이죠. 〈시크릿 인베이전〉 같은 개별 작품을 좋아하는 사람은 있지만, 이젠 마블 팬덤이 망했다고 거칠게 이야기하는 사람도 많아요.

지금까지 우리는 세계관을 콘텐츠 IP의 본질처럼 이야기했어요. 하지만 세계관은 콘텐츠 IP 팬덤의 인게이지를 높이는 전략 중 하나일 뿐이에요. 이제는 '세계관'이라는 개념도 '가상으로 만들어진 세계', 혹은 '이야기의 연계를 위한 전략'이라고 편향되고 좁게만 이해하는 것이 아니라 좀 더 넓게 바라볼 필요가 있습니다.

특히 기존의 세계관 전략이 지나치게 '서사'에만 주목해왔다는 점에 대해서도 고민이 필요한 시점이에요. 콘텐츠 IP에 대한 팬덤의 경험에는 이야기와는 다른 차원들 역시 존재해요. 특히 게임 같은 경험의 경우, 비서사적 경험으로서 상호작용적인 특징을 갖고 있어요. 예능 같은 영상 콘텐츠 역시 다양한 맥락적 정보가 교차하며 형성되는 경험의 특성을 갖고 있죠. 이야기를 파고들기 위한 장치로서만 세계관을 활용하는 것의 한계가 드러나는 상황에서, 이제는 다른 차원으로 전략을 함께 고민해야 해요. 서사적 구성만이 경험이 되는 것이 아니라, 비서사적 경험과 현실적 경험을 모두 아우르는 세계관 전략이 필요합니다.

메타버스의 등장으로 우리는 스토리 리빙(Story Living)의 시대를 맞이하고 있어요. 일방적으로 전달하는 방식인 스토리텔링의 시대를 넘어서, 참여자와 함께 만들고 경험하는 스토리 리빙의 시대가 오고 있습니다. 스토리 리빙 시대에 콘텐츠 IP의 확장을 위해선 사용자들이 직접 내용을 채워갈 수 있는 열린 세계관 전략이 필요해요. 보다 참여적이고 보다 복합적인 경험의 차원을 고려한 세계관 전략의 정교화를 위한 노력이 필요합니다.

이렇듯 콘텐츠 IP는 현실을 만나 다양한 경험으로 이어지는 중이며, 이 경험을 어떻게 엮어갈 것인지가 IP의 확장과 성공에 핵심적인 요소입니다.

엔데믹 전환과 콘텐츠 IP 경험 환경의 변화

코로나19 종식 후 엔데믹 시대가 되자 그동안 갇혀 있던 것에 대한 반등으로 야외 활동이 엄청나게 늘었어요. 여행, 캠핑, 등산 등 야외 활동 산업이 폭발적으로 성장 중이죠.

스토리 리빙의 시대가 되면서 콘텐츠 IP의 접점으로 오프라인 공간의 활용도 굉장히 커졌어요. 복합 쇼핑몰에서 콘텐츠 IP를 활용한 팝업 스토어의 사례가 점차 늘어나는 것이 대표적이에요. 예전에는 쇼핑몰에 CGV 같은 멀티플렉스 영화관이 입점해 있고, 영화를 보러 오는 김에 쇼핑몰에서 쇼핑을 하고 식사를 했어요. 즉, 멀티플렉스가 쇼핑몰로 사람을 유인하는 요소였죠. 그런데 현재는 콘텐츠 IP를 바탕으로 인스타그램 같은 소셜 미디어에 경험을 업로드하기에 좋은 팝업 스토어를 만들어 바이럴을 일으키고, 사람들을 모으며, 이렇게 모인 사람들이 다양한 쇼핑으로 연계되는 구조로 바뀌고 있어요. 즉, IP로 사람을 끌어들이는 방식에서 공간이라는 축으로 확장이 나타

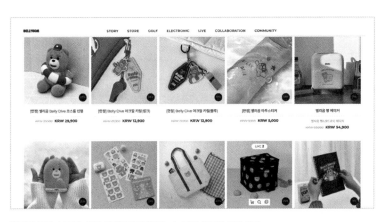

벨리곰 공식 스토어. 요즘 세대들이 좋아하는 느낌의 굿즈가 가득하다.

났고, 이를 통해 IP의 파워도 높이는 선순환 구조가 만들어지는 중이에요.

잠실 롯데월드타워 앞 잔디 광장에 전시된 '벨리곰'은 유명한 인증샷 핫 스팟이에요. 작년부터 올해까지 벨리곰 조형물을 찾은 사람이 무려 675만 명이나 됩니다. 이 벨리곰 IP는 원래 롯데홈쇼핑에서 만든 캐릭터였어요. 2018년에 만들어진 벨리곰은 처음에는 인기가 별로 없었어요. 하지만 IP화를 위해 꾸준히 콘텐츠를 만들어 올리며 차근차근 인지도를 높여나갔죠.

이렇게 IP가 된 벨리곰이 벌어들인 수익은 약 200억 원. 2022년 3월 론칭한 굿즈 매출은 1년 만에 50억 원을 넘었고, 브랜드 콜라보를 통한 IP 수익은 총 150억 원이나 됐어요. 처음 홈쇼핑 회사에서 IP를 만든 이유는 아마도 IP를 통해 고객과의 인게이지를 높여 회사 인

쿵야쿵야 유튜브 채널의 양파쿵야 썸네일. 초롱초롱한 눈이 특징인 양파쿵야의 모습이다.

지도와 판매에 도움을 받기 위해서였을 거예요. 그런데 현재는 그 IP 자체가 엄청난 수익을 얻는 사업 분야로 확장되었어요.

양파쿵야의 히트 과정을 살펴보는 것도 IP 경험의 변화를 알아보는 재미있는 예시예요. 양파쿵야는 넷마블의 게임 야채부락리에 등장하는 캐릭터예요. 해당 게임의 쿵야 캐릭터들은 애니메이션 시리즈로도 만들어졌죠. 애니메이션에서의 양파쿵야는 초롱초롱한 눈빛과 약간 엉뚱하고 4차원적인 행동을 보이는 캐릭터였어요.

2022년 tvN 예능 프로그램 〈지구오락실〉에 나오는 출연자 중 아이브의 리더 안유진은 프로그램 상에서 '맑은 눈의 광인'이라는 별명을 얻었는데, 현재 Z세대인 10~20대들이 어릴 때 보았던 만화 〈쿵야쿵야〉의 캐릭터인 양파쿵야와 닮았다고 재발굴 되며 온라인 밈이 되

괴도쿵야 방학은 내가 가져갑니다 짤. 양파쿵야 인스타그램에서는 누구나 다운받을 수 있는 짤을 제공하고 있다. 프로필의 링크를 눌러 들어가면 다운받을 수 있는 구글 드라이브 링크가 나온다.

었죠.

이런 유행에 맞춰 넷마블에서는 쿵야 레스토랑즈라는 인스타그램 채널을 만들어 애니메이션 장면을 올리고, 유튜브에도 쿵야 레스토랑 방영분을 다시 올렸어요. 다시 뜬 양파쿵야는 맥도날드와 콜라보해서 파밭스토어라는 팝업 스토어까지 오픈해 사람들을 모으는 중이에요. 〈뽀로로〉의 소심한 루피가 잔망 루피로 밈화되어 자체 IP화된 것처럼, 양파쿵야의 경우도 온라인 상의 밈이 확장되어 강력한 콘텐츠 IP가 된 사례입니다.

이런 사례는 이전까지 콘텐츠가 IP화되는 방법과는 다른 양상을 보입니다. 즉, 사람들이 일단 관심을 갖고 모이면 거기서 무엇인가 일이 벌어지고 새로운 IP가 만들어지는 것을 볼 수 있죠. 특히 늘 새로운 것을 모색해야 하는 마케터들은 이렇게 새롭게 뜨는 IP만 찾아다니기 때문에 이런 IP는 마케팅을 만나 빠르게 바이럴이 되기도 합니다. 결국, IP 경험 환경이 변화하면서 현재는 콘텐츠 자체보다 특정 영역과 IP가 어떻게 연결되느냐가 훨씬 중요한 트렌드가 되었어요.

IP 전략의 글로벌 밸류 체인(GVC) 협업

콘텐츠 IP를 접촉하는 단계를 넘어 경험을 극대화하는 단계가 되기 위해서는 고퀄리티의 작품이 바탕이 되어야 해요. 글로벌 밸류 체인 협업이 발생하는 것도 이런 이유 때문이에요. 현재 글로벌적으로 가성비 있게 드라마를 가장 잘 만드는 나라는 한국이죠. 같은 기준으로 애니메이션을 가장 잘 만드는 나라는 일본이고요.

우리나라의 웹툰 콘텐츠 IP는 국내뿐만 아니라 글로벌 시장에서도 인지도와 인기를 얻고 있어요. 그러다 보니 웹툰 원작의 드라마가 많이 제작되며 OTT를 통해 전 세계적 인기도 얻고 있죠. 강풀의 〈무빙〉이 전 세계 디즈니플러스 서비스 콘텐츠 중 1위를 차지하는 식이에요.

그런데 〈무빙〉을 다시 애니메이션으로 만든다면 우리가 일본만큼 잘 제작할 수 있을까요? 한국에도 실력있는 스튜디오가 있지만, 글로벌에서의 명성은 아직 일본이 크게 앞서 있죠. 그렇다면 생각을 바꾸어 일본의 만화를 우리가 드라마화하고, 우리의 웹툰이나 웹소

〈무빙〉 공식 포스터. 디즈니플러스에서 스트리밍된 〈무빙〉은 국내의 디즈니플러스 앱 사용시간을 130%나 늘리는데 공헌을 했다.

설을 일본에서 애니메이션화하는 협업을 한다면 어떨까요? 하나의 콘텐츠 IP가 고퀄리티 작품으로 다양하게 확장되며 더욱 인기를 끌지 않을까요?

이런 예는 〈나 혼자만 레벨업〉의 확장 사례를 통해 살펴볼 수 있어요. 〈나 혼자만 레벨업〉은 한국의 웹툰 IP 중 글로벌 시장에서 가장 파괴력을 가질 것이라고 예상한 작품이에요. 국내에서는 웹소설과 웹툰이 모두 대박이 났고, 게임으로도 만들어졌어요. 글로벌 시장에서도 최종화까지 누적 조회수가 142억 회에 달할 정도로 성공한 IP예요.

〈나 혼자만 레벨업〉 2차 트레일러 유튜브 썸네일. 작화를 일본 스튜디오에서 진행했다.

카카오엔터 노블코믹스 시스템을 통해 2018년 3월 선보인 웹툰 〈나 혼자만 레벨업〉은 세계 1위 만화 앱 일본 픽코마에서 '2019 올해의 웹툰'과 '2020 픽코마 어워드'를 2년 연속 수상했어요. 심지어 독일과 브라질에서는 단행본 출시 첫 주 아마존 만화책 부문 판매 1위를 차지했어요. 미국에서는 이 작품을 애니메이션으로 만들어 달라는 온라인 청원까지 올라왔고, 여기에 21만 명이나 공감을 나타냈죠.

이에 이 작품의 판권을 보유하고 있는 디엔씨미디어에서는 2022년 7월 애니메이션화를 공식화했고, 일본 영상 기획 전문 그룹 애니플렉스 산하 애니메이션 스튜디오 에이원픽쳐스(A-1 Picutres)가 제작을 한다고 발표했어요. 이런 식으로 앞으로는 IP가 어디서 왔든 애니메이션은 일본이, 드라마는 한국이 만드는 식으로 글로벌 밸류 체인 협업이 활성화할 것으로 보입니다.

애니메이션 시장에서 읽는 IP 비즈니스의 변화

이전까지는 콘텐츠 IP를 이야기할 때 영화나 드라마 시리즈를 중심으로 이야기했어요. 그런데 영상 제작 기술이 발달하면서 사람들의 영상에 대한 감각에도 변화가 나타나고 있어요. 멋진 CG로 제작한 영화를 보면서 감탄하던 사람들은 이제 마블스러운, 거의 CG로만 만들어진 영상에 더 이상 흥미를 갖지 않는 상황이 되었어요. 요즘 마블 영화 시리즈가 흥행에 성공하지 못하는 이유는 사람들의 이러한 기피 현상과도 맞물려 있다고 볼 수 있어요.

이런 상황에서 애니메이션은 새로운 비주얼을 선보이며 사람들의 시선을 다시 사로잡기 시작했어요. 〈스파이더맨: 어크로스 더 유니버스〉가 평단과 관람객들에게 좋은 평가를 받은 이유 중 하나도 새롭게 시도한 실험적인 비주얼 때문이었어요. 멀티버스에 맞춰 캐릭터마다 다른 작화 스타일과 배경 등이 사람들에게 신선한 충격을 주었죠.

약간 다른 이야기이지만, 현재 Z세대들은 어릴 때 3D 애니메이션을 주로 보고 자랐어요. 뽀로로나 타요, 로보카 폴리 등은 모두 3D 캐릭터죠. 이들 세대에게 2D 애니메이션은 낡은 표현이 아닌, 새로운 차원의 비주얼로 다가왔어요. Z세대에게 인기를 얻은 〈더 퍼스트 슬램덩크〉와 〈스파이더맨: 어크로스 더 유니버스〉가 기존의 2D 애니메이션과는 다른, 새로운 표현 방식을 사용한 작품이라는 점은 시사하는 바가 많아요.

애니메이션의 향유층이 Z세대를 넘어 전 연령층으로 확대되었다는 점도 변화점이에요. 애니메이션은 아이들이 보는 게 아니라고 생각하는 사람들의 나이도 이미 중년에 접어들었어요. 그러다 보니 콘텐츠 IP를 향유할 때 표현 방식에 따른 연령의 경계도 사라지는 상황이죠.

넷플릭스에서 제공하는 글로벌 톱 10 콘텐츠를 살펴볼까요? 관련하여 넷플릭스는 이를 영어권과 비영어권을 나누어 보여주는데, 2023년 8월 비영어권 시리즈의 글로벌 톱 10 중 4편이 일본 애니메이션이었어요. 2023년 한국 극장에서도 성인들의 애니메이션 관람이 크게 늘었는데, 10편 중 3편이 애니메이션이었죠. 〈스즈메의 문단속〉이 554만 명, 〈더 퍼스트 슬램덩크〉가 469만 명, 〈슈퍼 마리오 브라더스〉가 239만 명의 관객을 모았어요. 이 결과를 보면 애니메이션에 대한 사람들의 태도가 바뀌어가는 것을 알 수 있어요. 이는 IP 비즈니스의 대상이 넓어졌고, 이에 맞춰 비즈니스를 변화시켜야 한다는 것을 의미해요.

일본 애니메이션 시장의 변화가 주는 시사점

넷플릭스 글로벌 흥행 순위와 한국 극장 흥행 순위를 살펴보면 애니메이션이 강력하게 떠오르고 있다는 것을 알 수 있어요. 이들 애니메이션은 일본 IP를 바탕으로 일본 내에서, 또는 해외에서 만든 것들이에요.

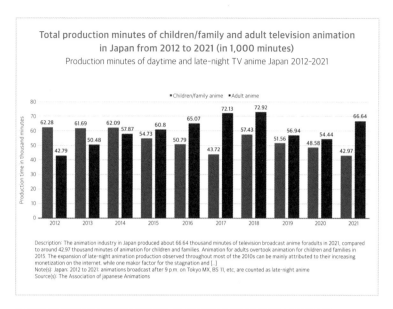

2012년부터 2021년까지 일본 내 아동/가족 및 성인용 텔레비전 애니메이션 총 제작 분량.
출처: statista

2012~2021년 성인과 아동/가족용 텔레비전 애니메이션 비중 변화를 살펴보면, 아동/가족 작품의 비율이 줄고, 15세 이상 성인 애니메이션 콘텐츠 수요가 늘어나고 있어요. 또 다른 표를 보면 일본 국내 로컬 시장은 계속 정체하고 있는데, 글로벌 시장이 치솟고 있음을 알 수 있어요. 한국 드라마 시장과 굉장히 비슷한 곡선을 그리고 있죠.

이는 성인들이 애니메이션을 소비하고 있음을 보여주며, 성인들의 경험 영역에서 애니메이션이란 차원이 열렸다는 것을 알려줘요. 그리고 이들은 일본 애니메이션 IP에 대한 충성도를 갖고 있는 사람들이에요. 이런 현상이 종합적으로 나타난 결과가 〈더 퍼스트 슬램덩크〉와 〈스즈메의 문단속〉의 흥행인 것이죠.

AI와 콘텐츠 IP의 관계, 어떻게 볼 것인가?

2023년은 생성 AI가 기술과 콘텐츠를 휩쓸었어요. 특히 생성 AI 기술은 이전의 숙련된 사람들만이 만들 수 있는 그림, 애니메이션, 영상을 누구나 몇 번의 명령어 입력을 통해 제작할 수 있게 만들었죠. 이미지 AI의 경우 게임 회사나 애니메이션 회사에서 적극적으로 활용 중이라는 이야기도 나와요. 한편으로는 학습된 데이터를 기반으로 만든 이미지의 저작권 관련 이슈도 있죠. 그렇다면 생성 AI는 콘텐츠 IP에 어떤 영향을 줄까요?

1) IP 관점에서 본 생성 AI의 쓸모

이미지를 하나 살펴볼게요. 다음 이미지는 드래곤볼 주인공 손오공을 베놈으로 바꾸는 이미지예요. 이 그림은 인공지능 AI가 그렸죠. 페이스북 AI 관련 그룹이나 스테이블 디퓨전을 사용하는 AI 커뮤니티에 들어가보면, 가장 많이 올라오는 이미지가 이렇게 IP를 섞어 새로운 이미지를 만들어내는 것이에요. 이렇게 자신이 좋아하는 IP를 새로운 모습으로 확장시키는 활동은 예전엔 팬 아트의 영역이었어요. 팬들이 좋아하는 만화나 애니메이션 주인공을 따라 그리고, 새로운 역할을 부여해 스토리나 이미지를 만들어내는 것이 팬 아트예요. 이것이 생

드래곤볼의 주인공인 손오공과 베놈이
합체되는 과정. 이 그림은 AI로 제작되었
으며, 페이스북에서만 5.8만의 좋아요와
2,500개의 댓글이 달렸다.
출처: Akira Toriyama 페이스북

성 AI로 인해 폭발적으로 늘어난 것이죠.

여기서 장점은 팬들과 인게이지먼트를 높일 수 있다는 거예요. 새
로운 이미지는 사람들에게 많은 관심을 받고, 노출도 많이 되며 흥미
를 불러일으켜요. 더불어 이렇게 다양한 이미지가 생성된다는 것은
그만큼 팬덤이 살아 있다는 뜻이기도 해요.

반면, 단점은 이런 활동이 자칫 브랜드 아이덴티티에 영향을 줄
수도 있다는 거예요. 반다이의 드래곤볼 주인공 손오공과 소니의 베
놈을 섞는다면 이 새로운 캐릭터는 어느 회사에 저작권이 있을까요?
그리고 이렇게 팬들이 만든 작품이 인기를 얻는다면, 이 새로운 캐릭

터와 작품은 새로운 작품으로 보아야 할까요, 아니면 카피 작품으로 보아야 할까요?

이전까지 팬 아트가 팬들 사이에서만 공유되고 즐기는 콘텐츠였다면, 누구나 쉽게 이미지를 만들 수 있게 된 시대에서는 원 작품을 모르는 사람들에게까지도 쉽게 이미지가 퍼질 수 있게 되었어요. 단순한 이미지 카피를 넘어 새로운 IP화가 된다면 이 작품을 오리지널로 봐야 하는지, 아니면 저작권 위반으로 제지해야 하는지 많은 문제가 생기죠. 그럼에도 AI 기술을 팬덤의 인게이지를 높이는 쪽으로 사용하려는 시도는 늘어날 것으로 보여요.

이 외에도 많은 기업에서 생성 AI를 활용해 콘텐츠 IP를 확장하는 전략을 펼치고 있어요. 네이버의 경우 2023년 2분기 실적 발표 때 스노우카메라의 AI 프로필 상품 흥행에 힘입어 신규 매출이 발생하며 매출이 전년 동기 대비 30%가 늘었다고 발표했어요. 자신의 프로필이나 이미지를 좋아하는 웹툰 스타일로 변화시켜주는 상품이 사용자들에게 큰 인기를 끈 것이죠. 하이브는 AI 오디오 기업을 인수했는데, 음성 합성 기술을 바탕으로 노래와 연기에 활용할 뿐만 아니라 영화와 애니메이션, 오디오북, 게임 등과도 접목할 계획이에요.

AI 웹툰이 가능해지면서, 버추얼 유튜브 채널을 운영하려던 회사가 AI를 활용해 기술의 힘을 빌려 콘텐츠를 확장하는 사례도 있어요. 이렇게 AI를 활용해 신규 IP를 붐업시키겠다는 기업도 늘어나는 상황이에요.

2) 콘텐츠 IP가 생성 AI를 활용하며 생기는 쟁점

대부분의 생성 AI는 B2B 영역에서 창작 비용을 낮추고, 콘텐츠의 창작 범위를 넓히는 쪽으로 계속 쓰일 것으로 보여요. 그리고 많은 기업이 팬덤 활성화나 콘텐츠 창작 확대를 위해 AI를 활용할 텐데, 여기엔 몇 가지 쟁점이 있어요.

먼저 저작권 침해와 창작 노동의 변화예요. 생성 AI 기술이 계속 발전하면 우리는 저작권에서 무엇을 보호할 것인가를 고민해야 합니다. 저작권은 계속 창작자의 권리를 지키는 방향으로 세분화해서 발전해왔는데, 앞으로는 화풍이나 얼굴 느낌, 목소리 톤 같은 것도 일종의 가치를 갖는 IP라는 감각이 생겨날 것으로 보여요. 사람이 했다는 느낌, 뉘앙스가 가치를 갖는 세상이 된 것이죠. GPT 모멘텀이라는 것도 이런 식의 전체적인 재구조화와 연결될 수 있는 변화라고 생각해요.

창작 노동은 더욱 단순해질 우려가 있어요. 이전에는 직접 작화를 하고 이야기를 써 내려갔다면, 앞으로는 프롬프트를 입력하고 이를 검수하는 방식으로 변화할 수도 있어요. IP 브랜딩의 관점에서 보면, 팬 아트 범위의 확대에 따른 IP 아이덴티티의 훼손이 생길 수도 있고, 반대로 기존에 생각하지 못했던 활용법 등을 살펴보며 새로운 발견이 이루어질 수도 있어요.

생성 AI는 IP의 체험 방식을 확장시키며, 상호작용을 확대하는 방향으로 사용되고 있어요. 콘텐츠 IP, 브랜드 IP는 팬들을 묶어주는 구심점이자 경험의 거점이에요. IP 비즈니스의 본질은 사용자가 IP와 관련한 좋은 경험을 하고, 이 좋은 경험들이 연결되면서 IP의 다른 활동에 관심은 물론 돈을 지불하도록 만드는 거예요. 그런데 AI가 확장되면서, 사람들이 AI가 개입된 경험을 어떤 경험이라고 말할지에 대한 문제가 생겼어요.

3) AI가 던지는 IP의 본질에 대한 고민

IP의 가치는 팬덤을 묶어주는 구심점이자 경험이 쌓이는 거점이에요. 이 IP가 자산이 되는 이유는 무엇인가가 여기에 '쌓이기' 때문이죠. 바로 경험이라는 무형자산입니다.

모든 콘텐츠가 IP가 되지는 않죠. 내가 무엇인가를 그냥 몸으로 느끼면 체험이지만, 이것이 내게 어떤 의미가 생겨야 경험이라고 할 수 있어요. 즉, 단순한 콘텐츠 체험만으로 IP가 만들어지는 것은 아니에요. 체험에 그치는 콘텐츠는 스쳐 지나가지만, 경험이 되는 콘텐츠는 삶의 일부가 될 수 있어요. 콘텐츠는 경험을 거쳐 IP라는 단계로 넘어갑니다.

유튜브에 많은 영상 콘텐츠들이 있지만, 그것을 접촉했다고 해서 모두 IP가 되지는 않아요. 우리에게 의미 있는 콘텐츠 경험이 되어야 IP가 되는 거예요. 예를 들어 〈피식 대학〉이나 〈슈카월드〉 같이 사람들이 모인 채널의 경우에도 많은 사람들이 이들의 콘텐츠에서 의미있는 경험을 했기에 이제는 그 자체로 IP로의 위상을 갖게 된 것이죠.

공간의 경우 벨리곰의 예를 다시 들 수 있어요. 롯데월드타워의 잔디 광장은 단순한 휴식 공간이었지만, 거대한 벨리곰 인형이 세워

DMI 살롱에서 강연중인 이성민 교수

지고 팝업 스토어가 들어오면서 그 공간은 장소성을 띄게 되었죠. 이렇게 경험과 장소성이 결합되는 것을 통해 IP로 성장할 수 있어요.

앞으로 우리는 인공지능을 통해 어떤 방식으로 경험을 만들어나갈 수 있을까 고민해야 해요. 어설픈 시도는 오히려 사람들에게 경험의 질을 낮추며 IP화되기 힘들 거예요. 단순한 체험이 아닌 경험이 되게 만들기 위해서는 오리지널리티가 더욱 중요해질 것이며, 사람들은 AI가 발전할수록 더욱더 진정성을 찾아갈 것으로 보입니다. 그리고 이 과정에서 점차 IP의 가치를 높이기 위한 AI의 진짜 쓸모가 확인될 것입니다.

콘텐츠 IP 경험은 복잡성을 갖고 있어요. 사람들은 IP에 오리지널리티와 진정성을 원해요. 이것이 충족되지 않을 경우 외면받죠. 콘텐츠 IP 경험에서 인간의 복잡성은 싫증내고 질리는 능력에 있어요. 그렇기 때문에 늘 새롭고, 독특하고, 유일한 것을 찾는 거예요. 사람들은 초기에 만들어진 AI 여성 이미지에 감탄했지만, 비슷한 얼굴 스타일만 반복적으로 만들어지니 바로 관심을 잃어버렸어요. 차라리 연필로 끄적끄적 그린 그림을 더 가치 있게 여기게 되었죠.

AI로 인해 콘텐츠 IP의 경험 지형이 변화했어요. 이런 지형 변화에 AI가 인프라 차원에서 미치는 영향을 살펴보는 것도 중요해요. 분명 3D나 애니메이션 제작에서 AI의 사용은 제작 비용을 낮추어주고 있어요. 이에 힘입어 더 많은 작품들이 다양한 형식을 실험하며 새로운 IP로 확장될 것으로 보여요. 문제는 반복되는 비슷한 이미지에 질린 사람들이 어떤 IP에 더 가치를 줄지 고민해야 한다는 점이에요.

나가며 : 콘텐츠 IP 비즈니스의 진화 방향

지금까지 2024년 변화할 콘텐츠 IP의 방향을 몇 가지 분야에서 살펴보았습니다. 이를 정리하면 다음과 같아요.

먼저 기존에 IP의 기본이라 여겼던 세계관 전략이 변화할 거예요. 서사적 연계만을 강조하는 세계관이 아니라, 경험의 차원을 넓히기 위한 보다 복합적인 IP 전략으로 확장될 것입니다.

특히 콘텐츠 산업의 각 영역에서 각자의 고유한 IP 전략에 대한 고민이 시작될 거예요. 영화 산업에서 생각하는 IP와 방송 분야에서 생각하는 IP, 게임에서 이야기하는 IP는 달라요. 각자 IP의 자원이 다르고, IP 경험의 확장에 기여가 다르며, IP를 통한 수익화 전략도 다르죠. 그러므로 이야기 IP의 확장에만 국한된 세계관이 IP 전략의 전부일 수는 없어요. 우리는 IP를 경험하며 가치를 주는 것이 무엇인지 살펴보고, 경험 세계의 변화의 관점에서 IP와 인간이 맺는 관계를 탐구해야 해요. 이런 점에서 공간과 IP를 연결하는 것도 하나의 방법이 될 거예요.

두 번째는 공간과 일상을 포함한 IP의 경험 공간에 대한 재구성이 이루어질 거예요. 즉, IP를 디깅할 수 있는 재료를 공급하는 방식으로 경험 공간이 만들어질 것이고, 이는 마케팅과 연계 되어 공간 비즈니스로 확장될 것으로 보여요. 앞으로 IP는 무형의 콘텐츠가 아닌, 실제로 장소성을 갖고 경험하고 확장되는 IP로 발전할 것입니다.

세 번째는 팬덤 문화에 IP가 연계되고 창의적인 협업을 통해 확장될 거예요. 한국형 디깅의 특징은 커뮤니티를 통해 경험을 함께 나누는 것인데요, 특히 한국은 전 세계에 수출할 정도로 독특한 K-팝 팬덤 문화를 갖고 있어요. 이런 커뮤니티와 IP가 연결되면 다양한 창의적 협업물이 나올 것이고, 이를 연결시키고 확장하는 과정에서 새로운 비즈니스가 탄생할 거예요.

네 번째는 사람들이 IP 경험의 본질을 고민한다는 점이에요. 생성 AI 기술의 발전은 IP를 풍성하게 만들기도 하지만, IP의 오리지널리티를 훼손할 수도 있어요. 제작이 간편해지면서, 무의미한 콘텐츠가 우후죽순 생겨나는 폐해도 있죠.

더불어 AI가 만들어낸 다양한 콘텐츠 체험이 경험으로 넘어가서 IP가 될 수 있을지, 사람들은 무엇을 경험이라고 말할 것인지 2024년의 변화가 주목됩니다.

Q. 한국적 팬덤의 특성에 대해 다시 한번 말씀 부탁드립니다.

🗨 이성민

우선 한국인들은 함께 말하고 싶어 하는 게 다른 팬덤과 크게 다른 점인 것 같습니다. 일본 오타쿠의 경우, 안으로 개인화되어 파고드는 문화라고 설명하잖아요. 미국 또한 문화 자체가 개인주의적이고, 수집의 경우 부모님이 모으던 것을 이어서 모으는 가족주의적, 세대적 관점이 강하게 작용하기도 해요.

반면 우리나라는 예전 하이텔 통신이 생길 때부터 함께 모여서 수다를 떨던 문화가 있죠. 요즘은 오픈 채팅방에서 이야기하듯이요. 우리는 커뮤니티 중심으로 사람들이 모여요. 그리고 자신이 좋아하는 주제에 대해 얼마나 잘 알고 뛰어난지 자랑하고 싶어 하죠. 이런 우월 경쟁이 팬덤의 구매력을 자극하는 측면도 있지요.

요즘 20대는 개인주의적 성향이 강하다고 하지만 어쨌거나 우리는 아직 집단성이 강하고 여전히 집단에 가치를 두는 문화가 강하죠. 다만, 이제는 그 집단이 학연, 지연이 아니라 사람들의 관심에 따라 굉장히 다변화 되었어요. 그래서 많은 사람들이 이런 관심 커뮤니티를 만들어 비즈니스를 하고 싶어 하지요. 독서 기반의 커뮤니티 서비스인 트레바리처럼요. 콘텐츠 IP는 좀 더 대중적이기 때문에 이런 커뮤니티 비즈니스를 만드는 데도 좀 더 가능성이 있을 것으로 보입니다.

저희가 아미의 팬덤 문화를 연구한 적이 있는데, 그 특징을 세 가지로 정리했어요. 맘덤, 퍼블릭덤, 피어덤인데, 피어덤이 말씀하신 부분인 것 같습니다. 즉 IP는 수단인 것이고, 또래나 같은 걸 좋아하는 사람이 함께 모여서 얘기하는 걸 굉장히 좋아하는 것이 특징이었어요. 그리고 맘덤은 옛날처럼 스타를 멀리 있는 별로 보는 게 아니라, 내가 키워준다는 성향을 보여주고 있어요. 퍼블릭덤은 약간 한국적 특성인 것 같은데, 예를 들어 콘서트를 하고 난 후 쓰레기를 다 치우거나 하면서, 다 같이 모여서 공중질서를 잘 지키는 걸 굉장히 자랑스러워하는 식이에요. 그러면서 그게 내가 좋아하는 스타에게 도움이 될 거라고 기대하는 특징이 있죠.

💬 이성민

말씀하신 대로 퍼블릭 덤은 팬들이 셀럽을 브랜딩을 해주는 측면에서 나타나는 것으로 보여요. 맘덤은 슈퍼 IP에서는 작동하기 어려운데, 되게 작은 IP의 성장을 후원하는 방식에서 꽤 많이 나타나는 것 같습니다.

Q. AI와 결합한 형태의 콘텐츠는 이질적이든 획일적이든 우리 주변에 더 많아질 거잖아요. 그랬을 때, 우리는 어떤 기획을 바탕으로 우리 체험을 관리해야 되는지 궁금합니다. 세계관과 관련해서는 구조가 잘 짜여져 있기 때문에 우리가 몰입할 수 있는 것인데, 우리나라는 아직 구조화된 세계관을 경험한 역사가 짧다

보니 이질감을 느끼는 게 아닐까 싶어요. 결국은 잘 구조화된 세계관 안에서 IP 가 더 탄탄하게 영향력을 미칠 수 있을 거라는 생각이 들거든요.

💬 이성민

세계관에 대한 말씀은 저도 동의해요. 제가 예전에 본 논문에 과거 한국은 전달하고 싶은 메시지를 위해 도구적으로 캐릭터를 구축하는 경향이 있다고 하더라고요. 그런 면에서 세계관 자체가 잘못된 게 아니라 우리나라에서 진행되는 세계관에 대한 고민이 다소 한정적이었기 때문에 생긴 문제라는 생각이 들기도 합니다.

미국의 경우 시즌을 이어나가기 위해 캐릭터를 구축하고, 캐릭터 간의 관계를 구성하며 세계관을 만들어나가는 구조인데요, 마블도 지금 헤매고 있는 걸 보면 서사적인 세계관뿐 아니라 또 다른 차원에서 생각해볼 필요가 있다고 보여요.

예를 들어 게임 분야의 IP를 보면, 스타크래프트 같은 작품의 E스포츠 경기를 아직도 즐기는 사람들이 있는데요. 그런 비서사적인 경험을 확장하기 위한 고민과 IP 발굴이 필요할 것 같습니다. 더불어 다양한 차원의 경험을 묶어낼 전략도 같이 고민하면 좋을 것 같고요. 이미 유튜브 크리에이터들은 잘 하고 있는 것 같거든요. 콘텐츠 IP의 경우에도 성장 전략을 더 새롭게 짜야 하는 것이죠.

Q. 현재 AI 경험은 아직 체계적이지 않고 파편적인데요. 우리가 이것을 어떻게 관리해야 할까요? 여러 스타일의 AI가 우리 생활 속으로 들어오고 확장될 텐데,

기획자로서 우리는 어떤 전략을 갖고 이에 대처해야 할까요?

💬 이성민

저는 진정성 있는 장치를 계속 개발해야 한다고 봅니다. 사실 앞으로 우리는 진정성 없는 영역도 경험할 수밖에 없거든요. 그런데 라인프렌즈와 BTS가 컬래버레이션한 캐릭터인 BT21 같은 경우엔 전략적으로 이 캐릭터를 BTS 멤버가 직접 만들었다는 진정성을 부여했잖아요. 그것으로 성공했고요. AI가 다양한 IP 영역을 잠식해 들어온다 해도 이렇게 진정성을 부여하는 요소는 살아남고, 앞으로 사람들은 자신이 체험하는 것들 중에서 더 진정한 영역을 계속 구분해나갈 것 같아요. 그러면서 진정성 있는 것에 자신의 관심을 더 쏟겠죠.

앞으로 기획자들은 이런 관여의 구조를 전략적으로 짜야 할 것 같습니다. 예를 들어 제가 앞서 드래곤볼 손오공이 베놈으로 변화하는 이미지를 보여드렸는데, 제 경우 그걸 처음 봤을 때, 어릴 때 드래곤볼을 좋아했기 때문에 해당 이미지에 관심이 생겼지만, 그걸 계속 보고 싶지는 않았어요. 그냥 옛 기억을 떠올리게 하는 환기 효과는 있지만, 그런 관심이 드래곤볼의 IP에 제가 진정성을 부여하는 것은 아닌 것이죠. 저는 콘텐츠 IP에서 AI의 쓸모를 잘 배치해 사용해야 할 것 같아요. AI가 자체로 IP를 만들어낼 것이라는 태도는 오히려 전략적이지 않다고 말씀드리겠습니다.

06

Part

LIM SANGHOON

AI와 게임

제작부터 마케팅까지!
AI로 인한 게임 생태계의 변화

AI와 가장 밀접한 부분은 단연코 게임이라고 할 수 있다. 상업용 그래픽 생성 AI 도구
들이 이미 적극적으로 활용되는 등 개발을 비롯해 운영과 마케팅 등 다양한 분야에서
AI가 적용되며 기존 업무에 큰 영향을 미치고 있다. 엔데믹 이후 글로벌로 급성장 중인
중국 게임과 달리 한국 게임 업계는 내수 시장 축소로 고민이 커졌다. 2024년 K-게임
은 다시 부상할 수 있을까? 더불어 어떤 변화가 필요할까?

임상훈

디스이즈게임 대표

게임과 미디어 양쪽에 관심이 많다. 신문
사 게임 담당 기자 출신으로 2005년 게
임 매체를 창간했다. 온라인 게임 초창기
인 1999년부터 롤러코스터를 탄 것처럼
부침을 겪는 다양한 국내외 게임사와 인
물, 업계를 목격해왔다. 그런 경험 탓에 하
이프(설레발)를 우려하며,. 변곡점과 함께
지속 가능성에 관심을 갖게 되었다. 최근
에는 큰 성과를 거두고 있는 해외 게임사
와 생태계에 주목하고 있다. 유튜브 채널
'중년게이머 김실장'과 '깨쓰통 대폭발' 등
을 운영 중이다. 2016년부터 게임스컴 어
워드 심사 위원을 맡고 있다.

AI는 게임과 게임 기업의 모양을 어떻게 바꾸고 있나?

AI가 불러온 게임 제작의 변화

챗GPT 이후 여기저기서 AI 이야기가 쏟아지고 있습니다. 그런데 AI 와 가장 밀접한 디지털 미디어 분야는 어디일까요? 바로 게임이죠. AI 의 작업이 컴퓨터에서 진행되듯, 게임도 거의 전 과정이 컴퓨터에서 이뤄지니까요. 개발자는 그래픽이나 프로그램 작업을 컴퓨터에서 하 고, 게이머의 플레이도 컴퓨터에서 일어나죠. 콘솔이나 휴대폰도 일 종의 컴퓨터에 속합니다. 우리는 요즘 휴대폰을 스마트폰이라고 부릅 니다. 사실상 휴대폰이 컴퓨터 역할을 하기 때문이죠.

게이머는 컴퓨터에서 NPC(Non-Player Character)와 소통하고, 다른 게이머와 협력하거나 경쟁합니다. 모든 데이터는 저장되고, 전송되고,

활용되죠. 챗GPT 열풍 이후 영화나 음악, 언론과 애니메이션 등에서 AI 적용을 논의하고 있지만, 이런 이유로 그 규모나 밀접함에서 게임을 당할 수 없죠.

게임은 오래전부터 AI와 연결돼왔어요. 챗GPT 열풍이 있기 전에도 AI가 세계를 크게 놀라게 한 적이 두 번 있었죠. 1996년 IBM이 만든 '딥 블루(Deep Blue)'는 체스 그랜드 마스터 가리 카스파로프를 이겨 여러 나라 신문에 대서특필됐습니다. 그로부터 20년 후인 2016년 구글 딥마인드에서 개발한 '알파고'는 이세돌과의 바둑 대결로 전 세계적인 AI 신드롬을 일으켰고요. 여기서 AI는 모두 '게임'을 플레이했습니다.

'게임을 플레이하는 AI'와 '게임 제작에 쓰이거나 게이머와 소통하는 AI'는 다른 것 아니냐고 질문할 수도 있겠네요. 결론부터 이야기하면 아닙니다.

게임은 AI를 훈련시키는 최고의 방법입니다. 보통 '게임을 플레이하는 AI'는 '게임 봇'이라고 부릅니다. 딥블루와 알파고가 여기에 속하죠. 게임 봇 관련 유명한 이벤트 중에 튜링 테스트를 응용한 '게임 튜링 테스트'가 있어요. 심판들이 게임을 하는 플레이어의 행동을 보고 사람인지 게임 봇인지 판단하는 테스트예요. 2012년 튜링 100주년 기념행사 당시 〈언리얼 토너먼트 2004〉로 게임 튜링 테스트를 했고, 당시 2개의 게임 봇이 통과했죠. 이런 식으로 AI는 게임을 플레이하며, 퀘스트의 난이도와 게이머의 행동을 예측하는 역할을 하기도 합니다. 게임업계는 이런 게임 봇 말고도 이미 개발과 운영, 마케팅 등

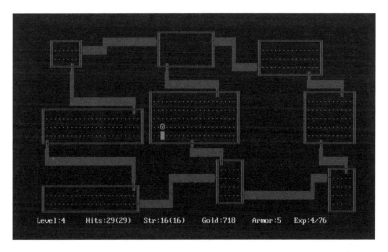

매번 새로운 게임을 할 때마다 알고리듬으로 게임 아이템이 새로 배치되는 〈로그〉게임 화면.

에서 AI를 활용해왔어요

게임 플레이어 모델링에 활용된 AI

게임 CD가 나오기 전 게임은 카트리지나 디스켓에 담아 판매했죠. 게임 개발자는 다양한 콘텐츠를 넣고 싶었지만 카트리지나 디스크 용량 때문에 그럴 수 없었어요. 그렇다고 일일이 콘텐츠를 '노가다'하듯 만들기도 힘들었고요.

〈로그〉(Rogue, 1980)는 이전과는 전혀 다른 방식으로 만들어진 게임이었습니다. 유닉스 운영체제에서 플레이 가능했는데, 게임 속 생물체와 아이템의 배치가 게임을 새로 시작할 때마다 새로 생성되었죠. 즉, 개발자가 디자인한 콘텐츠가 아니라, 개발자가 짠 알고리듬이 매번 새로 생성한 콘텐츠로 돌아가는 게임이었습니다.

우주 비행 슈팅 시뮬레이션 게임 〈엘리트〉(1984)는 여기서 더 나아가 게임 플레이 도중 항성계 등이 생성됐습니다. 〈로그〉와 〈엘리트〉는 이후 〈디아블로〉 시리즈나 〈노 맨즈 스카이〉 같은 유명 게임에 영향을 미쳤고, 인디 게임 쪽에서 요즘 흥행하고 있는 '로그라이크' '로그라이트' 장르로 계속 이어져오고 있습니다.

온라인 게임은 게임 플레이어의 기기(PC, 휴대폰 등)가 게임사 서버와 연결됩니다. 게임사는 데이터를 수집하고, 인공지능을 통해 그 데이터를 분석해 플레이어의 성향을 파악하죠. 이런 '게임 플레이어 모델링'을 통해 큰 성공을 거둔 초기 게임 중에 〈팜빌〉(2009)이 있는데, 데이터 분석을 통해 리텐션(고객 유지)과 과금을 늘렸습니다.

징가는 페이스북 기반 게임과 모바일 게임의 데이터 기반 운영 노하우를 꾸준히 쌓고 활용했는데, 이것이 2022년 테이크투가 127억 달러에 이 게임사를 인수한 주요 이유였습니다.

알파고가 몰고 온 머신 러닝 열풍

2016년 알파고 이후 국내 게임업계에도 '머신 러닝'이 화제가 되며 AI 열풍이 붑니다. 메이저 업체들은 조직부터 만들거나 강화했어요. 2011년에 태스크포스 형태로 AI 연구를 시작한 엔씨소프트(NC)는 2016년 AI센터를 설립하며 치고 나갑니다. 엔씨소프트와 더불어 게임업계 3N으로 꼽히는 넥슨과 넷마블도 각각 2017년 '넥슨 인텔리전스랩스', 2018년 '넷마블 AI센터'를 설립해 엔씨소프트를 추격합니다. 스마일

게이트도 2020년 AI센터를 세웠고요.

그런데 여기서 궁금한 점이 하나 생깁니다. VR과 NFT, 메타버스 또한 '게임 체인저'라 불리며 화제를 몰고 왔는데요, 국내 메이저 게임사들은 이런 분야에는 무관심하거나 상대적으로 관심이 적었습니다. 반면 AI에는 진심을 다했죠. 왜 이런 차이가 생긴 걸까요?

우선 메이저 게임업체 관계자들은 VR 등의 성공 가능성을 매우 제한적으로 봤습니다. VR은 기기 보급과 활용도 등에서 대중화의 허들이 무척 높았어요. NFT는 개발자뿐만 아니라 게임 이용자들에게 반감이 컸습니다. '펌프 & 덤프' 현상에 대한 우려가 많았죠. 펌프 & 덤프란 주식이나 암호 화폐 시장에서 가격을 인위적으로 끌어올린 뒤 팔아치워 가격이 급락하는 패턴을 말합니다. 또한 국내 게임업계 관계자 대부분은 MMORPG 자체를 메타버스로 여겼기 때문에 따로 메타버스에 대한 관심이 크지 않았고요.

반면 AI는 VR처럼 이용자들이 새로운 기기를 살 필요도, NFT 게임처럼 돈을 잃을 위험도 없습니다. 게임사 입장에서는 재미와 만족도를 높이고 콘텐츠 규모를 늘릴 수 있을 뿐 아니라 개발 기간과 비용을 크게 줄일 수 있다는 명확한 이득이 있었습니다. 운영과 마케팅을 강화해 리텐션과 매출도 끌어올릴 수 있고요. 게다가 AI는 VR이나 NFT처럼 검증이 덜 된 분야도 아니고, 이미 여러 영역에서 알고리듬 방식을 활용해 이득을 얻어왔죠.

AI의 기반이 되는 머신 러닝 열풍에 대한 대응은 게임사마다 달랐어요. 이미 한국 게임 생태계는 양극화가 심화된 상태여서 AI센터를 설립한 메이저 회사와 달리 중소형 게임사는 AI 개발자의 몸값이나 조직을 감당할 만한 여력이 없었습니다. 메이저 회사도 기업의 비전과 상황에 따라 대응 방식이 달랐습니다.

① 게임 운영에 AI를 활용한 넥슨

30개 이상의 라인업을 가진 넥슨 인텔리전스랩의 배준영 부본부장은 이렇게 말했죠.

> "재미있는 신작 게임을 내놓는 것도 중요하지만, 기존 게임 이용자의 즐거움을 극대화하고 사용자 경험을 개선하는 게 그에 못지않게 중요하다고 판단했다. 게임 이용자의 광범위한 데이터 분석을 통해 맞춤형 추천 서비스를 제공하고 있다. 게임 아이템, 튜토리얼은 물론 이용자 모임인 길드와 참고할 만한 동영상 콘텐츠까지 추천한다."

AI 활용을 게임 운영에 접목하자 주목할 만한 성과가 나왔습니다. 〈피파온라인 4〉의 맞춤형 동영상 추천을 받은 이용자는 게임 이용 시간이 50% 늘었고, 〈메이플스토리M〉에 튜토리얼 추천 모델을 도입해 재방문율을 최대 20% 높였죠. 개인 정보 도용 결제 사례를 집중 학습시킨 AI가 비정상적 결제를 자동으로 감지해 차단시켰는데, 도용 피해 건수와 금액이 90% 이상 줄었습니다.

② 게임 콘텐츠 개발에 AI를 활용한 엔씨소프트

엔씨소프트는 국내는 물론 글로벌 게임사 중 AI에 가장 적극적으로 투자해온 회사입니다. 넥슨과 달리 라인업과 신작을 늘리기보다 대작 타이틀 하나하나에 집중하며 성장해왔습니다. 그러다 보니 게임 AI 개발도 주로 게임 콘텐츠에 초점이 맞춰져 있어요.

〈블레이드&소울〉의 '무한의 탑'이 대표적인 AI 적용 사례이죠. 무한의 탑은 인간들이 마황에게 대항할 실력을 쌓기 위해 세운 100층짜리 1인 영웅 던전인데요, 게이머는 도장깨기하듯 각기 다른 난이도로 배치된 각 층의 AI를 물리치고 위층으로 올라갑니다.

이 탑의 AI는 기존 AI와 달리 일정한 패턴이 없는 게 특징입니다. 각각의 상황에 맞춰 최적의 스킬을 선택해 게이머에 대항하죠. 이를 위해 엔씨소프트 게임 AI팀은 강화 학습 기반의 NPC(Non Player Character) AI를 제작했어요. NPC 간 일대일 대결에서 승리하는 것이 목표인 이 AI는 상황에 맞게 50여 개의 스킬을 사용할 수 있는데, 개발 당시 단기적으로는 상대의 체력을 감소시키는 것을 피드백으로 줘 최소 10만 번 정도 반복시킨 후에 점진적으로 개선해나갔다고 합니다.

무한의 탑은 100층으로 구성되어 있고 층수가 올라갈수록 강력한 AI가 등장하는데, 이는 단계별 AI 난이도를 조절할 수 있는 요소(Factor)를 조정함으로써 가능했습니다.

엔씨소프트 관계자는 이 AI NPC를 '접대 골프'에 빗대어 설명했어요. 접대 골프를 잘 하려면 상대가 '접대받고 있구나'라는 생각이 안 들도록 쫄깃한 경기를 해야 하죠. 티가 나면 재미가 없어지고, 그렇다고 접대 대상보다 너무 잘 치면 의욕을 끊어버리니까요. 이는 게임 튜링 테스트와 일맥상통하는 지점으로, 이렇듯 머신 러닝을 거친 게임 봇이 게임 콘텐츠에 본격적으로 들어오게 되었죠.

③ 제품과 콘텐츠 모두에 AI를 도입한 넷마블

넷마블의 AI센터는 '콜럼버스실'과 '마젤란실'로 나뉘어 있습니다. 콜럼버스실의 목표는 게임 유입부터 이탈까지 이용자 생애 주기에 대한 최적의 분석과 매니지먼트를 통해 게임 제품 수명 주기(Product Life Cycle, PLC) 개선을 끌어내는 것이죠. 넥슨의 AI 조직과 비슷한 역할입니다. 마젤란실은 지능형 게임을 만드는 것에 중점을 두는데, '게임 플레이 봇' 개발과 AI 기반 음성 명령 기술 등을 개발하고 있습니다. 엔씨소프트의 AI 조직 목표와 비슷합니다.

챗GPT가 몰고 온 새로운 변화

챗GPT와 스테이블 디퓨전은 게임 생태계에 이전 AI와 전혀 다른 충격을 주었습니다. 이제 중소 업체나 1인 개발자도 첨단 AI에 접근할 수 있게 됐기 때문이죠. 별도의 AI 개발 조직이 없더라도 텍스트 지시어(프롬프트)를 잘 입력하면 생성 AI를 활용할 수 있는 시대가 되었습니다.

　현재 게임업계에서 가장 관심이 높은 것은 '사실적인 NPC'와 이미지 생성 분야입니다. 물론 코드와 오디오 등 다른 생성 분야도 있지만, 우선 NPC에 대해 살펴보려고 합니다. 그간 모션 캡처와 그래픽 렌더링, 애니메이션 등 게임의 다른 기술들은 비약적으로 발전해온 반면 NPC의 표정과 제스처, 말 등을 지원하는 기술은 정체돼 있는 상황이었으니까요.

① 게이머들과 다양한 이야기를 나누는 NPC의 등장

일반적으로 'NPC'라고 하면 정해진 대사와 행동을 반복적으로 표하는 캐릭터를 상상합니다. 2022년 10월 AI 개발자 플랫폼 '인월드 에이아이'가 미국 게이머 1,002명을 대상으로 설문조사한 결과 52%의 응답자가 이 '반복적인 대화'를 가장 불만스러운 분야로 꼽았어요. 다음은 설문 조사 결과의 주요 내용입니다.

진화된 AI NPC에 더 많은 비용을 지불할 의사가 있다. **81%**

진화된 AI NPC에 더 많은 시간을 할애할 의사가 있다. **78%**

NPC와 약속을 하게 된다면 기쁠 것이다. **79%**

NPC의 AI가 뛰어날 경우 게임 경험이 크게 향상될 것이다. **99%**

설문 조사 후 인월드 에이아이가 정의한 진화된 NPC의 요건은 다음과 같습니다.

▲ 이용자가 오늘 저녁 식사로 무엇을 먹었는지 대화 가능

▲ 이용자 캐릭터가 입고 있는 옷부터 물약을 훔치는 도둑까지 다양한 상황에 반응

▲ 감정 변화에 따라 표정과 몸짓도 변화

▲ 이용자 캐릭터의 이름을 기억함

옴니버스 ACE 데모 영상. 미래의 라멘집을 테마로 주인장과 대화를 나누는 모습을 담았다. 출처: 엔비디아 공식 유튜브

생성 AI는 이런 게이머들의 니즈를 해소해줄 것으로 보여요. 2023년 5월 엔비디아는 NPC AI를 쉽게 만들 수 있는 솔루션을 공개해 화제가 됐습니다. '옴니버스 ACE'는 이용자가 AI의 보조를 받아 자연스러운 3D 아바타를 제작, 편집할 수 있는 솔루션입니다. 음성에 따라 얼굴 표정과 입 모양이 현실적으로 움직이는 애니메이션을 쉽게 적용 가능해요.

현재 옴니버스 ACE 솔루션과 기반 기술을 활용해 개발하고 있는 게임으로는 〈스토커 2: 하트 오브 체르노빌〉〈포트 솔리스〉 등이 있어요.

2023년 6월에는 AI NPC가 등장한 게임이 중국에서 출시돼 화제를 모았어요. 넷이즈의 〈역수한 모바일〉에 등장하는 NPC는 무역이나 역사 등을 학습해 이용자와 자유롭게 대화를 나눌 수 있고, 표정과 행동이 바뀌기도 하죠. 이게 중국 내에서 화제가 되어 게임은 앱스토어 1위를 차지하기도 했어요.

② 프롬프트 디자이너가 된 게임 그래픽 디자이너

이렇게 실제처럼 반응하는 NPC의 경우 MMORPG 같은 대형 게임을 제작하는 개발사에서 관심을 갖는다면, AI 이미지 생성 솔루션은 거의 모든 게임사에 영향을 미치고 있습니다. 이미 국내외 상당수 게임업체 그래픽 담당자들은 '프롬프트 엔지니어링'을 익힌 '프롬프트 디자이너'의 역할을 배우거나 실행하고 있는 중이죠.

가장 대표적인 솔루션은 어도비에서 내놓은 '파이어플라이'입니다. 어도비는 고객이 파이어플라이로 생성한 콘텐츠에 대한 저작권 소송에서 패소할 경우 모든 청구비용을 어도비가 지불한다는 점을 강조했어요. 즉, 저작권 침해가 없는 이미지 생성 AI로 많은 게임 회사들에 어필했습니다. 어도비는 2023년 6월 연간 매출 가이던스를 192억 5,000만~193억 5,000만 달러로 수정했는데, 전년 대비 9.3~9.9% 증가한 수치입니다. 파이어플라이 수요 덕분이죠.

전 세계 상위 1,000개 모바일 게임의 약 70%가 사용한 게임 엔진 제작사 유니티도 머신 러닝에 이어 생성 AI를 강화하고 있는 중입니다. 유니티는 머신 러닝을 통해 캐릭터를 보다 정교하게 실제에 가깝게 구현하면서도 시간 효율성을 높일 수 있는 기술 개발에 힘써왔죠. 유니티가 공개한 '2023 게임업계 보고서'에 따르면 개발자 워크플로에 생성 AI가 더욱 적극적으로 활용될 것으로 보입니다. 유니티는 2023년 6월 AI 기반 게임 개발과 게임 플레이 개선 솔루션을 제공하는 'AI 마켓플레이스(AI Marketplace)'를 출시하기도 했죠.

　게임 개발 과정에서 그래픽은 늘 대규모 리소스를 투입해왔는데요, 이제 생성 AI를 통해 그래픽 분야는 비용과 시간을 비약적으로 절약할 수 있게 됐습니다. 덕분에 많은 게임 회사들이 그래픽 담당자를 프롬프트 디자이너로 전환하고 있어요. 그래픽 인원 30명을 전부 프롬프트 디자이너로 바꾼 개발사도 있는 상황입니다. 이로 인해 그래픽 외주 업체들은 갈수록 상황이 안 좋아지고 있고요.

③ 국내 게임사들의 자체 AI 개발 열풍

국내 게임사 중 생성 AI 분야에서 가장 앞서 나가는 곳은 엔씨소프트입니다. 엔씨소프트는 2023년 8월 국내 게임사 최초로 자체 개발한 AI 언어모델 'VARCO(바르코) LLM'을 공개했고, VARCO LLM 기반 생성 AI 플랫폼 3종을 추가로 소개하기도 했죠. 이미지 생성툴(VARCO Art), 텍스트 생성 및 관리툴(VARCO Text), 디지털휴먼 생성 및 편집, 운영툴(VARCO Human)이에요. 생성 AI 플랫폼 3종은 'VARCO Studio'라는 명칭으로 서비스되는데요, 앞서 언급한 생성 AI 관련 분야의 주요 솔루션을 직접 개발한 셈입니다.

　2023년 3월 엔씨소프트는 개발 중인 인터랙티브 액션 어드벤처 〈프로젝트 M〉의 예고 영상을 공개했습니다. 영상에는 디지털 휴먼으로 구현한 김택진 대표가 등장했죠. 대사는 AI 음성 합성 기술로 만들었으며, 표정과 립싱크 애니메이션은 대사와 목소리에 맞춰 얼굴 애니메이션을 자동 생성하는 'Voice-to-Face' 기술을 활용했죠. 영상에

엔씨소프트가 개발 중인 〈프로젝트 M〉 예고영상에 김택진 대표가 디지털 휴먼으로 구현돼 등장했다.
출처: 엔씨소프트 공식 유튜브

는 한국적 배경 속에서 주인공이 전투하거나, 선택지에 따라 다른 행동을 하는 등의 모습이 나왔어요. 엔씨소프트는 이번 게임이 이용자가 획득한 정보에 따라 스토리가 변화하고 확장되는 것이 특징이라고 전했습니다.

〈애니팡〉 시리즈로 유명한 위메이드플레이는 2023년 4월 AI로 만든 캐릭터를 자사 게임에 적용한다고 밝혔습니다. AI 프로그램 '애니'는 10년넘게 아트팀에서 그린 스케치와 원화 등 10여 만 장의 이미지로 머신 러닝을 진행하며 주요 테스트를 마쳤어요. 게임 내 광고 데이터 분석과 운용에 참여해온 '애니'는 〈애니팡〉 캐릭터들을 지칭하는 '애니팡 프렌즈' 디자인에서도 좋은 평가를 받았다고 해요.

이 밖에도 다양한 AI 적용 시도가 이뤄지고 있어요. 시프트업은 챗GPT 개발자 출신인 김태훈 엔지니어를 영입했고, 크래프톤은 3년간 장병규 의장 직속으로 딥러닝 게임 제작 경험과 아이디어를 쌓은 프로젝트를 신규 독립 스튜디오 렐루게임즈로 격상했죠. 넥슨은 AI NPC는 물론 유명 게임 디렉터 목소리를 자동 생성해 이용자와 소통하는 서비스를 개발 중이고요.

2024년 이후 전망: 게임분야 AI 활용은 더욱 확산될 것

게임 분야에서 AI 활용은 다른 분야와 달리 걸림돌이 별로 없습니다. 2021년 4월 유럽연합(EU)이 공개한 AI 규제안은 4단계 위험 수준별 규칙을 담고 있는데, 게임은 이중 스팸 필터와 함께 '최소 위험(Minimal Risk)' 분야로 명시됐어요. 게임의 AI 활용은 공권력의 규제로부터 다른 어느 분야보다 자유롭기 때문에 앞으로 더욱 활발해질 것으로 보입니다.

생성 AI로 인해 배우나 작가들의 반발이 이어지고 있습니다. 저작권을 어디까지 인정해야 하는지가 이슈로 떠올랐죠. 반면 게임업계에는 이런 사회적 저항이 없다는 게 특징입니다.

팬데믹이 엔데믹으로 바뀐 후, 글로벌 게임업계의 수익성이 계속 떨어지고 있는 상황에서 투자자나 경영진 입장에서는 시간과 비용을 줄여주고, 이용자 리텐션과 과금을 늘려줄 AI 활용이 절실하겠죠. 인간과 닮은 디지털 휴먼을 만들기 위해 기존에는 6명의 아티스트가 4~5개월간 밤낮없이 작업해야 했지만, 이제 생성 AI를 활용하면 몇

분 안에 작업을 끝낼 수도 있게 됐으니까요.

유니티의 마크 휘튼 수석부사장은 "생성 인공지능이 게임 산업 생산성을 최대 100배 가까이 높일 것이다"라고 말했어요.

그러다 보니 게임사들은 2022년 대비 줄어든 매출에도 불구하고 AI 개발을 위한 연구개발비를 높이고 있는 중입니다. 넷마블은 매출 대비 28.8%로 주요 게임사 중 가장 많은 연구개발비를 지출했고, 엔씨소프트도 8%나 상승했어요. 이 정도로 거의 모든 업체에서 중요해진 AI는 게임 생태계에 어떤 영향을 미칠까요?

환경이 크게 바뀔 때는 초반에 잘 적응하는 업체가 두드러지게 앞서 나갑니다. 특히 '바이럴 효과'를 무시할 수 없죠. 넷이즈가 개발한 〈역수한 모바일〉은 2023년 6월 출시 직후 앱스토어 매출 1위에 올랐고, 꾸준히 매출 최상위를 유지하고 있어요.

이 같은 성과에 대해 중국 게임 매체 17173.com의 단단(舟舟) 편집장은 AI NPC의 역할이 컸다고 이야기합니다.

"AI NPC 등장이 소셜 미디어와 게이머 커뮤니티에서 큰 화제를 모았다. 직접 대화를 나누고 싶어 하는 이용자들이 게임으로 몰려들었다."

하지만 성급한 AI 적용과 검증 없는 공개는 조심해야 합니다. 대만의 리듬 게임 개발사 레이아크는 서정적인 일러스트로 명성이 높았는데, 2023년 4월 〈디모 2〉와 〈사이터스 2〉 일러스트 4장을 공개하자 의문과 항의가 쏟아졌어요. 펜을 바로 쥐고 있지 않거나, 어색한 자세로 컵을 쥐고 있는 모습 등 손의 마감이 문제였죠. 〈디모 2〉의 3.0 버전 티저에는 손가락이 6개인 인물이 나왔어요. 레이아크는 AI 일러스트를 사용했다고 밝힌 적이 없지만, 이는 AI 일러스트가 보여주는 '전형적인' 실수였습니다.

〈사이터스 2〉의 아트 디렉터였던 칭예는 자신의 트위터에 "우리가 한 모든 노력과 품질 관리가 조잡한 AI 똥 덩어리(bullshit)로 변하는 것을 보니 조금 역겹다"라고 썼습니다.

이런 결과물의 실수 외에 게임사 내부 작업 과정의 시행착오도 생길 것으로 보입니다. 현재 많은 게임사가 AI 솔루션을 '학습 중'이기 때문이죠. 아직 벤치마킹할 만한 확실한 워크플로 레퍼런스가 공유되지 않은 상황이에요. 게임업계의 전례상 성공 케이스가 나올 경우 짧은 시간에 '최적화한 AI 활용 워크플로'가 확산될 가능성이 큽니다. 장기적으로는 많은 업체들이 유니티 엔진을 활용하는 것처럼 생성 AI를 활용하는 게 보편 기술이 될 가능성도 있어요.

생성 AI는 중소 개발사가 더 짧은 시간에 더 적은 비용으로 더 많은 콘텐츠를 제작할 수 있는 기회를 만들어주고 있어요. 이런 변화는 2021년 이후 한국 게임사 신규 투자를 접었던 텐센트가 2023년 다시 투자를 재개하는 데 결정적 영향을 미쳤습니다. 텐센트가 한국 게임사 투자를 접었던 주요 이유 중 하나는 콘텐츠 생산 규모의 한계였는데요, 중소 개발사 인원으로 이용자 수요를 충족시킬 수 있는 규모의 콘텐츠 업데이트를 할 수 없다고 판단했죠. 그런데 AI 덕분에 상황이 바뀌었어요.

그렇다면 AI는 국내 게임 생태계의 양극화를 개선할 수도 있지 않을까요?

하지만 현장 의견은 다릅니다. 대부분의 중소 업체는 여력이 많지 않아요. 비싼, 즉 퀄리티 높은 결과물을 내놓는 생성 AI 솔루션을 이용할 수 없다는 것이 문제죠.

한 중소 게임업체 대표는 "우리 프롬프트 디자이너들은 한 달에 몇만 원하는 솔루션을 이용하고 있다. 메이저 업체는 수억 원을 걸어놓고 생성 AI 솔루션을 돌린다. 퀄리티 차이가 엄청 크게 난다"고 말했습니다.

AI 솔루션 덕분에 퀄리티가 올라가고 규모 또한 커진 중소 개발사의 게임이 다수 출시된다고 해도, 과거보다 퀄리티를 더 크게 개선한 메이저 개발사 게임이 동시에 나온다면 어떤 현상이 벌어질까요? 쏠림과 잠금 효과(Lock-in Effect) 현상이 더 강해질 확률이 높습니다. 〈역수한 모바일〉을 만든 넷이즈는 중국 2대 게임사예요. AI 솔루션이 그전에는 불가능했던 예외적인 몇몇 성공 사례를 만들 가능성은 높아졌지만, 근본적으로 게임 생태계 양극화를 개선할 가능성은 크지 않아 보입니다.

게임업계 일자리는 어떻게 될까요? 유니티의 한 임원은 다음과 같이 말했습니다.

"AAA급 게임에 들어가는 이미지와 음성은 단순히 '생성된' 결과물이 아니고, AI의 도움을 받아 조금 더 빠르게 만든 것이다. 생성 AI의 등장이 게임 개발 및 디자인 인력을 완전히 대체할 수 없다는 이야기도 같은 맥락이다. 내 주 업무는 인력을 대체하기 위한 기술을 개발하는 것이 아니라, 게임 개발에 최대한의 효율과 도움을 가져올 인공지능 및 머신 러닝 툴을 개발하는 것이다."

데브컴 2023 엑스포에 나온 AI 적용 솔루션

EPAM = Custom AI, Automated Testing 등

InstaMAT = Procedural Materials and Assets, AI-based Features 등

Jet Brains = Code Generation 등

Omni Animation = AI generated high fidelity animations 등

ReadSpeaker = TTS, scalable for AI-generation 등

Speechless = The voice-over platform

Xsard = AI anti-cheat

하지만 앞서 엔비디아가 공개한 옴니버스 ACE를 본 미국 게임 전문지 〈코타쿠〉는 이렇게 평했어요.

"작가와 일러스트레이터를 넘어 프로그래머, 3D 애니메이터, 촬영 전문가, 성우까지 AI의 위협을 받기 시작했다."

AI 기술이 발달하면 할수록 사람의 일자리를 대체할 가능성이 높습니다. 이미 그래픽 아웃소싱 업체는 일감이 줄어들었고요. 그래픽과 사운드 관련 일자리는 앞으로 더욱 줄어들 가능성이 높습니다. 2023년 8월 독일에서 열린 데브컴 개발자 콘퍼런스의 엑스포관은 그런 미래가 성큼 다가오고 있음을 보여주었죠. 솔루션 회사들은 대부분 AI 기능을 들고 나왔어요.

AI는 더 많은 선택지를 더 빨리 줍니다. 그래서 실무자보다는 디

렉터가 더 바빠질 확률이 높아요. 실무자나 입사를 준비하는 이들은 AI 활용 역량을 지속직으로 늘려야 하는 상황입니다.

반면 AI와 반대 방향으로 더 중요해지는 직군들도 있어요. AI가 대체하기 어려운 분야죠. 현재 게임 관련 AI는 ① 머신 러닝 등을 통한 게임성 개선, ② 개발 시간과 비용 절감, ③ 테스트와 밸런싱 강화, ④ 리텐션과 과금 강화 등에 쓰이고 있어요.

머신 러닝은 분명 부분적인 게임성을 개선할 수 있지만 기획 업무 전반을 대체하기는 어렵죠. 사람이 구상하는 여러 프로토타입에 대해 AI는 테스트를 통해 매우 빠르게 게임성을 검증할 수 있어요. 게임사는 그 결과에 따라 게임을 접거나 개선 작업을 반복하겠죠. 이런 프로세스가 매우 빠르게 돌아갈 거예요. 다양하고 창의적인 프로토타입을 계속 만들어내는 업무의 중요성이 커지고, 업무 로드가 늘어날 확률이 높습니다.

또한 이용자 대응에도 그런 부분이 있어요. 이를 데이터에만 의존할 수는 없으니까요. 2022년 확률형 아이템 논란으로 트럭 시위가 판교를 뒤흔들었지만, 데이터만 봐오던 게임사들은 트럭 시위의 발화를 예상하지 못했어요. 데이터상으로는 변화의 조짐을 파악하기 어려웠고, 운영이 외주화되며 게임사의 이용자 관리 역량이 크게 떨어졌거든요. AI 강화 유무와 별개로 이 분야는 강화해야 할 것입니다.

K-게임의 위상은 다시 비상할 수 있을까?

압도적인 문화 콘텐츠 수출 1위의 비결

한국 문화 콘텐츠 수출액 중 게임 비중은 압도적입니다. 한국콘텐츠 진흥원에 따르면 2022년 게임 산업은 약 11.5조 원의 수출 성과를 올렸어요. 이는 약 17조 원인 2022년 콘텐츠 수출액 중 67.4%를 차지하는 수준입니다.

2000년대 중반 이후 게임은 문화 콘텐츠 중 단연 수출 1위였어요. 그렇다면 K-게임의 글로벌 게임계 위상은 여전히 높을까요? 아래 표를 살펴보시죠.

주요 게임사 2022년 수익 1위 게임

게임사	게임	출시
넥슨 코리아(자회사 포함)	던전앤파이터	2005년
엔씨소프트	리니지M	2017년
스마일게이트	크로스파이어	2007년
크래프톤	배틀그라운드	2017년
펄어비스	검은사막	2014년
컴투스	서머너즈 워	2014년

2022년 수익을 많이 올린 게임 중 신작은 없었습니다. 출시된 지 최소 5년 이상 되었고, 이 중 〈던전앤파이터〉와 〈크로스파이어〉는

2008년에 나왔죠. 둘 다 중국에서 론칭하며 큰 성공을 거뒀습니다. 현재도 수익 중 중국 로열티 비중이 압도적이죠. 〈서머너즈 워〉와 〈검은사막〉〈배틀그라운드〉는 중국 외 글로벌 시장에서 큰 성과를 거둔 대표적인 게임들입니다. 아쉽게도 각 게임 개발사들은 그 성공을 이을 후속작을 아직 내놓지 못하고 있어요. 〈리니지M〉은 우리나라와 대만에서 압도적인 매출을 거뒀지만, 그 외 시장에서는 존재감이 없죠.

K-게임이 2022년 한국 문화 콘텐츠 중 압도적인 수익을 거둔 건 '라이브 서비스' 성격이 강하기 때문이에요. 출시한 게임을 지속적으로 유지, 보수, 업데이트하면서 이용자들이 계속 게임을 하게 만들어 수익을 거두죠.

넥슨과 스마일게이트 타이틀 중 지난 15년간 가장 수익이 높은 게임은 중국에서 대박이 난 〈던전앤파이터〉와 〈크로스파이어〉예요. 덕분에 K-게임의 수출 중 중국 비중이 34.1%로 여전히 가장 높습니다. 북미(12.6%), 유럽(12.6%)을 합친 것보다 10% 가까이 높아요.

스마일게이트의 〈로스트아크〉가 2022년 스팀에서 흥행하며 〈크로스파이어〉에 필적할 수익을 거뒀지만, 2023년에는 성과를 이어가지 못했어요. 게임은 드라마나 음악에 비해 신규로 글로벌 성공을 거두는 타이틀이 잘 안 나오고 있죠. 게다가 중국 의존도가 여전히 높아요. K-게임의 수출액 비중이 K-드라마나 K-팝에 비해 압도적으로 높다고 해도 글로벌 위상이 더 낫다고 이야기하기 힘든 이유입니다.

엔데믹 이후 더 힘들어진 2023년 게임 산업

2023년 국내 게임사 상황은 더 좋지 않습니다. 리오프닝 이후 주춤해진 게임사 실적이 개선되지 않고 있죠.

매출 상위 15개 게임사의 2023년 상반기 실적을 보면 넥슨과 넥슨게임즈, 그라비티와 더블유게임즈를 제외하면 영업이익이 다 줄어들었거나 여전히 마이너스입니다. 표에 없는 나머지 13개 상장 게임사 중에는 조이시티만 영업이익이 늘었죠. 즉 28개 상장사 중 영업이익이 커진 곳은 5개뿐입니다.

중소 게임사 상황은 더 심각하죠. 게임사는 대부분 비용이 인건비예요. 적자를 버틸 여력이 적은 중소 게임사는 재정이 악화되면 인력을 내보낼 수밖에 없죠. 인력이 줄어들면 개발이 늦어지거나 게임 퀄리티가 떨어지게 돼요. 당연히 성과가 더 떨어지면서 다시 인력을 줄이는 악순환을 겪을 확률이 높습니다.

코로나19 시기 게임사들은 역대급 호황을 누렸습니다. 주가가 폭등했고, 매출도 올랐죠. 하지만 재택근무를 하면서 효율이 떨어졌고, 이를 해결하기 위해 게임사는 인력을 추가로 뽑았어요. 2021년 초 연봉 인상 릴레이로 인건비는 크게 늘어났지만, 리오프닝 후 매출은 꺾였죠. 앞서 언급한 것처럼 게임사들은 인력 축소에 나섰어요. 재택이 끝났지만, 아예 출근하지 못하는 직원들이 늘어났습니다.

데브시스터즈 사례를 보면, 2020년 12월 147명이었던 임직원이 그해 3분기에 615명, 2022년 3분기엔 859명까지 늘었어요. 2021년 1월 출시한 〈쿠키런: 킹덤〉이 성공한 덕분이죠. 하지만 인건비가 급

2023년 상반기 주요 게임사 실적

게임사(매출순)	매출액	증감율(YoY)	영업이익(손실)	증감율(YoY)
넥슨	21,041	▲24.8%	8,088	▲37.1%
넷마블	12,059	▼6.7%	-654	적자유지
크래프톤	9,258	▼2.2%	4,145	▼13.8%
엔씨소프트	9,190	▼35.26%	1,169	▼68.16%
카카오게임즈	5,203	▼14.03%	378	▼69.29%
컴투스	4,210	▲28.9%	-204	적자전환
그라비티	4,038	▲115.4%	960	▲116.1%
더블유게임즈	2,892	▼3.4%	964	▲14.1%
위메이드	2,532	▲5.5%	-871	적자유지
펄어비스	1,642	▼11.5%	-130	적자전환
네오위즈	1,387	▼5.6%	-36	적자전환
넥슨게임즈	956	▲119.7%	129	흑자전환
데브시스터즈	886	▼22.3%	-182	적자전환
웹젠	853	▼38.8%	216	▼54.9%

(금융감독원 전자공시시스템, 단위 억 원)

증하는 동안 영업이익은 뒷걸음질쳤죠. 2022년 3분기 38억 원을 기록했던 영업 손실이 4분기에는 235억 원으로 크게 늘어났어요. 데브시스터즈는 2023년 1월 '쿠키런' IP 기반 플랫폼 '마이쿠키런' 담당을 비롯한 직원 30여 명을 인사 조치했죠.

내우외환, 모바일 게임의 하락세

리오프닝 이후 게임 시장 축소가 우려돼요. 특히 모바일 게임 시장이 줄어들고 있어요. 2023년 3월 모바일 시장 데이터 분석기업 센서타워가 발표한 2022년 한국 모바일 게임 시장 인사이트 리포트에 따르면 2022년 국내 모바일 게임 시장 규모는 53억 달러(약 6.9조 원)로 2021년 58억 달러에 비해 약 8.6% 줄었습니다.

2023년에는 축소 폭이 더 늘었는데요, 2023년 7월 센서타워 발표에 따르면 상반기 국내 모바일 게임 시장 규모는 27억 달러로 전년 동기 32억 달러에 비해 16% 감소했어요. 센서타워 측은 북미, 일본, 유럽 시장과 마찬가지로 리오프닝 이후 국내 모바일 게임 시장도 2022년부터 하락세라고 설명했어요.

현재 국내 모바일 게임 시장 톱10은 해외 시장과 다른 모습입니다. '리니지라이크' 장르의 게임이 과점하고 있죠. 그 아래 순위는 글로벌 시장과 비슷하고요. 중국 게임들이 상당수 포진해 있어요. 리니지라이크 게임의 글로벌 진출은 어려운 상황입니다. 중국은 아예 판호(게임 운영 라이선스)를 안 주고 있죠. 해외 게이머들은 비용이 많이 들고, 좋은 캐릭터나 아이템을 뽑을 확률이 낮은 확률형 아이템에 거부감이 크기 때문이에요.

한국은 매출액 기준 미국, 중국, 일본에 이어 4위의 게임 시장입니다. 한국 주요 게임사들은 모바일 게임에 집착하며 내수 시장에 안

주하는 경향을 보였죠. 모바일 게임은 결제 한도가 없는데, 확률형 아이템은 매출을 늘릴 수 있는 가장 확실한 비즈니스 모델이기 때문이에요. 하지만 이 비즈니스 모델에 대한 의존성이 커지면 커질수록 한국 게임은 글로벌 시장 및 젊은 게이머층과 멀어져 갔죠.

반면 판호 발급이 힘들어진 중국 게임사는 해외 시장에 눈길을 돌렸어요. 인접국인 한국과 일본은 물론 북미와 유럽 시장까지 적극적으로 진출했죠. 저항이 낮은 비즈니스 모델을 통해 해외 게이머들의 마음과 지갑을 열었어요.

센서타워에 따르면 2023년 4월 총 40개의 중국 기업이 글로벌 모바일 게임 퍼블리셔 매출 순위 100위에 진입했습니다. 호요버스는 〈원신〉에 이어 2023년 4월 〈붕괴: 스타레일〉을 출시해 중국은 물론 미국, 한국, 일본 등 주요 게임 시장 톱 3에 진입했어요. 2023년 4월 출시한 릴리스의 〈콜 오브 드래곤즈〉는 매출 1억 달러를 기록했죠.

2023년 게임스컴에 텐센트(레벨인피니티), 넷이즈, 호요버스 등 중국 3대 게임 회사는 역대 가장 큰 부스를 차리고 진출했어요. 글로벌 시장에서 한국 게임사와 격차를 더 벌리고 있는 중입니다.

국내 게임 생태계의 새로운 희망

한국 게임 산업이 별다른 걸림돌 없이 성장해온 것만은 아니에요. 〈리니지〉가 PC방을 점령한 뒤 후속 MMORPG들은 먹고살기 힘들었어요. 그때 중국을 뚫었죠. 〈퀴즈퀴즈〉는 유료화로 게이머와 PC방 양쪽으로부터 비난을 샀고, 동접자가 확 줄었어요. 이때 부분 유료화가 시작됐어요. 〈서든어택〉이 국내 FPS(일인칭 슈팅 게임) 시장을 장악하자 〈크로스파이어〉는 중국으로, 〈포인트블랭크〉는 인도네시아로 진출해 '국민 게임'이 됐습니다. 마케팅 예산이 적었던 〈배틀그라운드〉는 얼리액세스와 인플루언서를 통해 북미 시장을 뚫었죠. 모바일 게임 생태계의 포화, 중국 게임사의 득세 등으로 힘들어진 상황에서도 새로운 길을 찾아내 성과를 거두는 K-게임들이 있어요. 이들에 주목해야 합니다.

2022년 7월 출시한 방치형 RPG 〈레전드 오브 슬라임〉은 2023년 2월 1,000만 다운로드를 기록했습니다. 6월 누적 매출 1,000억 원을 달성했죠. 개발사 로드플래닛 배정현 대표는 "매출 대부분이 글로벌에서 발생했고, 차트부스팅이 아닌 퍼포먼스 마케팅과 오가닉만으로 이뤄낸 결과"라고 밝혔어요.

선택과 집중을 통한 축적의 힘이 컸어요. 로드플랫닛은 내부 개발 스튜디오 마카롱을 통해 글로벌 지향의 라이트코어 라인업을 개발하며 경험과 역량을 쌓았죠. 〈안녕 유산균〉 〈작살난다냥〉 〈머지 택틱스: 킹덤 디펜스〉 등을 거쳐 〈레전드 오브 슬라임〉이 나올 수 있었죠.

〈블루 아카이브〉는 2023년 1월, 일본 서비스 시작 2년 만에 처음으로 양대 마켓 매출 순위 1위에 올랐어요. 한국 게임으로는 처음 거둔 성과였죠. 서비스한 지 2년 지난 게임이 '뒤늦게' 1등을 차지한다는 것은 게임이 순수하게 인기가 높아졌기 때문이라는 것 외에 설명할 길이 없어요.

2023년 7월 말에는 '2.5주년' 기념 업데이트로 호평을 받으면서 다시 매출 순위 1위를 기록하는 데 성공했죠. 인게임에서 확인할 수 있는 활동 이용자(액티브 이용자) 또한 시간이 지날수록 늘었어요.

넥슨이 2023년 6월 스팀에 출시한 〈데이브 더 다이버〉는 출시 하루 만에 인기 제품 1위와 판매 제품 2위를 기록했어요. 판매 순위 1위는 무료 게임이어서 유료 게임 판매 순위는 사실상 1위의 성적이었죠. 5년 전 〈배틀그라운드〉가 선풍을 일으키며 스팀 1위에 오른 이후 한국 게임으로서는 두 번째 사례였어요. 유로게이머들은 10점 만점에 10점을 줬어요. "올해 나온 게임 중 가장 중독성 강한 작품"이라는 평가가 많았죠.

네오위즈가 2023년 9월 19일 출시한 〈P의 거짓〉은 당일 스팀 판매량 4위에 올랐습니다. 92%를 할인 중인 〈카운터 스트라이크〉와 게임용 기기인 스팀덱을 제외하면 실제로는 2위였죠. 2022년 게임스컴 어워드 3관왕의 위엄을 자랑하듯 일본 플레이스테이션 스토어 1위, 미국 플레이스테이션 스토어 5위에 올랐죠. 소울류 게임의 본고장인 일본에서 1위에 오른 것은 그 자체로 큰 의미가 있었습니다. 평가도 좋습니다. 스팀 리뷰의 90%가 긍정적이었으니까요. 해외 리뷰 집계 전문 사이트 메타크리틱에서도 평균 81점을 얻었습니다.

엔씨소프트는 〈쓰론앤리버티〉 출시일을 연기했어요. 늦은 감 있는 시행착오를 거치고 있지만, 기존 리니지라이크의 여러 요소를 과감히 바꾸고 있습니다. 〈로스트아크〉를 스팀 2위까지 올렸던 아마존이 글로벌 퍼블리셔를 담당하는데, 과연 엔씨소프트가 서양에서도 통할 만한 타이틀을 낼 수 있을지 눈길이 쏠리고 있어요.

2023년 6월 중국에서 출시한 스마일게이트의 〈에픽세븐〉은 앱스토어 매출 9위까지 오르기도 했어요. 한한령 이후 판호를 받은 한국 게임 중 최고 성적이었지만 다소 아쉬운 결과예요. 가장 큰 게임 시장인 중국에서 한국 게임들은 계속 나올 거예요.

국내 게임 생태계는 앞서 언급한 게임들을 포함해 크게 4가지 새로운 큰 흐름이 나타나고 있어요. ① 리니지라이크 게임들의 경쟁이 치열해지고 있고, ② 서브컬처 게임 개발사들이 늘고 있으며, ③ 콘솔과 스팀 플랫폼을 통해 글로벌을 노리는 게임사들이 많아지고, ④ 다시 열린 중국 시장에 집중하는 게임사들도 있어요. 이 4가지 흐름을 짚어보며 2024년의 트렌드를 좀더 자세히 예측해 보려고 합니다.

리니지라이크 게임의 경쟁은 어떤 흐름을 보일까?

한국 게임 시장의 특이한 현상, 리니지라이크 게임

2023년 8월 19일 구글플레이 기준 매출 국내 1위부터 5위까지는 리니지라이크 게임이 싹쓸이했어요. 10위 내에 총 7개의 리니지라이크 게임이 차지하고 있는데, 세계적으로 특이한 현상이에요. '리니지라이크(Lineage-like)'는 〈리니지〉를 닮은 게임을 뜻해요. 이 장르의 특성은 다음과 같아요.

리니지라이크 장르의 4가지 특성

1) **게이머 사이 경쟁을 부추긴다.** 대규모 전투, 사냥터 통제 등 시스템적인 분쟁 유도를 통해 PK(Player Killing, 게임상에서 다른 플레이어를 죽이는 현상)가 끊임없이 발생한다.

2) PVP(Player vs Player, 다른 플레이어의 캐릭터와 대적하는 행동)에서 승리하는 데 기여한 게이머는 **소속 집단**(혈맹이나 길드) 내에서 지위와 명성을 얻는다.

3) **PVP에 콘트롤 역량은 필요 없다.** 전투 방식은 단순하며, 캐릭터 스펙(성능)이 높으면 이긴다.

4) **과금**(재화 투자)**은 스펙을 높이는 유일하거나 가장 효과적인 수단이다.** 아이템과 변신, 경험치, 스탯, 대미지, 방어력, 스킬 등을 확률 방식으로 사야 한다. 좋은 결과를 얻을 확률이 매우 낮다.

이런 특성상 리니지라이크 게임은 다른 장르보다 이용자 규모 대비 매출이 압도적으로 높죠. 스펙을 높일 수 있는, 즉 더 강해질 수 있는 새로운 아이템이 등장할 때마다 매출은 크게 올라요. 스펙 피라미드 맨 꼭지에 있는 소수의 핵과금러들이 매달 수천만 원을 지불하며, 게임 매출에 절대적인 영향을 미치고 있어요.

1990년대 말과 2000년대 PC방에서 〈리니지〉로 온라인 게임을 시작한 세대는 현재 대한민국에서 구매력이 가장 높아요. 그들은 시간은 적고, 피지컬(조작 능력)은 약하고, 새로운 것보다 익숙한 것을 선

순위		▶ Google Play			ⓐ App Store	
1		리니지M NCSOFT	〰		픽셀 히어로 Ujoy Games Limited	〰
2		나이트 크로우 Wemade Co., Ltd	〰		신의 탑: 새로운 세계 Netmarble Corporation	〰
3		아레스 : 라이즈 오브 가디언즈 Kakao Games Corp.	〰		WOS: 화이트 아웃 서바이벌 Century Games Pte. Ltd.	〰
4		오딘: 발할라 라이징 Kakao Games Corp.	〰		FIFA ONLINE 4 M by EA SPORTS™ NEXON Company	〰
5		아키에이지 워 Kakao Games Corp.	〰		나이트 크로우 Wemade Co., Ltd.	〰
6		붕괴: 스타레일 COGNOSPHERE PTE. LTD.	〰		FIFA 모바일 NEXON Company	〰
7		리니지W NCSOFT	〰		리니지M NCSOFT	〰
8		FIFA 모바일 NEXON Company	〰		오딘: 발할라 라이징 Kakao Games Corp.	〰
9		리니지2M NCSOFT	〰		아키에이지 워 Kakao Games Corp.	〰
10		신의 탑: 새로운 세계 Netmarble	〰		개판오분전 Joy Net Games	〰

구글플레이 매출 최상위권을 과점하고 있는 리니지라이크 게임들. 2023년 8월 19일 국내 게임 매출 순위. 출처: 모바일인덱스

호하죠. 그래서 계속 리니지라이크 게임을 플레이해요. 그들을 '린저씨'라고 부르는데, '리니지 게임을 하는 아저씨'라는 뜻으로 게임에 많은 돈을 쓸 여유가 있는 사람을 지칭해요.

'리니지' IP를 활용한 〈리니지M〉(2017)과 〈리니지2M〉(2019)은 확고하게 리니지라이크 게임 시장을 잡고 있었어요. 린저씨들은 이 두 게임 중 하나를 하고 있었죠. PC 온라인 게임 시절부터 후발 게임사들

의 도전이 거셌지만 엔씨소프트의 아성은 단 한 번도 흔들리지 않았어요.

하지만 2021년 6월 나온 〈오딘〉이 상황을 완전히 바꿉니다. 출시 사흘 뒤 매출 1위를 차지했어요. 〈오딘〉이 4년간 독무대를 펼치던 리니지 형제를 누른 것은 대이변이었어요. 대만에서도 비슷한 일이 벌어졌는데, 〈오딘〉은 론칭 5시간 만에 〈리니지M〉을 제치고 매출 1위에 올랐어요.

리니지라이크 게임은 계속 늘어나고 있어요. 2019년부터 2021년까지 엔씨소프트에서 나온 게임을 제외하면 매년 1개씩 등장했는데, 2022년에는 3개가 출시되더니 2023년 8월까지 5개가 무더기로 나왔어요. 그렇다면 왜 이렇게 리니지라이크 게임의 수가 늘었을까요? 무엇보다 국내 게임사들이 〈리니지M〉의 비즈니스 모델이 이용자들의 과금을 유도하는 데 매우 효율적이라는 것을 잘 알기 때문이죠. 그들 입장에서는 수익성이 불확실한 참신한 시도보다 안정적인 매출을 확보하는 게 더 중요하죠.

대부분의 리니지라이크 게임은 메이저 업체가 개발했어요. MMORPG로 게임의 규모가 크기 때문이에요. 자본력 있는 회사가 아니면 기존 게임과 비교해 경쟁력을 갖춘 게임을 만들기 어렵죠.

리니지라이크 게임은 원조 리니지 형제와 차별화하기 위해 여러 시도를 했어요. 〈오딘〉은 북유럽 신화를 기반으로 한 배경 설정과 뛰어난 그래픽으로 눈길을 모았어요. 〈아키에이지 워〉는 해상전으로 관심을 끌었고요. 스토리 연출로 호평을 얻은 〈프라시아 전기〉는 일정

〈오딘〉의 성공 이후 늘어난 리니지라이크 게임들

게임	퍼블리셔	출시	비고
V4	넥슨게임즈	2019년 11월	
R2M	웹젠	2020년 8월	엔씨 저작권 위반 소송
트릭스터M	엔씨소프트	2021년 5월	
오딘	카카오게임즈	2021년 6월	
블소2	엔씨소프트	2021년 8월	
리니지W	엔씨소프트	2021년 11월	
미르M	위메이드	2022년 6월	론칭 초반 매출 4위까지 오름
히트2	넥슨게임즈	2022년 8월	론칭 초반 매출 1위까지 오름
프리스톤테일M	파우게임즈	2022년 9월	2023년 5월 네오위즈에서 인수
아크에이지 워	카카오게임즈	2023년 3월	엔씨 저작권 위반 소송
프라시아 전기	넥슨	2023년 3월	스토리 연출, 일부 수동 권장, 시즌 패스 통한 BM 완화
나이트크로우	위메이드	2023년 4월	엄격한 통제가 불가능한 구조
제노니아: 크로노브레이크	컴투스	2023년 6월	카툰 렌더링, PK 퀘스트
아레스: 라이즈 오브 가디언즈	카카오게임즈	2023년 7월	SF, 현란한 액션, 컷신

부분 수동 플레이 권장과 함께 시즌 패스 등으로 과금 요소를 완화했어요. 비슷한 시기에 나온 경쟁작 중 그래픽이 뛰어났던 〈나이트크로우〉는 엄격한 통제가 불가능한 구조로 라이트 이용자에게 어필했어요. 〈제노니아: 크로노브레이크〉는 카툰 렌더링으로 게임 이미지에서 가장 크게 차이가 나며, 〈아레스: 라이즈 오브 가디언즈〉는 SF 세계관과 현란한 액션, 공들인 컷신 등이 기존 리니지 게임과 차별점이에요.

하지만 이 게임들의 기본 구조는 리니지 형제와 대동소이해요. 무한 경쟁 시스템과 스펙의 권능, 가혹한 과금 유도 등은 바뀌지 않았죠. 일부 과금 요소를 덜어냄으로써 '순한 맛'을 내려 하고, 라이트 이용자 유입을 위해 일부 시스템을 도입했지만 제한적일 수밖에 없어요. 일반 게이머 입장에서는 여전히 너무 비싸고 접근하기 힘들죠. 리니지라이크에 거부감이 팽배한 게이머층을 끌어들이기 어려워요. 게임사들도 이 같은 사실을 너무나 잘 알죠. 그래서 리니지라이크 타깃 이용자층, 즉 린저씨 대상 마케팅에 집중하고 있어요.

파이는 줄어들었는데, 조각은 늘어난 상황

리니지라이크 게임은 2023년 8월 19일 기준 국내 매출 순위 상위 1~5위를 모두 차지하고 있어요. 국내에서 압도적인 매출을 거두고 있는 것이 사실이죠. 하지만 개별 게임사 사정은 다릅니다. 과거 리니지라이크 게임 매출은 리니지 형제가 독식했는데, 현재는 10위권 내에서 7개 회사가 매출을 나눠서 가져가고 있어요. 개별 게임이 기대할 수

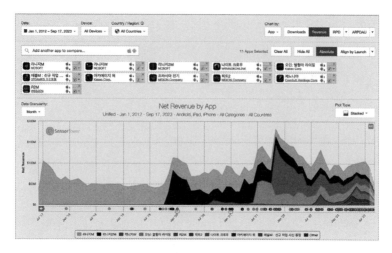

2012년 1월 1일부터 2023년 9월 17일까지 게임 앱별 순수익. 출처: 센서타워

2021년 11월과 2023년 7월의 한국 게임 매출 순위 비교

	2021년 11월 매출 순위	2023년 7월 매출 순위
게임	리니지W 오딘 리니지2M 리니지M R2M	리니지M 오딘 나이트크로우 리니지W 리니지2M 아키에이지 워 히트2 제노니아 데블M 프라시아 전기 기타
순수익 합계	2억 3,800만 달러	1억 500만 달러
1위 순수익	1억 3,650만 달러	3,290만 달러

있는 수익은 과거에 비해서 크게 줄었죠.

전체 파이도 줄었어요. 센서타워에 따르면 매출 차원에서 리니지라이크의 최전성기는 2021년 11월이었어요. 이때 5개의 리니지라이크 게임 매출은 약 3억 4,000만 달러에 달했어요. 〈리니지W〉 혼자서 약 1억 9,500만 달러를 벌어들였죠.

하지만 이후 수익은 지속적으로 줄어들었어요. 2023년 8월 11개 리니지라이크 게임 매출은 약 1억 5,000만 달러예요. 1위를 차지한 〈리니지M〉의 매출은 약 4,700만 달러이고요. 전체 리니지라이크 시장의 사이즈는 21개월 만에 약 56% 축소됐어요. 1위 게임이 가져가는 몫도 전성기의 24% 정도 작아졌고요. 2011년 11월 〈리니지W〉 하나의 매출이 2023년 8월 전체 리니지라이크 게임의 매출보다 30% 가까이 많은 상황이에요. 엄청나게 큰 폭의 하락세가 일어난 거죠.

이런 상황이지만 넥슨, 넥슨게임즈, 카카오게임즈, 위메이드, 웹젠 등 국내 대형 게임사들은 계속 리니지라이크 게임을 만들 가능성이 높아요. 네오위즈도 파우게임즈를 인수하며 이 시장에 진입했고요. 리니지라이크는 여전히 가장 안정적이고 큰 수익원이며, 엔씨소프트의 절대적 아성은 무너졌으니까요.

글로벌을 향한 엔씨소프트의 새로운 시도, 과연 성공할 수 있을까?

과거 온라인 게임이 대만·중국·일본·태국 등으로 확장되던 시절, 우리나라 게임 개발자들은 콘솔 타이틀만 만들던 일본 개발사들이 '갈라파고스 신드롬'에 빠져 있다며 냉소했어요. 하지만 지금은 반대 상황이에요. 확률형 아이템 기반 리니지라이크 게임을 좇는 한국 메이저 업체가 오히려 갈라파고스 신드롬에 빠진 형세니까요.

중국 게임사도 예전에는 비슷했어요. 중국 게임사들은 자국 이용 자들 취향에 맞는 무협이나 선협 테마의 게임을 주로 만들었습니다. 글로벌, 특히 서구권 진출에 제약이 컸지만 크게 신경 쓰지 않았어요. 자국 시장이 워낙 크니까요. 하지만 지난 1~2년 사이 텐센트, 넷이즈, 호요버스 등 중국 메이저 게임사의 행보는 전혀 달라졌습니다. 암스테르담, 싱가포르 등으로 해외 서비스 본부를 옮겼고, 적극적으로 해외 개발 스튜디오를 설립해 글로벌 시장에 도전하고 있어요.

중국 게임사들이 글로벌 시장 진출에 적극적인 것은 판호 규제 등 정치적 이유도 있지만 중국 내수 시장의 마이너스 성장도 영향을 미쳤죠. 내수 시장이 줄어드는 건 한국도 마찬가지예요. 게다가 리니지라이크 게임에 대한 피로와 혐오가 증가하고 있습니다. 앞서 언급했듯 국내 리니지라이크 시장은 줄어들고 있고, 젊은 세대는 중국 게임이나 스팀 게임을 즐기는 비율이 높죠.

엔씨소프트도 이런 상황을 알죠. 그래서 2021년 11월 출시한 〈리니지W〉을 통해 글로벌 확장을 모색했어요. 9개 언어를 지원하고, AI 기반 실시간 자동번역 기술을 탑재해 국가 간 언어 장벽 없이 소통할 수 있게 했고, 크로스 플랫폼까지 지원했죠. 하지만 한국과 대만을 제외한 나라에서는 별 성과를 못 거뒀어요.

글로벌 시장을 노린 엔씨소프트의 다음 리니지라이크 게임은 〈쓰론 앤 리버티〉예요. 아마존을 통해 글로벌 퍼블리싱을 하기로 했죠. 2023년 5월 베타테스트를 하며 비즈니스 모델까지 바꾼 걸 강조했어요. 확률형아이템을 아예 없애고 월 단위 게임 패스 모델로 전향했죠. 엔씨소프트는 '서구권에서 최고 성과를 내는 방향으로 운영할 것'이라고 했어요.

하지만 해외 이용자 반응은 싸늘했어요. MMORPG를 주 콘텐츠로 삼고 〈로스트아크〉를 호평했던 인플루언서 아스몬골드(Asmongold)는 유출된 실황 플레이를 보고 10점 만점에 0점을 줬어요. 특히 자동 전투와 전투 방식, 퀘스트에 대한 불만이 컸어요.

〈쓰론 앤 리버티〉는 출시 시기를 연기할 수밖에 없었습니다. 2023년 10월 글로벌 동시 출시로 예정됐는데, 국내는 2023년 12월, 해외는 2024년으로 조정됐죠. 이어서 엔씨소프트는 9월 〈쓰론 앤 리버티〉의 핵심 시스템을 바꾸겠다고 발표했어요.

자동 사냥과 자동 이동이 없어지고, 비접속 플레이와 강제적인 PVP도 사라질 예정입니다. 파티 단위 인스턴스 던전이 추가되고요. 이런 시스템 변경이 서양 게이머에게 얼마나 호응을 얻을지 알 수 없지만, 맞는 방향임은 확실합니다. 다만 너무 늦게 깨달은 게 아닌가 하는 아쉬움이 남아요. 주로 콘솔 게임 플레이어인 서양 게이머들은 자동 전투를 매우 싫어하고 게임 속에서 직접 경험하는 것을 무척 중시한다는 건 이미 알고 있던 사실이니까요.

리니지라이크 시장이 줄어들고, 나눠먹는 몫이 줄어든다고 모든 회사가 당장 리니지라이크를 접는 건 적절한 선택이 아닐 겁니다. 기존 고객은 지키면서, 글로벌 진출과 국내 신규 이용자층을 잡기 위해서는 투 트랙 전략이 절실하겠죠.

그러기 위해서는 당장의 매출을 기준으로 인센티브를 주는 구조부터 조정해야 해요. 자본과 인력이 리니지라이크에 몰린 상태에서 곁가지로 다른 시도를 찔끔찔끔 하는 방식은 매번 실패해왔어요. 회사 최상위 단위에서 지원받는 전담팀을 조직하는 등 리니지라이크 외의 다른 시도에도 제대로 힘이 실려야 합니다. 시행착오도 당연히 거쳐야 하는 과정으로 인식해야 할 거고요.

서브컬처로 도전하는 게임사의 미래는?

〈승리의 여신: 니케〉와 〈블루 아카이브〉의 성공

지난 1년은 한국 서브컬처 게임이 글로벌에서 눈에 띄게 도약한 해였어요. 〈승리의 여신: 니케〉와 〈블루 아카이브〉가 선두에 섰어요.

〈승리의 여신: 니케〉(시프트업)는 2022년 11월 론칭하면서 한국, 대만, 일본 등에서 앱스토어 매출 1위에 올랐어요. 미국에서도 3위까지 찍었죠. 센서타워에 따르면 출시 한 달 만에 글로벌 매출 1억 달러를 넘어섰어요. 한국보다 해외에서 인기가 더 높았습니다. 국가별 매출 점유율에서 1위 일본이 55%, 2위 미국이 15.5%, 3위 한국이 15.3%였어요. 운영과 BM 관련 논란이 있었지만, 서브컬처의 본고장 일본에서 양대 마켓 1위는 한국 게임 역대 최초의 성과였어요.

이런 성과 덕분에 〈승리의 여신: 니케〉는 센서타워가 발표한 아시아 태평양 어워즈 2022에서 '최고 글로벌 인기 게임'으로 선정됐고, 대만 최대 게임 매체 바하무트가 주최하는 제15회 바하무트 게임 & 애니메이션 어워드에서는 '올해의 최고 인기 모바일 게임' 부문 동상을 수상했어요.

2021년 출시된 〈블루 아카이브〉(넥슨게임즈)의 결과는 더 놀라워요. 2023년 1월 2주년 업데이트와 함께 양대 스토어 매출 1위를 달성했어요. 앞서 언급한 〈승리의 여신: 니케〉에 이어 한국 게임으로는 두 번째 이룬 성과예요. 특히 서브컬처의 본고장 일본에서 이룬 성과라는 점에 의미가 커요. 〈승리의 여신: 니케〉는 론칭 초기 지표였지만 〈블루 아카이브〉는 론칭 2주년 때 이룬 성적이라는 점이 더 두드러져요. 게임의 장기 흥행 가능성을 기대하게 만든 결과죠.

2023년 1월 열린 2주년 기념 생방송은 〈블루 아카이브〉의 일본 내 위상을 보여줬어요. 최고 동시 시청자가 6만 6,000명에 달했고, 일본 트위터 트렌드 1위에 올랐어요.

또한 인기 서브컬처 게임의 필수인 2차 창작에서도 압도적인 성과를 냈어요. 2022년 8월 일본 최대 서브컬처 행사 코믹마켓(코미케)에서, 〈블루 아카이브〉를 소재로 출품한 부스가 200여 개에 달했죠. 행사 내 모든 IP를 통틀어 열 손가락 안에 꼽히는 숫자였어요. 1년 뒤에는 더 많아졌습니다. 2023년 8월 코미케에서는 약 800개의 〈블루 아카이브〉 부스가 등장했어요. 서브컬처의 본고장에서 열린 서브컬처 최대 행사에서 다른 어떤 IP보다 더 많은 인원이 참여한 것이죠.

〈블루 아카이브〉는 어떻게 이런 성공을 거둘 수 있었을까요?

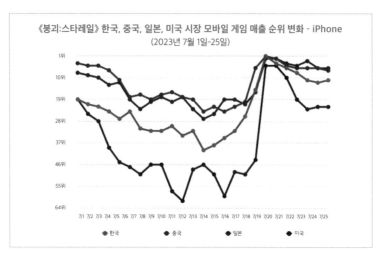

《붕괴:스타레일》한국, 중국, 일본, 미국 시장 모바일 게임 매출 순위 변화 - iPhone
(2023년 7월 1일-25일)

◆ 한국　　◆ 중국　　◆ 일본　　◆ 미국

〈붕괴: 스타레일〉의 한국, 중국, 일본, 미국 시장 모바일 게임 매출 순위 변화. 출처: 센서타워

　　매력적인 세계관과 캐릭터, 마음을 사로잡는 스토리와 음악 같은 게임성 자체가 성공의 기본이 되었습니다. 업계 관계자나 게이머들은 특히 '학원물'이라는 콘셉트가 살아 있어 상상력을 자극하는 스토리에 높은 점수를 주었죠.

　　마케팅과 운영도 성공 요인이었습니다. 〈블루 아카이브〉는 오래전부터 적극적으로 애니메이션을 활용했어요. 1.5주년 방송에서 처음으로 2D 애니메이션 PV를 공개해 팬들을 만족시켰고, 유튜브에 영상 에피소드를 꾸준한 제공해왔죠. 게임과 영상의 시너지는 〈아이돌마스터〉, 〈우마무스메〉, 〈원신〉 등 서브컬처를 대표하는 IP들을 활용한 조합입니다.

　　개발과 서비스 뒤에는 사람과 조직이 있었습니다. 〈블루 아카이브〉를 개발한 MX 스튜디오 구성원은 대부분 서브컬처에 높은 이해와 경험을 갖추고 있었어요. 이런 공통점 덕분에 내부의 활발한 커뮤니케이션을 통해 다양한 아이디어가 게임 개발과 운영, 마케팅 등에 반영될 수 있었어요. MX 스튜디오 채용 공고의 자격/우대 요건에는 '서브컬처에 대한 이해가 높은 사람'이 명시돼 있을 정도죠.

호요버스의 진격, 〈붕괴: 스타레일〉의 성공

코로나19 팬데믹 기간 전 세계적으로 큰 인기를 모으며 가장 큰 매출을 거둔 게임은 〈원신〉이었습니다. 호요버스(미호요)는 단숨에 텐센트, 넷이즈에 이어 중국 3대 게임사로 부상했어요. 호요버스도 바이트댄스(틱톡)처럼 텐센트의 투자 제안을 거절했어요. 아직까지는 맞는 선택 같습니다. 센서타워에 따르면 2023년 4월 26일 출시한 〈원신〉의 후속작 〈붕괴: 스타레일〉은 7월 25일까지 약 5억 달러의 누적 매출을 달성했습니다. 이는 〈원신〉의 흥행 성적과 거의 비슷한 수준이에요.

전 세계적으로 인기를 모으고 있는 것도 〈원신〉과 닮았습니다. 3개월 누적 매출에서 국가별 비중을 살펴보면 중국이 41.1%로 가장 컸으며, 일본(23.9%), 미국(12%), 그리고 한국(7%) 등이 그 뒤를 이었어요. 당연히 〈붕괴: 스타레일〉은 이 시기 한중일 모바일 게임 매출 순위 상위권에 올랐어요. 중국과 일본에서는 3위, 그리고 한국에서는 약 3,400만 달러의 누적 매출을 올리며 4위에 랭크됐습니다. 국내 매출 TOP 5에 올라가 있는 모바일 게임 중 유일하게 리니지라이크 장르도, 국산 게임도 아니죠.

독일 쾰른에서 열린 세계 최대 게임전시회 게임스컴 2023 전시장에 등장한 중국 게임사 호요버스.

〈붕괴: 스타레일〉은 어떻게 성공할 수 있었을까요?

이미 주류로 부상한 서브컬처 장르의 시장성과 함께 〈원신〉을 통해 형성된 호요버스 충성 팬덤이 큰 역할을 했습니다. 〈붕괴: 스타레일〉은 오가닉 중심으로 약 1,000만 명의 사전 예약자를 확보한 것으로 알려졌어요. 물론 게임 퀄리티가 낮으면 의미 없는 수치일 뿐이지만, 게이머들은 호요버스 특유의 고품질 그래픽과 낮은 등급 캐릭터도 쓰임새가 있는 등 짜임새 있는 게임성을 호평했습니다. 구글플레이에 작성된 10만여 개의 리뷰 평점은 5점 만점에 4.5점이죠.

〈원신〉〈붕괴: 스타레일〉을 연이어 흥행시킨 호요버스는 글로벌로 진격하는 중국 게임 산업의 단면을 보여주는 대표적 사례예요. 호요버스는 2011년 설립된 중국 게임사 미호요가 2022년 2월 선보인 글로벌 퍼블리싱 브랜드입니다. 호요버스의 게임들은 중국색이 묻어나지 않는 게임 디자인과 서비스로 장기 흥행을 이어오고 있죠. 덕분에 북미와 유럽 시장에서도 폭넓은 팬층을 확보했어요. 글로벌 성공 덕분에 개발진의 질과 양도 강화됐습니다. 현재 〈원신〉 개발에만 약 1,000명의 인원을 투입한 것으로 알려져 있어요.

서브컬처 게임이 주류 장르가 되어가는 이유

서브컬처 게임은 이제 게임 생태계의 주류로 부상했습니다. 중국에서는 호요버스나 하이퍼그리프 외에도 여러 게임사가 서브컬처 게임을 개발해 서비스하고 있어요. 모펀 스튜디오, 조커 스튜디오, 호타 스튜디오는 각각 텐센트, 넷이즈, 완미세계 산하의 서브컬처 전문 스튜디오죠. 이미 서브컬처 게임은 중국 게임업계의 주류입니다. 왜 이렇게 호응을 얻고 있는 것일까요?

한국에 〈리니지M〉이 있는 것처럼 중국에는 〈몽환서유 모바일〉이 있습니다. PC 온라인 게임 시절 한국에서 가장 인기 있던 타이틀은 〈리니지〉였고, 중국에서는 〈몽환서유〉였죠. 둘 다 경쟁과 스펙 성장 중심의 MMORPG였어요. 모바일 게임이 대세가 된 후에도 이 게임들은 모바일 버전으로 나와 매출 1위를 달성했어요. 이렇게 시장에서 카피할 수 있는 레퍼런스가 생기자 양국에서는 온라인 게임 IP를 활용한 모바일게임이 잇따라 나왔어요.

하지만 비슷한 스타일의 RPG에 대한 젊은 유저들의 피로감과 거부감이 누적됐어요. 그때 서브컬처 게임이 등장한 것이죠. 이 게임들은 소셜 미디어가 대세로 자리잡은 뒤 오히려 사회적 관계가 단절된 젊은이들의 정서를 자극했어요. 그 양상은 K-팝 아티스트에 열광하는 팬들과 닮아 있습니다.

팬덤 없는 K-팝 아티스트는 성공할 수 없듯이 서브컬처 게임도 마찬가지입니다. K-팝 팬들이 아티스트에게 그런 것처럼 서브컬처 게이머에게 좋아하는 게임 캐릭터는 애착의 대상이죠. 그래서 서브컬처 게임의 캐릭터들은 아티스트처럼 캐릭터 고유의 비주얼과 성격, 스토리가 있습니다. 팬들이 아티스트의 외모, 성격, 말투, 패션 등에 관심을 보이듯이 서브컬처 게이머도 게임 캐릭터에 그렇게 반응합니다.

BTS의 성공 이후 K-팝 아티스트에게는 세계관이 중요해졌어요. 세계관은 하이브가 의도적으로 게임에서 차용한 요소입니다. 팬들이 세계관과 스토리에 공감하며 아티스트와 함께 성장하는 느낌을 받는 것이 특징인데요, 아티스트가 팬덤의 지지를 받으며 성장할수록 애착의 정도와 팬덤도 더욱 강해집니다. 서브컬처 게이머들도 세계관과 스토리 속 캐릭터를 육성하며 애착을 강화시키죠.

팬덤은 구매로도 연결됩니다. 아티스트 팬이 음원과 CD와 굿즈를 사는 것처럼 서브컬처 팬은 캐릭터와 의상과 굿즈 등을 구매하죠. 아티스트들이 매출과 팬덤 유지를 위해 콘서트를 여는 것처럼 서브컬처 게임사 또한 다양한 이벤트로 이용자와 만나고 있습니다.

커뮤니티 활동도 비슷합니다. K-팝 팬들은 커뮤니티에 아티스트 사진이나 밈을 공유하는데, 아티스트의 디테일을 모르는 팬은 다른 팬과 어울리기 쉽지 않습니다. 서브컬처 게임도 같은 모습이에요. 커뮤니티에 2차 창작과 밈이 성행하며, 게임을 하지 않으면 커뮤니티 화제에 낄 수 없죠. 인기 있는 아티스트처럼 인기 있는 서브컬처 게임은 오랜 기간 지속 가능하며 성장하는 구조를 갖게 됩니다.

〈원신〉과 〈붕괴: 스타레일〉에는 '줄거리 건너뛰기' 기능이 없습니다. 숏폼이 대세인 시대, 무척 희한한 일이죠. 하지만 아티스트의 성장 과정을 모르고는 진짜 팬이 될 수 없다는 점을 생각하면 호요버스가 그 손쉬운 기능을 안 넣은 이유를 짐작할 수 있을 것입니다.

국내에서도 쏟아지기 시작한 서브컬처 게임 라인업

일본과 중국의 서브컬처 게임이 인기를 얻고 수익성이 높은 것을 증명하면서 2023년 국내에서도 다수의 서브컬쳐 게임이 출시됐습니다.

2023년 출시 서브컬처 게임들

1월 〈에버소울〉 개발 나인아크 / 퍼블리싱 카카오게임즈

2월 〈림버스 컴퍼니〉 프로젝트 문

5월 〈아우터 플레인〉 개발 브이아이 게임즈 / 퍼블리싱 스마일게이트 메가포트

5월 〈블랙클로버 모바일〉 빅게임스튜디오

5월 〈소울워커 도시전략전〉 개발 모비릭스 / 퍼블리싱 옐로우에그

6월 〈브라운더스트 2〉 개발 겜프스엔 / 퍼블리싱 네오위즈

6월 〈클로저스 RT〉 나딕게임즈

7월 〈신의 탑: 새로운 세계〉 개발 넷마블엔투 / 퍼블리싱 넷마블

4Q 예정 〈별이 되어라 2: 베다의 기사들〉 개발 플린드 / 퍼블리싱 하이브IM

4Q 예정 〈트릭컬 리바이브〉 에피드게임즈

4Q 예정 〈가디스 오더〉 로드컴플릿

4Q 예정 〈나혼자만 레벨업: ARISE〉 개발 넷마블 네오 / 퍼블리싱 넷마블

서브컬처 게임에는 리니지라이크 게임과 달리 중소 규모 회사들도 적극적으로 달려들었습니다. 또한 다른 모바일 게임 장르와 달리 퍼블리셔들이 적극적으로 소싱하고 있죠. 중소 규모 회사들이 달려들 수 있는 이유는 방치, 육성, 디펜스, 전략, RPG 등 다양한 장르로 개발이 가능하기 때문이에요. 이 장르들은 MMORPG보다 개발 비용이나 시간이 훨씬 덜 듭니다.

퍼블리셔들이 적극적으로 소싱하는 이유는 충분한 매출을 거둘 수 있을 것이라 판단하기 때문입니다. 서브컬처 게임은 MMORPG나 다른 PVP 게임과 달리 게이머와 게이머 사이의 경쟁이 덜 중요한 편이에요. 앞서 이야기했듯 캐릭터와 스토리 등에 애정을 쏟는 이용자가 많기 때문이죠. 따라서 기존 이용자와 신규 이용자의 장벽이 높지 않고, 잘만 하면 이용자가 꾸준히 들어올 수 있어요.

또한 리니지라이크 장르와 달리 글로벌 진출에 전혀 문제가 없는 것도 특징입니다. 오히려 경쟁력도 크죠. 〈승리의 여신: 니케〉와 〈블루 아카이브〉는 한국 서브컬처 게임이 일본 등에서 흥행할 수 있다는 것을 보여줬어요. 중국과 일본에서 개발한 〈원신〉과 〈우마무스메〉는 서브컬처 게임이 북미와 유럽에서도 통한다는 것을 보여줬고요. 게다가 서브컬처 게임을 제작하는 국가가 적은 것도 기회입니다. 한국 서브컬처 게임은 중국과 일본 회사와 경쟁해야 하지만 다른 개발 경쟁국은 거의 없어요.

이런 까닭에 카카오게임즈와 웹젠 등은 서브컬처 게임 개발에 적극적으로 참여 중입니다. 2022년 〈우마무스메〉를 국내에 서비스한 카카오게임즈는 2023년 〈에버소울〉을 글로벌 퍼블리싱했어요. 〈오딘〉을 만들었던 자회사 라이온하트도 서브컬처 게임을 개발 중입니다. 웹젠도 자회사 웹젠노바에서 서브컬처 게임 〈프로젝트W〉를 개발 중이고, 일본 서브컬처 게임 〈라그나돌: 사라진 야차공주〉와 〈어둠의 실력자가 되고 싶어서〉의 국내 퍼블리싱 계약을 따냈습니다.

2023년 초 〈승리의 여신: 니케〉와 〈블루 아카이브〉의 글로벌 성공은 많은 게임사에 자극을 줬어요. 서브컬처 게임은 앞서 이야기했듯 장르 확장성이 큽니다. 익명을 요구한 업계 관계자는 "중소 규모의 개발사들이 각자 강점을 가진 장르에 서브컬처를 입히는 시도가 많아지고 있다. 상대적으로 개발 허들도 높지 않은데, 글로벌 시장성은 확실히 증명됐다. 그리고 결정적으로 퍼블리셔들도 관심을 보이고 있기 때문이다. 투자 상황이 좋지 않은 상태에서 여력이 많지 않은 개발사 입장에서는 퍼블리싱 계약 가능성이 무척 중요하다"고 말했어요.

서브컬처 게임의 수가 늘고 경쟁이 거세지면서 이용자의 눈높이는 높아졌어요. 2023년엔 그 눈높이를 못 맞춘, 즉 퀄리티에 문제가 있는 서브컬처 게임이 어떤 운명을 맞는지 보여준 두 번의 대표적인 사례가 있었어요.

〈소울워커: 도시전략전〉은 5월 출시 직후부터 저급 양산형 게임이라는 비판을 받았고, 22일 만에 서비스 종료 공지가 올라왔어요. 그다음 달 출시된 〈클로저스 RT: 뉴 오더〉는 더 심한 비판을 샀어요. 원작 PC 온라인게임 보다 그래픽이 떨어진다는 평이 많았고, 접속 불량이나 튕김 때문에 게임을 제대로 할 수 없었어요. 결국 출시 1주일

만에 서비스 종료를 발표했죠. 한 달 뒤 게임은 닫혔는데, 역대 한국 게임 최단 기간 서비스였어요.

더욱 치열해질 서브컬처 게임 시장

신작 서브컬처 게임을 준비하고 있는 게임사라면 3가지 대외 허들을 명확하게 인식해야 합니다. 먼저 기존 대작 서브컬처 게임의 구심력이에요. 〈원신〉이나 〈블루 아카이브〉는 출시한 지 2년 이상 지난 게임이지만, 여전히 매출 상위권을 유지하고 있어요. 잘나가는 K-팝 아티스트의 팬덤이 금방 다른 아티스트로 옮겨가지 않는 것처럼 잘나가는 서브컬처 게임은 팬덤을 지키는 힘이 강해요. 시리즈 방식으로 팬덤을 이어가기도 하는데, 2023년 4월 출시한 〈붕괴: 스타레일〉은 '붕괴' 시리즈의 네 번째 작품이에요. 게다가 이런 시리즈는 후속작이 될수록 사이즈가 커지는 것이 특징이죠.

〈클로저스 RT: 뉴 오더〉 출시, 약 한 달 전에 〈붕괴: 스타레일〉의 업데이트 패치가 있었어요. 〈클로저스 RT: 뉴 오더〉에는 치명타였죠. 바로 서브컬처 대작 게임과 비교됐기 때문이에요. 과거 서브컬처 게임은 방치형이나 디펜스 등 가벼운 장르가 많았어요. 여러 게임을 동시에 하는 '분재형' 플레이를 즐기는 이용자가 많았죠. 하지만 최근에는 〈원신〉 〈붕괴: 스타레일〉 등 규모가 훨씬 커진 서브컬처 게임들이 속속 출시되고 있어요. 성공한 대형 게임들은 지속적인 플레이를 요구하며 팬덤을 꽉 잡고 있는 경향이 커요. 신규 서브컬처 게임들은 이제 '락인(Lock-In)'이라는 높은 허들을 극복해야 하는 숙제를 안게

됐어요.

기존 흥행작에 이어 국내외 새로운 강자들도 속속 나오고 있어요. 2023년 4분기에 이어 2024년 이후에도 저력 있는 국내 덕후 개발자들의 신작이 출시될 예정이에요.

〈카운터사이드〉의 류금태 대표는 차기작 〈프로젝트 스타〉를 2024년 초 출시 목표로 개발 중이죠. 〈라스트오리진〉을 만든 복규동 PD 등이 설립한 젠틀매니악은 오픈월드풍의 신작을 개발 중이고요. 〈마비노기 모바일〉은 5년 넘게 개발 중이죠. 넥슨은 2023년 이 프로젝트를 위해 자회사 데브캣에 320억 원을 추가 투입했어요. 넥슨게임즈 〈블루 아카이브〉의 MX 스튜디오는 차기작 개발에 들어갔어요.

서브컬처 게임의 강국 중국에서도 사이즈 큰 게임이 속속 나올 예정이에요. 호요버스의 〈젤레스 존 제로〉는 그중에서도 가장 기대를 모으는 타이틀입니다. 이 외에도 〈소녀전선〉 시리즈의 후속작 〈소녀전선 2〉, 〈원신〉과 비슷한 스타일의 오픈월드 게임으로 기대를 모으고 있는 〈명조: 워링 웨이브〉, 〈명일방주〉 개발사 하이퍼그리프가 유통하는 〈엑스 아스트리스〉, 종이로 변신하는 독특한 콘셉트로 화제가 됐던 〈칼라비야우〉 등이 대기 중이에요. 텐센트, 넷이즈, 퍼펙트월드 산하 서브컬처 전문 개발사도 신작을 내겠죠. 신작 서브컬처 게임들은 이런 경쟁을 이겨내거나 비껴나가야 해요.

그 외의 거대한 허들이라면 팬덤 리스크를 들 수 있어요. 팬덤은 든든한 아군이지만, 한순간 확 돌아설 수 있어요. 서브컬처 이용자들은 애착이 큰 만큼 그 애착에서 벗어나는 일이 발생했을 때 적극적인 안티팬으로 바뀌죠.

　서브컬처 게임계에 있었던 대표적인 팬덤 리스크에는 콘텐츠 업데이트 차별, 한중 문화 갈등, 젠더 이슈 등이 있어요. 서브컬처 게임은 글로벌 시장을 지향하는데, 다른 국가에서 먼저 론칭한 게임이 이후 우리나라에서 서비스를 시작하면, 국내 이용자들은 이른바 '미래시'를 갖게 돼요. 게임에서 진행할 업데이트나 이벤트 등을 먼저 서비스한 국가의 상황을 통해 알 수 있기 때문이에요. 이 '미래시'로 인해 우리나라의 이벤트가 다른 나라 이벤트에 비해 혜택이 적다고 판단하면 큰 분란이 발생해요. 2022년 8월 〈우마무스메〉 이용자들은 일본 서버보다 적은 유료 재화 제공 등의 문제를 제기하며 마차 시위에 나섰어요.

　한중 문화 갈등은 이른바 '문화 동북공정'에 대한 반발로 나오는 것이에요. 2022년 10월 국내 출시된 〈무기미도〉는 퀄리티 높은 풀 더빙과 탄탄한 스토리, 낮은 과금 등으로 이용자들의 호응을 얻었어요. 하지만 2023년 2월 이 게임을 서비스하는 중국 게임사 아이스노게임즈가 '한복 동북공정' 논란과 엮인 페이퍼게임즈하고 밀접한 관련이 있다는 의혹이 불거졌어요. 게임사는 이에 제대로 답변하지 못했죠. 페이퍼게임즈는 2020년 〈샤이닝니키〉 한국 서비스 론칭 기념으로 한복 의상을 출시했다가 '한복은 중국의 옷'이라는 중국 이용자들의 항의를 받고 사과문을 게시한데 이어 한복 의상을 폐기했어요. 국내 이용자들의 불만이 거세지자 "한복은 중국 옷이라는 견해에 동의한다. 중국 기업으로서 우리의 입장은 항상 조국과 일치하며, 한국 네티즌들은 중국을 모욕해 우리의 마지막 한계를 넘었다"는 공지를 남긴 채 일방적으로 서비스를 종료했어요.

젠더 이슈는 2023년 2월 출시한 〈림버스 컴퍼니〉가 대표적이에 요. 이 게임은 인디 게임 시장에서 팬덤을 확보했던 〈로보토미 코퍼레 이션〉의 후속작입니다. 팬덤의 전폭적 지원으로 한때 MAU 4위, 매 출 17위까지 오르며 개발사 규모나 마케팅 비용 대비 매우 좋은 성과 를 거뒀어요. 하지만 젠더 이슈가 발생하면서 휘청이기 시작했어요. 2023년 7월 스토리 일러스트레이터의 입사 이전 SNS 활동 중 일부가 남성 혐오 지지를 드러낸다는 논란이 발생하자 게임 개발사 프로젝트 문은 사내 규칙 및 계약 위반을 이유로 해당 직원과 계약을 종료했어 요. 국내외에서 찬반 논란이 벌어지는 가운데 게임은 평점 하락과 함 께 매출 200위 이하로 떨어졌죠.

K-게임의 중국 시장 진출

두 차례 판호 발급 중단

2023년 중국 게임 시장이 다시 열렸다는 뉴스가 많이 나왔어요. 기 대가 높았지만 출시 후 과거처럼 성과를 거둔 게임 이야기는 들리지 않아요. 그 시절과 시장 상황이 너무 달라졌기 때문이에요. 어떻게 변 화했는지 지난 2년간 중국 게임계의 상황을 간단히 살펴보겠습니다.

중국 게임업계를 이해하려면 공산당과 정부의 정책, 즉 판호부터 챙겨봐야 해요. 중국 정부는 판호 발급 규모를 가지고 게임 산업을 관리하기 때문이에요. 게임에 대한 중국 정부의 입장은 2021년과 2022년 냉탕과 온탕을 오갔어요.

중국에서 출시되는 게임은 '판호'(ISDN, 서비스 라이선스)가 필요한데, 2017년 3월 이후 한한령으로 한국 게임은 약 3년 9개월간 판호를 받지 못했어요. 그런데 2018년 3월부터는 어떤 중국 업체도 판호를 받지 못했죠. 게임 감독 권한이 중앙공산당 중앙선전부로 넘어가면서 생긴 일이에요. 그해 연말 소규모로 판호 발급을 재개했지만, 그사이 정부 기관들은 청소년 근시 예방 대책으로 게임 총량제를 내놓았고, 텐센트는 한 달 2,600만 명이 이용하던 소셜카지노 서비스를 접었죠.

이후 조금씩 나오던 판호는 2021년 9월 다시 중단됐어요. 조짐은 있었어요. 그해 8월 국영 기관지 〈신화사〉가 발행하는 〈경제참고보〉는 게임을 '정신적 아편'이라고 표현했어요. 중국 정부는 미성년자의 온라인 게임 플레이를 금·토·일요일과 휴일에 한해 오후 8시부터 9시까지 1시간만 할 수 있게 제한하는 엄격한 셧다운제를 시작했습니다. 9월 중앙선전부와 신문출판총서 등은 텐센트, 넷이즈 관계자들과 '웨탄'(예약 면담)을 했어요. 일종의 군기 잡기였어요.

2010년대 중·후반 제작과 유통 환경의 변화로 모바일 게임이 급속도로 늘어났는데, 그에 따른 부작용에 정부가 메스를 가한 셈이에요. 판호 중단과 발급 규모 축소 이후 미성년자 셧다운제, 평일 90일 셧다운제(2019), 미니 게임 판호 의무화(2019), 앱스토어 게임 판호 의무화(2020), 광고 수익형 게임 판호 의무화(2020) 등 제도 정비가 뒤따랐어요.

이후 판호를 우회한 〈화평정영〉(2019)이 서비스를 시작했고, 〈원신〉(2020)이 출시됐으며, 한국 게임 판호가 재개(2020)됐어요. 판호 발급 규모는 예전보다 줄었지만, 규제 환경이 안정화되는 추세였어요. 하지만 2021년 초부터 분위기가 다시 바뀌었어요. 텐센트 대표가 독점 규제 기관인 국가시장감독관리총국에 불려가 '웨탄'을 했죠. 그 다음 달 텐센트는 농촌 경제 활성화 등을 위해 500억 위안을 투자하기로 발표했어요. 같은 달 알리바바는 182억 위안의 역대급 과징금을 부과받았고요.

2021년 중국 사회의 가장 중요한 화두는 '공동 부유'였습니다. 공산당 일당 체제를 위협할 수 있는 양극화 문제를 개선하고, 2022년 10월로 예정됐던 제20차 당대회에서 시진핑 주석의 3연임을 위한 방책이었어요. 물가 부담을 가중시켰던 부동산 기업과 사교육 업체, 빅테크 기업들이 주요 타깃이 됐습니다. 부유층과 기업들의 '자발적 기부'를 통한 3차 분배 등 실천방안이 나왔어요. 빅테크 기업과 연결된 게임은 그 유탄을 맞았죠. 2021년 8월 국영 기관지에서 게임을 '정신적 아편'이라는 사설을 내자 공산당 기관지는 '세제 혜택과 보조금 지원 중단'을 주장했어요. 게임 회사들의 주가는 급락했고, 그 다음 달 중앙선전부는 2년 10개월 만에 다시 판호 발급을 중단했죠. 이 규제는 약 7개월 동안 지속되다 2022년 4월에 풀렸어요.

리오프닝 경기 부양 드라이브 속 갑작스러운 게임 유화책

그사이 중국 게임업계는 약 1만 4,000곳이 폐업했다는 기사가 나올 정도로 큰 피해를 입었어요. 매출도 2008년 집계를 시작한 이후 처음으로 줄어들었죠. 중국 음향·디지털출판협회의 보고서에 따르면 2022년 6월까지 중국 게임 시장은 전년 대비 1.6% 감소했어요. 게임 이용자 수도 약 6억 6,600만 명으로 전년 같은 기간보다 0.13% 줄었어요. 2022년 3분기 매출도 전년도 같은 기간보다 19.1% 줄어든 것으로 집계됐어요.

2021년 이후 중국 주요 게임사들은 조직 축소, 서비스 중단, 구조 조정 등을 겪었어요. 최대 포털을 운영하는 바이두가 2021년 말 게임 개발 조직을 축소하고, 100명 이상을 해고했어요. 2022년 1분기에 20여 년만에 최저 매출 성장을 기록한 텐센트는 직원 10%를 감원하는 대규모 구조 조정을 진행했어요. 게임 방송 스트리밍 사이트 '펭귄 이스포츠'를 폐쇄하고, 게임 포털 앱 '위게임' 서비스도 종료했어요. 게임 사업을 가장 적극적으로 추진하던 바이트댄스도 2022년 5월 상하이 게임 스튜디오인 '101스튜디오' 직원 중 절반을 해고했어요.

공동 부유 정책은 실패였습니다. 방법도 문제였지만 시기도 안 좋았어요. 미·중 갈등, 우크라이나 전쟁, 팬데믹과 제로 코로나 정책 등으로 경제적 성과는 부진했고, 이는 중국 사회의 불안정성을 심화시켰어요. 2021년을 휩쓸었던 '공동 부유'라는 단어는 2022년 감쪽같이 사라졌죠. 경제적 성과를 다시 일으켜야 하는 상황이 됐어요.

그러면서 게임 정책이 다시 바뀌었어요. 2022년 11월 공산당 인터넷 매체 〈인민망〉은 '전자 게임 산업 가치 발굴의 기회를 놓치지 말자'라는 제목의 평론을 발표했습니다. 〈인민망〉은 해당 평론을 통해 "중국은 오랜 기간 게임의 오락성 때문에 그 배후의 과학 및 기술적 의미를 무시했다"며 "게임 산업은 대중 엔터테인먼트 신산업으로 성장했다"고 주장했어요.

2023년 3월 열린 양회에서는 '게임 시장 둔화 우려와 더불어 게임 산업에 대한 새로운 정책의 필요성'이라는 의견이 제시됐어요.

그러면서 판호 발급에도 긍정적 변화가 생깁니다. 중국 정부는 2023년 1분기에 게임 판호 288개를 발급했고, 판호 발급 주기도 일정해졌어요. 1~3월에 내자 판호를 약 80개 수준으로 발급했고, 3월에는 외자 판호 27개를 발급했어요. 2023년 약 1,000개 이상의 판호 발급이 예상됩니다. 중국 시장조사 업체 니코파트너스도 "2023년 1분기의 판호 지표가 앞으로의 '뉴 노멀'이 될 것이다"라고 전망했어요.

이런 추세 속에서 2022년 말 〈로스트아크〉〈에픽세븐〉〈그랑사가〉 등 7개 한국 게임이 판호를 받았어요. 2023년 3월에는 〈블루 아카이브〉와 〈쿠키런 킹덤〉 등 4개의 게임이 판호를 받았습니다.

다시 재개된 판호, 받는 기준은?

한한령 이후 어떤 게임에 판호를 발급하는지에 대한 중국 정부의 공식 입장은 없어요. 다만 '어떤 게임이 판호를 못 받는지'에 대해서는 간접적인 판단 기준이 존재합니다.

2021년 9월 중앙선전부는 신문출판서 등 3개 국가 기관과 함께 텐센트, 넷이즈 등 대형 게임사와 플랫폼 업체 임원을 불러 웨탄을 진행했어요. 이 자리에서 당정은 이들에게 명확한 가이드를 줬죠.

베이징 웨탄 6일 후, 중국 게임 산업의 허브인 상하이 당국도 웨탄에 참여했어요. 현지 20여 개 게임 회사를 소집해 당국의 새로운 규정을 철저히 준수하라고 지시한 거예요.

웨탄에 참여한 회사들뿐 아니라 중국 게임사, 플랫폼 업체도 이 가이드를 지키지 않으면 불이익을 당할 수 있어요. 중국에서 판호를 받으려는 한국 회사들도 이 가이드는 적용될 수밖에 없고요. 웨탄에서 나온 게임 콘텐츠와 마케팅 관련 주요 가이드는 다음과 같아요.

> ∨ 과도한 '현질'의 통제와 관리를 강화할 것
> ∨ 게임 콘텐츠의 허가받지 않은 변경과 불법적인 게임 운영을 금지함
> ∨ '오로지 매출' '오로지 트래픽' 같은 잘못된 경향을 단호히 억제할 것
> ∨ 플레이어가 즐길 수 있도록 유도하는 다양한 규칙과 게임 플레이 디자인을 바꾸는 데 결연할 것

이 가이드에 따르면 리니지라이크 게임은 판호를 받을 수 없지요. 그렇다면 어떤 게임이 판호를 받을 수 있는지 이미 판호를 받은 게임들의 공통점을 파악해볼까요?

판호를 받은 한국 게임들은 크게 두 가지 유형이에요. 첫 번째 유형은 글로벌 성과를 인정받은 케이스예요. 〈서머너즈 워〉 〈로스트아크〉 〈블루 아카이브〉 등이 그런 사례에 속해요. 두 번째 유형은 중국

게이머들에게 익숙한 IP 게임이에요. 〈A3: 스틸 얼라이브〉〈뮤 레전드〉〈클럽 오디션〉 등이 그런 성격을 갖고 있어요.

2023년 3월 양회에서 곽원원 정협 위원은 외국 정부의 게임 산업 지원과 글로벌 경쟁력 확보의 중요성에 대해 이야기했어요. 이는 중국 당정의 기본 정서를 반영해요. 중국 게임의 글로벌 경쟁력 확보는 중국 정부에게는 매출뿐만 아니라 문화적 경쟁력 차원에서도 중요한 일이에요. 〈서머너즈 워〉〈로스트아크〉 등은 글로벌에서 뛰어난 성과를 거뒀어요. 그 과정에서 별다른 사회적 논란이 발생하지도 않았죠. 게임 자체의 퀄리티나 리스크 요인은 확인된 셈이에요. '글로벌에서 성공한 게임'은 중국 게임업계는 물론 정부 입장에서도 벤치마킹해야 할 레퍼런스가 되는데, 판호를 받은 상당수 게임은 이 유형에 속해요.

〈뮤〉와 〈오디션〉은 중국에서 2000년대에 압도적인 인기를 얻었는데, 당연히 중국 중년 이용자들의 기대가 높았어요. 중국 정부는 지명도 높은 게임 후속작에 비교적 관대하게 판호를 주는 것으로 추정돼요. 표본이 많지는 않지만 〈메이플스토리 M〉과 〈A3: 얼라이브〉도 이런 유형에 속해요. 직접 개발해 판호를 받은 것은 아니지만, 넷마블과 IP 계약을 맺어 개발한 〈신석기시대〉도 비슷한 맥락으로 볼 수 있어요.

반면 신작이나 한국에서만 성공한 게임이 판호를 받을 확률은 크지 않습니다. 중국의 판호를 받으려면 무엇보다 글로벌 시장에서 성과를 거두는 게 중요합니다. 중국 퍼블리셔가 관심을 보이는 것은 물론이고, 정부 당국도 판호를 내줄 확률이 높죠. 그 외에는 중국 이용자들의 관심이 높은 온라인 게임 IP를 활용한 게임이 판호를 받을 가능성이 높습니다. 다만 2021년 웨탄의 가이드에서 벗어나지 않아야 하죠.

판호가 성공을 보장하는 시대는 끝났다

2022년 4월 중국에서 론칭한 〈검은사막 모바일〉은 큰 기대를 모았어요. PC 온라인 게임 〈검은사막〉은 글로벌에서 성공했고, 중국 최대 게임 매체 17173에서 오랫동안 '가장 기대되는 게임 1위'를 했죠. 충분히 지명도를 확보한 타이틀이었고, 게다가 중국 최대 게임사 텐센트가 퍼블리싱하는 타이틀이었어요. 하지만 〈검은사막 모바일〉은 기대와 다른 결과를 냈어요. 관심과 기대를 반영하듯 론칭 직후 앱스토어 다운로드 1위, 탭탭 인기 순위 1위를 차지했지만, 매출 순위는 올라가지 않았어요. 곧 다운로드와 인기 순위도 밀려 내려갔고, 10만 원이 넘던 주가는 2022년 5월 중순 5만 원대로 떨어졌죠.

반면 중국 게임은 한국 시장에서 선전 중이에요. 우리나라 게임계의 특이종인 리니지라이크 게임을 제외하면 상당수 중국 게임들이 매출 상위권을 차지하고 있어요. 중국 게임의 경쟁력이 그만큼 높아졌기 때문이에요. 텐센트, 넷이즈, 호요버스 등 3대 게임사는 현재 글로벌을 호령 중이에요. 중국 시장에는 한국 시장에 진출한 것보다 많은 자국 게임들이 존재해요. 한국 게임은 그들과 경쟁해야 하는 것이죠.

중국 게이머들의 한국 게임에 대한 인식은 어떨까요? 우리는 한국 게임이 중국에서 성공한 전성기적 기억을 갖고 계속 그런 이야기만 들어왔지만, 이미 그 시기는 10년도 전의 일이 되었어요. 2008년 이후 한국 게임은 일부 예외적인 성공을 제외하고 대부분 실패했죠. 현재 20~30대의 중국 게이머는 실패한 한국 게임만 주로 경험했거나 아예 성공한 한국 신작 게임을 만나보지 못한 세대예요. 그래서 한국 게임에 대한 기대감이 별로 없어요. 반대로 이미 〈원신〉처럼 글로벌에서 잘나가는 게임, 〈검은신화 오공〉처럼 글로벌 기대가 높은 AAA 게임으로 자국 게임에 대한 자부심이 높아요. 'Made in Korea'라는 브랜드가 중국 시장에서 '프리미엄'을 보증하던 시대는 지났습니다. 대다수 중국 이용자는 관심이 없고, 어떤 신작 게임이 나오는지도 모르는 상태예요.

한국 게임의 퀄리티에 대한 평가는 어떨까요? 17173 편집장은 한국 게임의 가장 큰 문제로 '콘텐츠 규모의 부족'과 '반복적으로 지루하게 이용자를 계속 돌리는 시스템이 많은 점'을 꼽았어요.

초창기 모바일 게임의 잇따른 실패와 한한령 등의 영향으로 우리나라 모바일 게임은 중국 이용자들을 제대로 경험하지 못한 채 꽤 오랜 시간을 보냈어요. 그러는 사이 눈높이가 높아진 중국 플레이어에 대한 이해도가 떨어졌죠. 시장을 모르고 성공하기는 어려운 법이에요. 그럼에도 불구하고 중국에서 성과를 내고 있는 게임도 있어요. 〈에픽세븐〉은 2023년 6월 출시 이후 중국 앱스토어 매출 12위까지 올랐다가 이후 서서히 하락해 40~50위를 오르내렸지만, 8월 업데이트 직후 다시 23위까지 올라갔어요. 장기적인 흥행을 기대할 수 있

〈에픽세븐〉 중국 서비스 화면. 출처: 스마일게이트

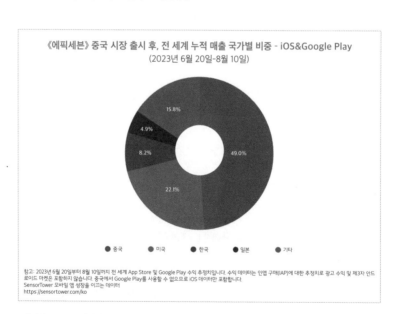

〈에픽세븐〉 중국 시장 출시 후, 전 세계 누적 매출 국가별 비중. 출처: 센서타워

는 추세예요. 17173 편집장은 〈에픽세븐〉의 성공에 대해 이렇게 평했어요.

"〈에픽세븐〉의 성공은 차별화에 있는 것 같다. 게임이 출시된 지 좀 돼 많은 콘텐츠를 가지고 있으며 강력한 PVP 시스템도 보유하고 있다. 서브컬처 게임의 핵심인 스토리도 탄탄해서 일본 서브컬처 게임의 느낌을 풍긴다."

17173 편집장은 한국 게임의 장점에 대해 '연출과 표현력, 그래픽과 한국적인 미술, 액션 요소'라고 평하며 "반복성이 강하고 전반적으로 사냥만 계속 돌리면 이용자 이탈율이 올라간다. 또한 젊은 이용자들은 2.5D 그래픽을 선호하지 않는다"고 지적했어요. 덧붙여 "〈아이온 리마스터〉가 나오면 성공할 확률이 높다"고 이야기했어요. 중국 시장을 노리는 게임사라면 실패 이유를 제대로 알아보고 업계 내에서 적극적으로 공유하는 문화가 형성되길 기대해봅니다.

스팀, 콘솔 신 등 게임 크로스 플랫폼 보편화

〈데이브 더 다이버〉의 성공 이유

2023년 연말에 여러 매체의 '한국 게임업계 10대 뉴스'에 〈데이브 더 다이버〉가 들어 있을 확률은 100%에 가깝습니다. 2023년 한국 게임이 글로벌에서 거둔 성과 중 가장 놀라웠고, 이후 현재 한국 게임이 모색하는 주요 방향 중 하나를 보여주고 있기 때문이에요. 넥슨 민트

〈데이브 더 다이버〉 게임 홍보 이미지. 출처: 넥슨

로켓에서 만든 〈데이브 더 다이버〉는 2023년 6월 출시 이후 글로벌 시장과 평단의 호응을 동시에 얻었어요.

출시 직후 유료 게임 판매 순위 1위에 올랐고, 8일 만에 100만 장이 팔렸어요. 역대 한국 싱글 플레이 게임으로는 세 번째 성과예요. 〈데이브 더 다이버〉 이전 밀리언셀러가 됐던 〈스컬〉과 〈로보토미 코퍼레이션〉은 100만 장 판매까지 각각 1년, 5년이 걸렸는데, 〈데이브 더 다이버〉는 얼리 액세스 기간까지 합쳐 9개월밖에 안 걸렸어요.

판매량을 반영하듯 스팀 이용자의 평가도 '압도적으로 긍정적(Overwhelmingly Positive)'이에요. 8월 29일 기준 스팀 평가는 5만 개가 넘었어요. '좋아요 vs. 싫어요 비율'은 97% vs. 3% 수준으로 월등하게 좋지요. 비평가들의 평점도 높아요. 글로벌 최대 평론가 리뷰 모음 사이트인 메타크리틱에서는 8월 29일 기준 평균 점수 89점을 기록했어요. 게임 전문 평론가 리뷰 모음 사이트인 오픈크리틱에는 89점과 100% 추천 비율이 나왔어요. 북미 게임 전문매체 IGN에선 "단지 재미있는 모험 RPG가 아니다. 예상했던 것보다 더욱 놀랍다"라고 극찬했고, 유럽 게임 전문 매체 유로게이머는 10점 만점과 함께 "올해 나온 게임 중 가장 중독성 강한 작품"이라고 평가했어요.

〈데이브 더 다이버〉는 게임 주인공인 프로 다이버 '데이브' 캐릭터를 통해 바다를 탐험하는 어드벤처 게임이에요. 바다에서 건진 물고기를 요리해 초밥집을 운영할 수 있는 경영 시뮬레이션 요소도 담았어요. 그동안 넥슨그룹에서 살펴볼 수 없었던 독특한 장르의 게임이에요.

넥슨은 〈데이브 더 다이버〉의 흥행에 대해 이렇게 설명했어요.

"완성작 형태로 선보이는 패키지 게임 형식과 밀도 높은 콘텐츠가 어우러진 점이 주요한 영향을 미쳤다. 흡입력 있는 스토리로 전개되는 '데이브의 여정'과 메인 퀘스트를 따라가지만 자유도 높은 플레이 방식 등 독창적인 게임성이 성공적인 안착을 이끌어냈다."

초창기를 제외하면 넥슨은 이런 게임을 제작하지 않았어요. 아니 만들 수 없었죠. 그렇다면 이런 게임이 어떻게 갑자기 등장했을까요?

넥슨은 2022년 4월 전략적인 기조로 '민트로켓'이라는 신규 브랜드와 팀을 만들었어요. 특공대 같은 별도 조직이었죠. 처음부터 "넥슨이 기존에 시도하지 않던 게임을 만들어 새로운 모습으로 시장에 선보이자"는 콘셉트였어요. 30여 명의 개발진이 모여 참신한 게임을 집중적으로 개발하기 시작했어요. 브랜드도 그런 의미를 담았죠.

'민트(Mint)'는 참신함을 상징하고, '로켓(Rocket)'을 새로운 도전을 뜻했어요.

민트로켓은 상부 지시에 따라 구성원들이 일사불란하게 움직이는 톱다운(Top-down) 방식이 아니라 구성원 개개인의 창의적 아이디어를 최대한 수용하는 바텀업(Bottom-up) 방식을 추구했어요. 그리고 첫 번째 로켓은 대박을 냈죠. 넥슨의 전략이 적중했어요.

스팀과 콘솔 게임 개발이 늘어나는 이유

〈데이브 더 다이버〉와 더불어 해외에서 가장 큰 관심을 얻었던 게임은 〈P의 거짓〉이에요. 2022년 세계 최대 게임 전시회 게임스컴 어워드에서 3관왕을 차지할 정도로 인정을 받았죠. 수상 자체가 우리나라 게임 최초였어요. 그후 Xbox와 게임 패스 계약까지 했죠.

스팀 게임 〈데이브 더 다이버〉가 닌텐도 스위치로 나오는 것처럼 콘솔 게임 〈P의 거짓〉은 스팀으로도 나왔어요. 둘 다 크로스 플랫폼으로 제작된 것이죠. 최근 들어 국내 게임계에 스팀과 콘솔 게임이 늘고 있고, 대부분 크로스 플랫폼으로 제작되고 있어요. 넥슨과 넥슨게임즈는 2023년 8월 게임스컴 2023 전야제 쇼케이스 'ONL(오프닝 나이트 라이브)'에 참가해 각각 〈워헤이븐〉 얼리 액세스 일정과 〈퍼스트 디센던트〉 신규 정보를 공개했어요. 전자는 먼저 스팀으로 나오고, 후자는 스팀과 콘솔로 나올 예정이에요.

이처럼 스팀과 콘솔 게임 개발이 늘어나는 가장 큰 이유는 현재 국내 게임 생태계의 한계 때문이에요. 그동안 많은 게임사가 의존했

〈P의 거짓〉 홍보 화면. 출처 : 네오위즈

던 국내 모바일 게임 시장은 포화 상태예요. 확장형 아이템 등 기존 수익 모델에 대한 이용자 피로도도 늘었고, 2030 게이머 대부분은 P2W(Pay to Win) 스타일의 리니지라이크 게임을 혐오하는 실정이죠.

한국 모바일 게임은 평균적으로 글로벌에서도 성과를 내지 못하고 있어요. 중국 시장은 열렸지만 판호를 받기는 여전히 쉽지 않고, 성공 가능성도 낮죠. 인도와 남미 등 신흥 시장의 이용자 규모가 늘고 있지만, 동남아와 마찬가지로 수익성에는 한계가 있어요. 이런 상황 탓에 미국과 유럽 이용자들까지 확보할 수 있는 스팀과 콘솔 게임 개발이 늘고 있는 것이죠.

또 하나의 이유는 가장 큰 게임 시장인 중국 시장도 노릴 수 있다는 점이에요. 게임 전문 매체 디스이즈게임에 따르면 2023년 7월 21일 기준 〈데이브 더 다이버〉 리뷰 중 중국어 간체로 쓴 비율이 압도적으로 높았어요. 무려 40.1%로 영어(24.98%)를 압도하죠. 스팀에서 다운로드해 게임을 즐기는 중국 이용자의 규모는 다른 나라와 비교할 수 없는 수준이 됐어요. 어떤 게임이든 중국어로 된 리뷰가 가장 많은 편에 속해요.

현재 대부분의 국내 퍼블리셔들이 직접 스팀 게임을 만들거나 제작을 지원하고 있어요. 엔씨소프트(쓰론 앤 리버티, LLL), 넷마블(파라곤: 디 오버프라임), 시프트업(스텔라 블레이드), 라인게임즈(창세기전: 회색의 잔영), 펄어비스(붉은 사막), 엔픽셀(크로노스 오디세이), 위메이드(디스민즈워) 등이 직접 스팀 또는 콘솔/스팀 게임을 개발 중이에요.

중소 개발사 중 모바일 게임에서 스팀 게임 제작으로 방향을 트는 사례가 점점 늘어나고 있어요. 모바일 게임 개발은 현재 투자나 퍼블리싱 계약을 기대하기 어려운 상황이에요. 마케팅 비용도 많이 쓰이고, 성공 확률도 낮아졌어요. 반면 스팀 게임은 상황이 다르죠. 국내 퍼블리셔들이 소싱할 스팀 게임을 찾고 있기 때문이에요. 이런 흐름은 인디 게임에 대한 대형 게임사의 지원이 증가하고 있는 현상과도 맞물려 있어요.

쉽지 않은 길

그렇다면 〈데이브 더 다이버〉 후속 성공 사례가 많이 이어질까요? 쉽지 않아 보입니다. 2017년 〈배틀그라운드〉가 스팀에서 성공했지만 오랫동안 그 뒤를 잇는 게임이 나오지 못했어요. 물론 당시와 상황은 다르죠. 모바일 게임 시장의 포화로 많은 게임사들이 스팀과 콘솔 게임 시장에 적극적으로 달려들고 있어요. 하지만 대부분의 국내 게임 사가 스팀이나 콘솔 게임을 제작해본 경험이 많지 않다는 점이 문제 입니다.

국내 게임사는 1990년대 후반부터 온라인과 모바일로 이어진 라 이브 서비스 개발 및 운영 중심으로 발전해왔어요. 부분유료화 모델 은 수익성이 좋아 게임의 미래라고 여겨지곤 했죠. 조금 다른 형태지 만 게임 패스 등 'Game As A Service'는 여전히 글로벌 게임 생태계 에 중요한 화두 중 하나예요.

부분 유료화 라이브 서비스 게임에 맞춰져왔던 국내 게임사의 경 로 의존적 구조와 업무 스타일에서 스팀이나 콘솔 게임 개발로의 방 향 전환은 쉽지 않죠. 그 전환이 성공과 이어지는 것은 더 어려운 일 이고요. 거꾸로도 마찬가지인 것처럼요. 일본 콘솔 게임 개발사나 캐 나다 스팀 게임 개발사가 부분 유료화 라이브 서비스 게임을 만들어 성공하는 것도 쉽지 않지요.

국내 메이저 게임사를 보면 이런 이유를 알 수 있어요. 넥슨은 국 내에서 가장 매출이 좋은 회사예요. 〈던전 앤 파이터〉와 〈피파 온라 인4〉 등 지속적인 캐시카우 역할을 하는 라이브 서비스 게임을 가지 고 있기 때문이죠. 이런 안정적인 매출이 나오는 구조 덕분에 민트로 켓 같은 별도의 팀을 조직해 적극적으로 새로운 시도를 할 수 있었어 요. 또한 2010년대 중반 인큐베이터실이나 그 후 독립 개발 스튜디오 경험이 있었어요. 〈데이브 더 다이버〉도 2019년 개발이 취소됐던 타 이틀 중 하나였죠.

반면 엔씨소프트는 그동안 대형 MMORPG로 성공을 거둬왔어요. 그와 관련한 노하우와 역량을 쌓았고, 이에 최적화된 인력과 조직을 운영해왔죠. MMORPG에 대한 자부심도 강해요. 하지만 이는 스팀/콘솔 게임 개발이나 글로벌 진출에 오히려 약점으로 작용했어요. 글로벌 진출을 위해 아마존과 계약하고 적극적으로 수익 모델을 바꾼 〈쓰론 앤 리버티〉가 2023년 5월 클로즈 베타 서비스 이후 서양 이용자들의 비판을 사고 있는 것도 그런 맥락으로 볼 수 있어요. 엔씨소프트는 출시를 연기했어요. 거쳐야 할 시행착오죠.

직접 콘솔 게임을 개발할 역량이 없다면 해외 게임사 투자나 게임 퍼블리싱을 통해 진출할 수 있어요. 하지만 이 역시 녹록지 않아요. 크래프톤 산하 스트라이킹 디스턴스 스튜디오가 개발한 〈칼리스토 프로토콜〉(2022년 12월)은 큰 기대를 모았지만 실패했어요. 실패에는 여러 이유가 있겠지만, 콘솔 게임 개발 역량이 없는 한국 게임사가 콘솔 게임 개발사를 관리하는 건 쉽지 않은 일일 거예요. 게다가 더 많은 자본과 더 큰 시장 영향력을 가진 텐센트와 넷이즈가 더 일찍, 적극적으로 괜찮은 게임사에 침을 발라놓은 상태죠.

작은 게임사의 경쟁은 더 어려워요. 캐나다나 유럽의 게임 스타트업도 5~10명 규모의 회사가 많지만, 회사의 멤버 구성은 우리나라인다나 소규모 개발사와 많이 달라요. 유비소프트나 EA 등에서 10년 이상 경험을 쌓은 개발자들이 모인 회사가 많죠. 정부 지원도 강화되고 있는 추세예요. 캐나다 게임 산업이 급성장한 이유 중 하나는 게임사 인건비의 35~50%를 지원해줬기 때문이에요. 유럽 각국에서

20~30%의 인건비 지원 제도가 늘고 있는 이유예요. 덕분에 대형 게임사에서 10년 이상 경력을 쌓은 개발자들이 스타트업을 쉽게 만들 수 있었어요. 하지만 이런 제도가 우리나라에서 가능할지는 의문입니다.

실패해도 가야 할 길

오랫동안 라이브 서비스 게임 개발에 특화돼왔던 한국 게임사들이 스팀과 콘솔 게임으로 진출하는 것은 만만치 않은 일이에요. 미국과 일본, 유럽 개발사들에 비해 많이 뒤처져 있기도 하죠. 하지만 포기할 수 없어요. 우리에게도 글로벌에 통할 IP들이 필요하기 때문이에요. 실패해도 계속 가려면 어떻게 해야 할까요?

스팀 게임은 아니지만 글로벌에서 성공한 서브컬처 게임 〈블루 아카이브〉와 게임스컴 어워드 3관왕을 탄 소울류 게임 〈P의 거짓〉 개발팀에서 힌트를 얻을 수 있어요.

앞서 언급했듯 〈블루 아카이브〉를 만든 MX 스튜디오는 이른바 '오덕'들로 구성돼 있어요. 서브컬처에 대해 높은 이해도를 가지고 있고 경험을 공유한 덕분에 개발자 사이의 커뮤니케이션이 활발하고 이용자들의 니즈나 불만에 적극적으로 대응할 수 있었어요. 〈원신〉을 개발한 호요버스도 마찬가지로, 이들의 모토는 "Tech Otakus Save the World."였어요.

소울류 게임을 만드는 〈P의 거짓〉 개발팀 상황도 비슷해요. 〈P의 거짓〉 개발팀은 소울류 게임 마니아들로 구성돼 있었어요. 덕분에 조직 내에서 '쓸데없는 설명'이 필요 없고, 오해를 살 일도 없었죠. 대신 높은 목표 수준에 대한 인식을 공유할 수 있었어요. 서브컬처 경험이 신규 멤버 채용에 중요한 MX 스튜디오와 마찬가지로 〈P의 거짓〉 개발팀도 소울류에 대한 경험과 이해도가 충분하지 않은 개발자는 채용하지 않죠.

후발 주자가 선두를 빠르게 뒤쫓아 가는 유력한 방법은 전략적 집중을 하는 거예요. 목표하는 영역 전문가, 마니아 또는 덕후로 팀을 구성하고 그들에게 독립적인 의사 결정을 지원하는 것이죠. 텐센트는 글로벌 시장에서 경쟁할 수 있는 인디 게임을 개발하기 위해 해외 스튜디오 근무 경험 또는 글로벌 인디게임 어워드에서 수상 경력이 있는 개발자들로 이뤄진 넥스트 스튜디오를 설립했어요.

이렇게 덕후나 마니아들을 중심으로 이들에게 게임 개발을 맡기는 것이 성공의 중요한 요소가 될 것으로 보입니다.

2000년대 이후 미국 게임에 뒤처지며, 2012년 '구리다(It sucks)' 는 험담을 공개적으로 들었던 일본 게임사들이 북미 게임을 추격해 2010년대 후반부터 재기한 사례도 결이 비슷합니다.

게임 왕국으로 불리던 일본은 1990년대부터 2000년대 초반까지 〈버추어 파이터〉〈철권〉〈스트리트 파이터〉〈킹 오브 파이터즈〉 같은 대전 격투 게임으로 전 세계적 인기를 얻었어요. 하지만 2000년대 접어들며 인기가 하락했죠.

반면 인터넷 네트워크의 발전과 맞물려 서구에서 개발된 〈콜 오브 듀티〉〈메달 오브 아너〉〈언리얼〉〈퀘이크〉 등 FPS 게임이나 〈워크래프트〉〈커맨드 앤 퀀커〉〈에이지 오브 엠파이어〉〈스타크래프트〉 등 이른바 '실시간' 전략 시뮬레이션 게임이 인기를 얻기 시작했어요. 여기에 〈GTA〉 같은 오픈 월드 게임이 나오면서 서양 게임이 주도권을 잡았죠. 게임 엔진 개발과 콘퍼런스 등을 통한 노하우 공유 등까지 이루어지며 2000년대 중반부터는 서양 게임들의 시대였어요.

이런 흐름은 2010년대 후반부터 바뀌었어요. 전통의 강호 닌텐도와 캡콤, 프롬 소프트 등의 게임이 다시 큰 호응을 얻기 시작했어요. 닌텐도와 프롬 소프트는 한 우물만 팠어요. 특히 〈젤다의 전설〉 시리즈는 후속작이 나올 때마다 세상을 놀라게 했어요. 2023년 〈티어스 오브 킹덤〉도 마찬가지였고요. 프롬 소프트는 소울류 게임만 집중적으로 만들었어요. 〈다크 소울〉과 〈블러드 본〉, 〈세키로〉와 〈엘든 링〉까지 자신만의 독창적 세계관과 극악스러운 난이도로 글로벌 팬덤 확보와 흥행 모두에 성공했죠. 캡콤은 기존 유명 IP의 후속작을 만들되 개발팀과 개발 공정을 정비해 완성도를 높였어요. 〈바이오하자드 7 레지던트 이블〉〈스트리트 파이터 5〉〈몬스터 헌터: 월드〉 등 기존 흥행 IP 최신작들을 성공적으로 론칭했죠.

2023년 8월 큰 화제를 모으며 흥행에 성공한 〈발더스게이트 3〉도 한 우물만 파는 개발팀의 사례로 볼 수 있어요. 한국 게임은 뒤처진 분야인 스팀과 콘솔에서 빠른 추격과 축적이 절실해요. 일본 게임의 재기 사례 등을 살펴보고 벤치마킹해야 할 이유입니다.

더욱 깊게 살펴보는 2024년 미디어 마케팅 트렌드,
DMI 2024 온라인 살롱에 독자를 초대합니다

〈디지털 미디어 인사이트 2024〉 살롱은 디지털과 미디어, 콘텐츠가 변화시키는 산업과 비즈니스 트렌드를 살펴보고 진단하는 시간입니다. 이슈의 중심이 된 디지털 기술과 새롭게 떠오르는 미디어 플랫폼이 어떤 변화와 흐름 속에서 나타났으며, 앞으로의 산업을 어떻게 변화시키는지 모색합니다.

AI의 발달이 급속도로 진행되는 현재, 《디지털 미디어 인사이트 2024》 책과 함께 더욱 업데이트 된 내용과 궁금증에 대한 답을 각 분야의 저자들에게 들어보세요.

- **일시** 2023년 11월 10일 오후 1시~6시

- **강연순서**
  대표 저자 인사말 - 김경달

AI와 미디어 : 미디어 지형의 변화 방향

AI와 이용자데이터 : 2024년의 핵심 이용자, 시간 부자 세대

AI와 유튜브 : 유튜브의 미디어를 관통할 9가지 키워드

AI와 스트리밍 : 생성 AI와 엔터 테크의 발전

AI와 콘텐츠 IP : AI와 결합한 콘텐츠 IP 비즈니스의 방향

AI와 게임 : AI로 인해 변화한 게임 생태계

- **참여방법**

  아래 링크로 들어가거나 QR코드 스캔 후 나온 구글폼에 참가 신청 작성

  https://forms.gle/xG8DCUQuHTEQpE648

＊ 분야별 현업에 대한 질문을 남겨주시면, 관련하여 저자가 답변드립니다.
＊ DMI의 강연은 dmicon.com에서 다시 살펴볼 수 있습니다. DMI의 구독자가
   되어주세요.

AI 시대의 생존 전략, 미디어 패러다임을 바꿔라!

디지털 미디어 인사이트 2024

초판 1쇄 인쇄   2023년 10월 6일
초판 1쇄 발행   2023년 10월 14일

지은이	김경달 강정수 황성연 한정훈 이성민 임상훈
펴낸이	황윤정
펴낸곳	이은북
출판등록	2015년 12월 14일 제2015-000363호
주소	서울 마포구 동교로12안길 16, 삼성빌딩B 4층
전화	02-338-1201
팩스	02-338-1401
이메일	book@eeuncontents.com
홈페이지	www.eeuncontents.com
인스타그램	@eeunbook

책임편집	하준현
교정	이형진
디자인	이미경
제작영업	황세정
마케팅	이은콘텐츠
인쇄	스크린그래픽

© 김경달 외, 2023
ISBN 979-11-91053-28-9 (13320)